LA CHiNE
ET LES CHINOIS

À Vincent et Isabelle

Remerciements

Nos remerciements vont à Philippe Che et Pierre Kaser, maîtres de conférences de chinois à l'université de Provence, pour leur relecture et leurs précieuses suggestions.

Merci à tous les sinologues, journalistes, écrivains et photographes qui nous ont fourni, grâce à leurs publications, les informations nécessaires à la rédaction de ce livre.

Enfin, nos sincères remerciements à Maryline Gatepaille et à Anne Lauprète avec qui la collaboration fut chaleureuse et efficace tout au long de ce projet ; à Alain Jullien, pour sa contribution décisive dans les contacts avec les photographes en Chine ; et à tous les illustrateurs qui ont participé à ce travail.

Suivi éditorial, conception graphique et montage : Maryline Gatepaille
Recherche iconographique : Anne Lauprète
Relecture et correction : Emmanuel de Saint-Martin et Agathe Roso
Photogravure : Graphocoop 47 Agen

Dépôt légal : 2e trimestre 2005
ISBN : 2-7459-1237-2
Imprimé en Espagne
par Egedsa-Sabadell-Espagne.

LES ENCYCLOPES

LA CHINE
ET LES CHINOIS

Liliane et Noël Dutrait

Illustrations :

Claude Cachin, Henri Choimet, Vincent Dutrait, Anne Eydoux,
Régis Mac, Grégoire Vallancien, Christian Verdun, Wang Zhiping

MILAN
jeunesse

Sommaire

12 LES FILS DU CIEL

14 La Chine avant la Chine
16 Légendes des origines
18 Au temps des rois
20 Le Premier Empereur
22 La Grande Muraille
26 Les grandes dynasties impériales
30 L'empereur
32 Lettrés et mandarins
34 Des souverains « étrangers »
36 Le choc avec l'Occident

38 LA CHINE NOUVELLE

40 Sun Yat-sen et la république
42 La Chine en guerre
44 La Chine rouge
46 Mao Zedong, libérateur ou dictateur ?
48 Le parti communiste au pouvoir
50 Le miracle économique

52 LE PAYS DU MILIEU

54 Le centre du monde
56 Han et minorités ethniques
58 Une mosaïque
60 La langue chinoise
62 Un quart de l'humanité
64 Chine rurale, Chine urbaine
66 Intérieur et littoral
68 La Chine des confins

70 LA TERRE CHINOISE

72 Les grands fleuves
74 La maîtrise de l'eau
76 Une terre née du vent
78 Les plus hautes montagnes du monde
80 Déserts et steppes
82 Une faune très variée
84 Le grand panda
86 Le bambou, une herbe géante
88 Des forêts en régression
90 Un environnement menacé

92 LA CHINE RURALE

94 Une agriculture diversifiée
96 Travaux des champs
98 Dans les rizières
100 Paysans de l'eau
102 La ville à la campagne
104 L'habitat rural traditionnel
108 Circuler et transporter

110 LA VILLE

112 Pékin, la capitale du Nord
116 La Cité interdite
120 La maison à quatre ailes sur cour
122 Une mégalopole : Shanghai
124 Xi'an, carrefour des civilisations
126 Paradis terrestres : Hangzhou et Suzhou
128 Le jardin, une métaphore du monde
130 Shenzhen et les « zones économiques spéciales »

132 LA SOCIÉTÉ ET LES HOMMES

134 La nouvelle société
136 La moitié du ciel
138 Le mariage
140 Être enfant aujourd'hui
142 De la crèche à l'université
144 Trois générations sous un même toit
146 Les médias, une liberté surveillée

148 LA VIE QUOTIDIENNE

150 Noms, prénoms et appellations
152 Le calendrier
154 La cuisine
158 Au restaurant
160 Le thé
162 Marchands des rues et grands magasins
164 Le costume

166 LOISIRS ET SPECTACLES

168 Les fêtes
172 Les jeux
174 Jeux de mots et proverbes
176 Marionnettes et acrobates
178 Théâtre et opéra
182 Le cinéma
184 Loisirs et tourisme
186 Les cerfs-volants
188 Les activités physiques
190 Les arts martiaux

192 SCIENCES ET TECHNIQUES

194 Les grandes inventions
198 À la conquête des mers
200 L'astronomie
202 Les mathématiques
204 Précieuse soie
206 Le papier et le livre
208 La médecine traditionnelle
212 L'acupuncture
214 Les technologies de l'avenir

216 LA CHINE ET L'OCCIDENT

218 Les routes de la Soie
222 Trésors en mer de Chine
224 Des Occidentaux en Chine
226 Une découverte mutuelle

228 LE MONDE CHINOIS

230 Taiwan, la « belle île »
232 Hong Kong et Macao
234 L'Asie chinoise
236 Des Chinois en France

238 LA PENSÉE ET LA RELIGION

240 Pensée et philosophies
242 Confucius et Laozi
244 Le bouddhisme
246 Des grottes pour sanctuaires
248 Chrétiens et musulmans
250 Les croyances populaires
252 Temples et pagodes

254 LA LITTÉRATURE ET LES ARTS

256 L'écriture chinoise
258 Poètes, romanciers et conteurs
260 Écrivains d'aujourd'hui
262 Le jade, une pierre magique
264 Des bronzes rituels
266 La tombe de Mawangdui
268 La perfection de la porcelaine
270 Peintres et calligraphes
272 La musique et la danse
276 L'architecture traditionnelle

278 Quelques dates
Carte des provinces et des régions
280 Prononciation du chinois
Quelques adresses
281 Index

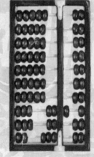

中华

Zhonghua

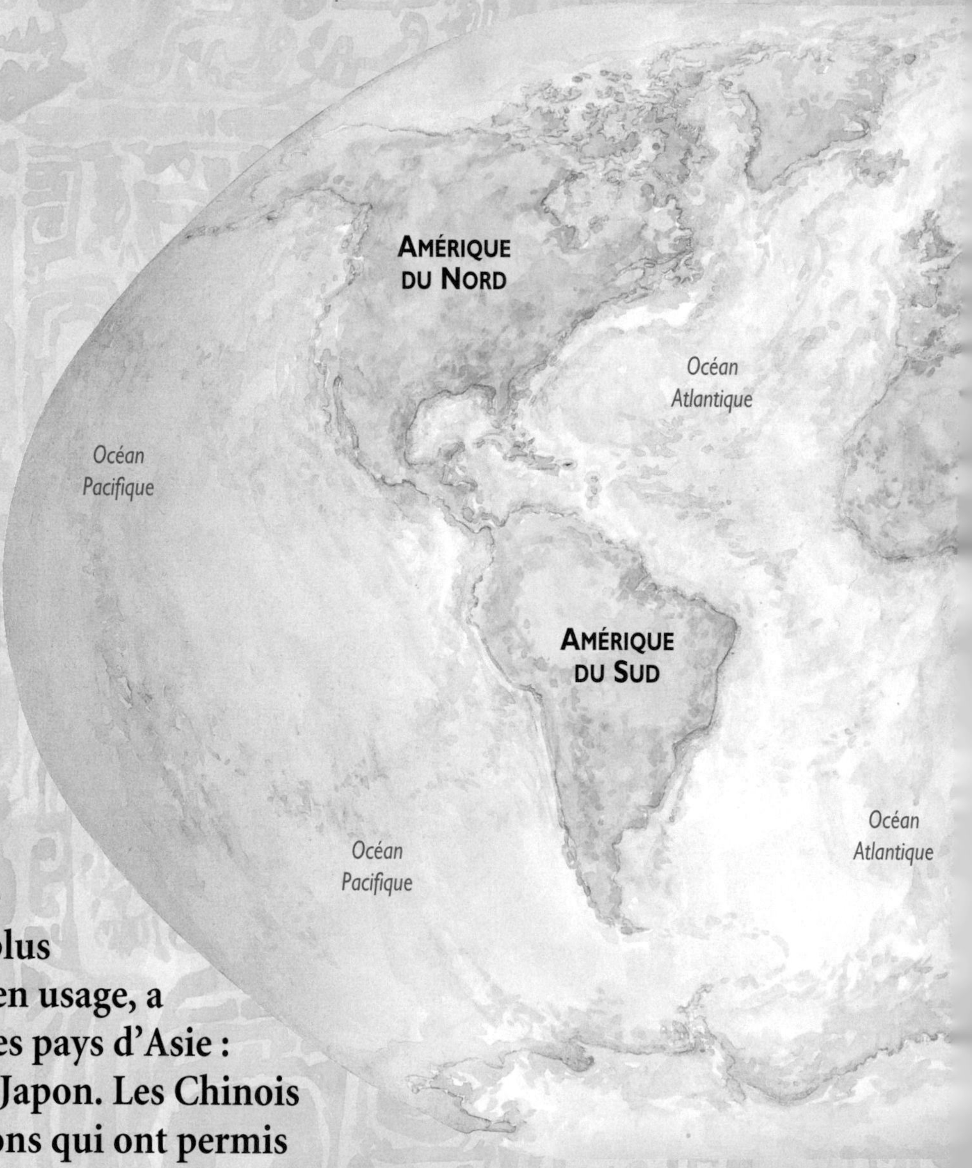

La Chine est le premier pays de la planète par sa population et le troisième par sa superficie. La langue chinoise est la plus parlée au monde. L'écriture, la plus ancienne qui soit encore en usage, a été empruntée par d'autres pays d'Asie : le Vietnam, la Corée et le Japon. Les Chinois sont à l'origine d'inventions qui ont permis d'immenses progrès dans l'évolution de l'humanité, telles que la poudre, l'imprimerie, la boussole ou le papier… Ses monuments, comme la Grande Muraille, le tombeau du Premier Empereur ou le palais Impérial à Pékin, forcent l'admiration par leur immensité.

Les bouleversements prodigieux que connaît la république populaire de Chine depuis deux décennies surprennent. Comment ce pays immense, peuplé aux trois quarts par des paysans, a-t-il pu, en l'espace de quelques années, devenir l'une des plus grandes puissances économiques de la planète ?

Face à ces réalisations, on ressent de l'étonnement, et souvent on entoure la Chine d'un voile de mystère. Quand on ne comprend pas, ne dit-on pas : « Pour moi, c'est du chinois ! » ; et ne parle-t-on pas de « chinoiseries » pour désigner des

AMÉRIQUE DU NORD

Océan Atlantique

Océan Pacifique

AMÉRIQUE DU SUD

Océan Atlantique

Océan Pacifique

Océan Arctique

EUROPE

ASIE

Chine

Océan
Pacifique

AFRIQUE

Océan
Indien

AUSTRALIE

ANTARCTIQUE

minzu

L'expression *Zhonghua minzu* désigne l'ensemble de la nation chinoise, y compris ses membres dispersés de par le monde.

choses compliquées ? Il arrive aussi que l'on confonde la Chine avec d'autres pays d'Asie, leurs langues et leurs civilisations étant pourtant fort différentes.

Cette Encyclope se propose de faire découvrir le passé et le présent de la Chine, sa réalité physique, sa civilisation et sa culture, son évolution sociale et politique, la vie quotidienne de ses habitants. Comment vivait-on au temps des empereurs ? Et aujourd'hui ? Qui était Confucius ? Et Mao Zedong ? Comment fonctionnent la langue et l'écriture chinoises ? Dans quel environnement les Chinois vivent-ils ? À quoi jouent les enfants ? Autant de questions qui trouveront des réponses dans ce parcours à travers l'histoire, la géographie, l'archéologie, la société et l'art de vivre de l'« empire du Milieu ». Il met aussi en évidence les disparités d'un pays qui est capable d'envoyer un homme dans l'espace, mais dont une partie de la population vit dans une grande pauvreté.

Ces chapitres sont une invitation à une meilleure compréhension de la Chine et des Chinois, qui prennent une place de plus en plus importante dans le monde et sont aujourd'hui nombreux à voyager en Europe ou à y vivre à nos côtés.

Les Fils du ciel

La Chine fut d'abord gouvernée par des rois. Puis, de 221 av. J.-C. jusqu'à 1911, des empereurs, qui se disaient « Fils du ciel », ont exercé leur pouvoir absolu sur le peuple. Les mandarins, recrutés par le système des examens, faisaient appliquer la loi impériale. À la fin du XIXᵉ siècle, la pression des Occidentaux et les troubles intérieurs conduiront à la ruine de l'Empire.

22
La Grande Muraille

20
Le Premier Empereur

18
Au temps des rois

16
Légendes des origines

14
La Chine avant la Chine

皇帝

26

Les grandes dynasties impériales

30

L'empereur

32

Lettrés et mandarins

Territoire des Han.

34

Des souverains « étrangers »

36

Le choc avec l'Occident

La Chine avant la Chine

Reconstitution de
l'homme de Pékin.

Des milliers de sites du paléolithique
et du néolithique ont été découverts
dans toute la Chine. Ils montrent
qu'un grand nombre de cultures ont
joué un rôle dans la formation de la
civilisation chinoise au nord comme au
sud, autour des deux grands fleuves :
le fleuve Jaune (Huanghe) et le Yangzi.

Les premiers Chinois

Les plus anciens restes humains remontent à
800 000 ans. Ce sont ceux de l'homme de Yunxian découvert en Chine du Sud
(Hubei) et ceux de l'homme de Lantian en Chine centrale (Shaanxi). Ils étaient
accompagnés d'outils faits à partir de galets et de bifaces.

LE SINANTHROPE

Les fossiles les plus
célèbres sont ceux
de l'homme de Pékin,
appelé sinanthrope, qui
vécut il y a 450 000 ans
dans les grottes de
Zhoukoudian, près
de Pékin. Il connaissait
le feu, taillait des outils
dans le quartz, chassait
pour se nourrir et
récoltait aussi des
végétaux dont on
a retrouvé les restes
dans les cendres
des foyers.

On cultive le millet et le riz

Il y a 12 000 ans, à la fin de la dernière glaciation,
la Chine du Nord s'est couverte d'une fine poussière
jaune, le lœss, apportée par les vents depuis les déserts
d'Asie centrale. En s'accumulant sur des dizaines
de mètres d'épaisseur, elle a formé un sol très fertile.
Ces conditions, associées au redoux de l'époque
postglaciaire, ont favorisé l'installation des premiers
agriculteurs. Vers 8000 avant notre ère, à Peiligang
(Henan), on cultive le millet que l'on stocke
dans de grandes fosses autour des maisons.
Au sud, il y a 7 000 ans, les habitants de Hemudu
(Zhejiang) cultivent le riz. Leur village se compose
de maisons en bois sur pilotis.

Dès le néolithique,
le jade avait une valeur
rituelle. Ce petit cochon,
précurseur du dragon,
accompagnait le mort
dans sa tombe.

Poterie de Yangshao à
décor noir sur fond rouge.

Poterie rouge

À partir du VIe millénaire, la culture néolithique de Yangshao s'étend sur une
immense zone couvrant la vallée moyenne du fleuve Jaune
et ses affluents. Elle connaît de nombreuses variantes
régionales. Les agriculteurs pratiquent la culture sur brûlis,
élèvent le porc et le chien, tissent la soie et le chanvre. Plus
d'un millier de sites ont livré de magnifiques poteries décorées
de motifs géométriques, de poissons ou de visages humains.

Banpo, un village d'il y a 6 000 ans

Situé près de Xi'an (Shaanxi), le village néolithique de
Banpo abritait environ 600 habitants. Entouré d'un fossé,
il comptait une quarantaine de maisons semi-enfouies,
aux murs d'argile et de paille, avec un foyer central. Les
enfants étaient enterrés dans des jarres près des habitations.
Les adultes étaient inhumés dans un cimetière, accompagnés
de vases et de bijoux.

Poterie noire

Au Shandong se développe la culture de Longshan, qui
connaîtra un grand développement. Réunis dans de gros
bourgs fortifiés, les habitants ont domestiqué le bœuf
et le mouton ; ils cultivent aussi le blé et l'orge.
Les céramiques, grises ou noires, sont façonnées au tour.
Certaines ont des parois si minces qu'on les nomme
« coquilles d'œuf ».

Le berceau de la Chine ?

Longtemps, les historiens ont affirmé que la civilisation chinoise
avait rayonné à partir d'un berceau unique dans la plaine du
fleuve Jaune. Depuis une trentaine d'années, les nombreuses
découvertes archéologiques ont révélé des cultures dont on
ne soupçonnait même pas l'existence ! Et l'on estime qu'il y
a eu d'autres foyers régionaux de développement.

L'HOMME DE BRONZE

Découverte à
Sanxingdui (Sichuan),
dans le sud-ouest de
la Chine, cette statue
haute de 2,60 m, datée
de 1200 av. J.-C.,
intrigue les
archéologues, car les
figurations humaines
sont rares à cette
époque. Accompagnée
de 57 têtes en bronze
et d'objets en or
et en jade, elle faisait
certainement partie
d'un lot d'offrandes
destinées à un haut
personnage.

Le village néolithique
de Banpo.

Nügua, la sœur-épouse de l'empereur mythique Fuxi, aurait créé les hommes en les modelant dans l'argile.

Légendes des origines

Les Chinois font précéder leur histoire d'un âge heureux où règne un monde parfait. Des êtres exceptionnels, pleins de vertus, de courage et d'intelligence, sont à l'origine d'inventions qui font progresser la civilisation.

Pan Gu, le créateur

La création de l'univers serait l'œuvre de Pan Gu. À l'origine, le monde était un chaos en forme d'œuf ; le blanc était le Ciel, et le jaune la Terre (il deviendra la couleur des empereurs). Pan Gu travailla 18 000 ans à les séparer et à donner forme à la Terre. Après sa mort, son corps se transforma : sa chair devint le sol, son sang les fleuves, sa sueur la pluie, sa chevelure les arbres et les plantes, ses yeux le Soleil et la Lune. Son souffle engendra le vent ; sa voix, le tonnerre. Et les poux et les puces qui couraient sur son corps devinrent les êtres humains.

Terre carrée, ciel rond

Les Chinois d'autrefois se représentaient le monde comme un char, dont la Terre, carrée, était le fond, et le Ciel, rond, le dais. Au Ciel vivait le Seigneur d'en haut, Shangdi. La Terre était entourée de quatre Mers au-delà desquelles vivaient des divinités comme la déesse de la sécheresse ou la reine-mère d'Occident. Aux huit extrémités de la Terre, des piliers soutenaient le Ciel. À l'origine, ils avaient la même taille, mais le monstre Gonggong, d'un coup de corne, en renversa un. Depuis lors, le Ciel penche vers le nord-ouest et la Terre vers le sud-est. Voilà pourquoi, dit-on, les fleuves en Chine coulent de l'ouest vers l'est.

Le caractère *wang*, le « roi » : entre la Terre (symbolisée par le trait horizontal du bas) et le Ciel (trait horizontal du haut) se trouve l'homme (trait horizontal central, plus petit). Un trait vertical relie les trois, tout comme le roi forme le lien nécessaire à la cohésion de l'ensemble.

Tortue porte-stèle. Avec son ventre plat, ses pattes courtes et sa carapace arrondie, elle est le symbole de l'univers, mais aussi de la longévité.

Les Trois Souverains

Entre légende et histoire, trois souverains à l'apparence
tantôt humaine, tantôt mi-humaine mi-animale, apportent
la civilisation. Au nombre de trois, ils peuvent cependant
se démultiplier. Ainsi, douze souverains se
succèdent au Ciel, onze sur la Terre, et les
derniers, au nombre de neuf, règnent
sur les hommes.

Les Cinq Empereurs

Fuxi enseigna au peuple la chasse,
la pêche, la domestication et l'élevage
des animaux. Il régla le cérémonial
des mariages et classa les officiers en divers
degrés. On lui associe souvent Nügua,
sa sœur-épouse, qui apprit aux hommes
la musique.

Shennong, le « divin laboureur », donna l'agriculture à son peuple,
jusqu'alors pasteur et nomade. Il étudia quantité de plantes
et leur attribua des vertus curatives ; il est donc considéré comme
le père de la médecine.

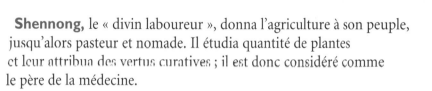

L'empereur mythique
Shennong donne à
son peuple la charrue
et la houe.

Huangdi, l'« empereur jaune », organisa le gouvernement en
nommant six ministres et rangea les fonctionnaires en « classes ».
Il fit élever un observatoire où des officiers furent chargés d'étudier
le ciel, d'établir le calendrier, de surveiller le vent et les nuages.
Il fixa les lois de l'arithmétique, donna ses règles à l'architecture,
leurs formes aux vêtements, aux coiffures, aux armes… Son épouse
enseigna aux femmes l'élevage des vers à soie et le tissage.

Yao est considéré comme le modèle des empereurs. Il fit régner la paix
pour que tous vivent en harmonie, et il fixa le calendrier. Vers la fin de
son règne se produisit une inondation gigantesque qui ravagea le pays.
Yao désigna Shun pour y remédier, et celui-ci lui succéda.

Shun était issu du peuple. Il réorganisa l'Empire et ouvrit
des écoles publiques. Il confia à Yu la tâche de maîtriser les
inondations. Celui-ci assécha les terres, construisit des canaux
et créa neuf provinces. Succédant à Shun, il fonda la dynastie
des Xia, mi-légendaire, mi-historique (2207-1766).

Le mot *huangdi*
deviendra l'appellation
courante des empereurs.
Il vient des Trois
Souverains (*san huang*)
et des Cinq Empereurs
(*wu di*) de la légende.

Au temps des rois

Trois dynasties royales, les Xia, les Shang et les Zhou, marquent l'entrée de la Chine dans l'histoire au IIe millénaire avant notre ère. La possession d'armes en bronze assure le pouvoir à l'aristocratie et lui permet, grâce aux guerres, de se procurer des richesses.

Des palais

La dynastie des Shang (XVIIe-XIe siècle) est connue grâce aux fouilles de ses capitales, Zhengzhou puis Anyang (Henan), et au déchiffrement des inscriptions divinatoires qui forment ses archives, premiers témoignages de l'écriture chinoise. Anyang s'ornait de vastes palais construits selon des rites précis qui seraient respectés jusqu'à l'époque moderne.

À l'imitation des peuples nomades du Nord, que l'on appelle barbares, on commence à monter à cheval.

Une organisation rigoureuse

La société des Shang était très organisée : un roi, un Premier ministre, de grands officiers chargés des cérémonies et de l'étiquette, des fonctionnaires responsables des archives, du rituel et du trésor royal, et toute une classe de soldats, serviteurs et cuisiniers. La vie sociale était entièrement dominée par le culte des ancêtres. On n'entreprenait rien sans les consulter au moyen de la divination. Le royaume était divisé en fiefs, comme au Moyen Âge en France. Les paysans payaient l'impôt et pouvaient être enrôlés dans l'armée.

LES OS DIVINATOIRES

Pleuvra-t-il ce mois-ci ? La récolte de millet sera-t-elle abondante ? Le vent sera-t-il favorable à la chasse ? Ce sont les questions que les rois Shang posaient à leurs ancêtres par l'intermédiaire des devins. La question était gravée au burin sur une omoplate de bœuf ou sur une carapace de tortue, que l'on soumettait au feu. Les craquelures qui se produisaient indiquaient la réponse de l'oracle.

Os divinatoire gravé de caractères archaïques.

Vase en bronze utilisé lors des cérémonies rituelles.

Trésors et sacrifices humains

On accordait une grande importance aux funérailles. Les tombes regorgeaient d'offrandes : jades, céramiques, sculptures sur pierre et ivoire, et surtout des vases rituels en bronze. Dans les fondations des palais et des temples, on trouvait des victimes sacrifiées, chiens ou jeunes enfants, qui devaient transmettre leur souffle vital à la demeure. Les immenses tombes des cimetières royaux comptaient parfois jusqu'à cent bœufs ou cent porcs sacrifiés pour accompagner le roi défunt.

Perpétuellement en guerre

Vers la fin du XIe siècle avant J.-C., les rois du clan des Zhou
entrent en rébellion contre les Shang et prennent le pouvoir.
Leur dynastie sera la plus longue de l'histoire de la Chine. La vie
de la cour se partage en festins, audiences, chasse et tir à l'arc.
Pendant la période agitée dite des Printemps et Automnes (722-481),
les souverains Zhou perdent peu à peu de leur puissance ; des
principautés se forment. Le roi conserve le pouvoir religieux, mais
le pouvoir militaire et politique est entre les mains des princes d'États
qui se font la guerre.

Du fer pour les outils et les armes

Dès le Ve siècle avant notre ère, les artisans
maîtrisent l'art de la fonte du fer, qui
permet d'améliorer l'outillage (soc pour
la charrue) et l'armement (épée, arbalète,
armure). L'agriculture fait des progrès
considérables : utilisation du bœuf comme animal
de trait, irrigation, engrais… Le commerce
et l'artisanat se développent, et la Chine étend
son influence aux contrées voisines.

Verseuse à vin en bronze
à usage rituel, dynastie des
Zhou (v. 1025-771 av. J.-C.).

Placé sur la poitrine
du défunt, le disque *bi*
(ci-dessus) le protégeait
des fantômes et des
démons.

UNE VOITURE ROYALE

Le char est un
véhicule de parade,
mais il est aussi
indispensable à deux
activités essentielles :
la chasse et la guerre.

Une tombe royale se composait d'une grande fosse
rectangulaire avec deux ou quatre rampes d'accès. Il était
courant de sacrifier des chevaux parfois attelés à des chars.

Le Premier Empereur

Territoire des Qin.

Le nom de « Chine » viendrait du nom de la dynastie des **Qin** (on prononce tchin).

En 221 av. J.-C., le prince du royaume de Qin fonde l'Empire chinois, qui se maintiendra, malgré de longues périodes de division, jusqu'en 1911. Son règne fut bref, mais il a profondément marqué l'histoire de la Chine.

Les Royaumes combattants

Entre 481 et 221 av. J.-C., la Chine se divise en sept grands royaumes qui se livrent une lutte incessante. Les guerres mobilisent des centaines de milliers d'hommes. Des conseillers circulent de cour en cour pour proposer aux souverains des recettes de gouvernement. En vingt-cinq ans, le jeune prince de Qin étend par les armes sa domination sur tous les autres et prend le titre de Qin Shihuangdi : Premier Empereur souverain de Qin.

UNE COLLINE POUR TOMBEAU

Les proches de Qin Shihuangdi le décrivent comme un homme redoutable « avec le cœur d'un tigre ou d'un loup ». Son orgueil démesuré s'est manifesté dans la réalisation de son tombeau. On sait que 700 000 personnes participèrent à sa construction, qui dura 36 ans. On le connaît surtout par l'immense armée en terre cuite découverte à proximité.

Qin Shihuangdi.

Des milliers de soldats en terre cuite grandeur nature veillent sur le tombeau du Premier Empereur.

La création de l'Empire

Le Premier Empereur décrète une série de mesures pour
assurer l'unité de l'Empire : découpage du territoire
en commanderies, création d'une monnaie unique,
uniformisation de l'écriture, des poids et mesures, et même
de l'écartement des roues des chars… Un réseau de routes
relie toutes les provinces à la capitale, à la manière des voies
romaines. S'appuyant sur une armée puissante et bien
organisée, Qin Shihuangdi étend les frontières du territoire.
Au nord, pour se protéger des nomades « barbares », il fait
réunir entre elles les murailles que les anciens royaumes
avaient construites et crée ainsi la Grande Muraille.

Bêche.

Sapèque.

Les premières monnaies
de bronze se nommaient
bêches et couteaux.
La forme de la sapèque,
ronde comme le Ciel,
percée d'un trou carré
comme la Terre, restera
en usage jusqu'au
XIXᵉ siècle.

Un tyran mégalomane

Dans la capitale sont construits de somptueux palais. Pour tous ces chantiers,
20 millions d'hommes sont réquisitionnés. Cette politique démesurée suscite
des mécontentements. En 213 av. J.-C., l'empereur ordonne d'enterrer vivants
460 lettrés qui ont critiqué sa façon de gouverner et de brûler tous les livres
qui ne traitent pas de médecine, de pharmacie, d'astronomie ou d'agriculture.
Vivant dans la crainte d'être assassiné, il meurt en 209 av. J.-C. au cours d'un
des nombreux voyages qu'il fait au loin en quête de l'élixir d'immortalité.

UNE FANTASTIQUE ARMÉE

Un jour de 1974,
en creusant un puits,
un paysan découvrit
une tête en terre cuite.
Les archéologues
mirent ensuite au jour
dans plusieurs fosses
une armée en ordre
de bataille. Près de
8 000 guerriers et
chevaux montent la
garde près du tombeau
du Premier Empereur.
Les statues, toutes
différentes, mesurent
environ 1,90 m de haut.
Les moindres détails
du costume et de
l'armement des soldats
sont représentés.

**Les statues étaient rehaussées de couleurs qui variaient selon
l'unité militaire et le grade. Il n'en reste que des traces.**

La Grande Muraille

On l'a souvent comparée à un immense dragon qui serpente à travers les montagnes, la tête à l'est au bord de la mer de Chine, la queue à l'ouest à la limite des déserts d'Asie centrale. Restaurée tout au long de son histoire, la Grande Muraille visible aujourd'hui date de la dynastie des Ming (1368-1644).

Tracé de la Grande Muraille à l'époque des Ming.

LE LONG MUR AUX DIX MILLE LIS *

C'est ainsi que les Chinois ont surnommé cette gigantesque fortification qui, d'est en ouest, couvre 21 degrés de longitude, soit près de 3 000 km en ligne droite. Elle est en réalité beaucoup plus longue, car elle suit les lignes de crête ou les accidents du relief, et, à certains endroits stratégiques, elle peut être double, triple, ou comporter jusqu'à neuf murs parallèles. Elle est discontinue et n'a jamais constitué une construction d'un seul tenant.
* Le li est une unité de longueur chinoise qui équivaut à 576 m.

Contre les barbares

Son origine remonte au VIIe siècle avant notre ère, quand des principautés commencèrent à dresser sur leurs frontières des levées de terre pour se défendre les unes des autres. Au nord, ces murailles devaient les protéger des incursions des « barbares », les peuples nomades des steppes de Mongolie et de la plaine de Mandchourie. Hormis leur fonction défensive, elles marquaient la limite entre deux mondes : celui des Chinois sédentaires pratiquant l'agriculture et celui des nomades pratiquant l'élevage.

Tours et portes

Cette première Grande Muraille n'a rien à voir avec celle que l'on contemple aujourd'hui : elle était faite, selon les régions et les matériaux disponibles, de sable et de cailloux, de terre damée renforcée de végétaux, de palissades de bois… Le mur était régulièrement jalonné de tours percées de portes.

Elle n'arrête pas Gengis Khan

Les dynasties suivantes continueront à prolonger et à entretenir la muraille jusqu'au VIIᵉ siècle, où elle perdra de son importance. Lorsque la Chine sera envahie par les peuples du Nord qui fonderont les dynasties des Liao au Xᵉ siècle, les deux côtés de la Muraille seront sous une même autorité et elle cessera donc pour un temps d'être une ligne de frontière. Elle n'arrêtera pas les troupes du conquérant mongol Gengis Khan lorsqu'elles déferleront sur la Chine au XIIIᵉ siècle.

Gengis Khan (1167-1227), le chef suprême des Mongols.

300 000 HOMMES À LA TÂCHE

Lorsque Qin Shihuangdi unifie tous les royaumes pour créer l'Empire chinois, il fait abattre les murailles qui les séparent, devenues inutiles. En revanche, il charge le général Meng Tian de dresser au nord un système de défense pour se protéger des tribus nomades et des raids des guerriers Xiongnu que l'Occident connaîtra sous le nom de Huns. Les fortifications septentrionales des anciens royaumes sont raccordées, prolongées, réparées, pour former la première Grande Muraille. Ce chantier gigantesque occupe 300 000 hommes pendant 10 ans.

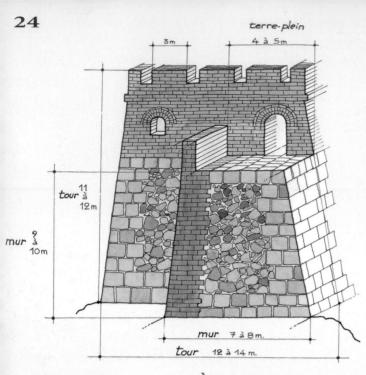

Vue en coupe de la Grande Muraille des Ming (1368-1644).

Un haut mur de pierre et de brique

Les Ming, qui chassent les Mongols, lui redonnent son importance : ses empereurs font activement reconstruire le mur. Simple talus de terre à l'est, la muraille se poursuit en pierre depuis la passe de Shanhaiguan (la « porte entre les montagnes et la mer ») jusqu'au Gansu. Haute de sept à huit mètres, large d'environ six mètres à la base, elle est faite d'un agglomérat de terre et de cailloux recouvert d'un parement en pierre de taille. Plusieurs couches de briques soigneusement jointoyées évitent les infiltrations d'eau au sommet des murs. Des créneaux protègent le chemin de ronde.

À pied, à cheval ou en voiture

Des centaines de portes, des milliers de tours de guet, de postes militaires, de garnisons et de forteresses aux points stratégiques : sous les Ming, un million d'hommes assurent la surveillance de ce gigantesque ouvrage de défense. C'est une voie de communication aisée dans ces régions montagneuses, pour déplacer des troupes et transporter du matériel. Sur son chemin de ronde, cinq cavaliers ou dix fantassins pouvaient progresser de front, et même les chars l'empruntaient. Ce fut aussi une voie de commerce ; à l'ouest, ses tours de guet jalonnaient le parcours de la route de la Soie. En favorisant l'implantation de soldats avec leurs familles dans ces régions, elle a joué aussi un rôle dans l'assimilation des populations non chinoises.

SIGNAUX OPTIQUES

Sous les Han (206 av. J.-C. - 220 apr. J.-C.), la menace des barbares se fait plus pressante ; des milliers de soldats et de bagnards sont envoyés défendre les frontières. La muraille est renforcée au nord et prolongée vers l'ouest jusqu'aux déserts. Des troupes permanentes sont installées dans des garnisons le long des fortifications. Elles sont en contact grâce à un habile système de signalisation : fanions de couleur, fumées le jour, feux la nuit. En quelques heures, la capitale est ainsi informée des mouvements de troupes ou des attaques ennemies.

La Grande Muraille servait de voie de communication.

Un chef-d'œuvre menacé ?

Les empereurs de la dynastie des Qing laissent les murailles
à l'abandon. Au XXe siècle, on prend l'habitude de récupérer
leurs briques et leurs pierres pour construire des maisons
ou paver des chemins, contribuant ainsi à leur détérioration.
Depuis les années 1980, plusieurs tronçons du mur ont été
aménagés pour le tourisme ; ils accueillent chaque année des
millions de visiteurs. Les défenseurs du patrimoine voient
là une détérioration d'un trésor archéologique. Classée par
l'Organisation des Nations unies, la Grande Muraille fait
désormais partie du patrimoine culturel de l'humanité.

ON NE LA VOIT PAS DE LA LUNE !

On dit souvent que la
Grande Muraille serait
la seule construction
humaine visible depuis
la Lune. Comment
un mur large de 6 m
pourrait-il être vu
à 384 000 km, alors
que les continents se
distinguent à peine ?
Le premier Chinois à
avoir volé dans l'espace
en 2003 a mis fin
à cette croyance : « Le
paysage était très beau,
mais je n'ai pas vu la
Grande Muraille », a-t-il
déclaré après son vol.

Les grandes dynasties impériales

Bannière funéraire trouvée dans la tombe de Mawangdui.

LA DAME DE MAWANGDUI

Trouvée dans une tombe du IIe siècle av. J.-C., cette peinture sur soie parfaitement conservée, haute de 2 m, était déposée sur le cercueil d'une marquise, morte à 50 ans, dont le corps avait été embaumé. Y sont représentés, en bas, le monde souterrain ; au milieu, celui des humains (la marquise est figurée appuyée sur sa canne) ; en haut, le monde céleste.

Les dynasties des Han (206 av.-220 apr. J.-C.), des Tang (618-907) et des Song (960-1279) offrent chacune quelques siècles d'unité entrecoupés de périodes de division et de lutte contre les « barbares ». Ouvertes sur le monde extérieur, elles se distinguent par leur richesse, économique et commerciale, intellectuelle et artistique.

Un paysan devenu empereur

Les dépenses gigantesques, l'épuisement des populations et les révoltes contre un gouvernement inhumain provoquent l'effondrement de la dynastie des Qin. En 206 av. J.-C., un petit fonctionnaire d'origine paysanne, Liu Bang, prend le pouvoir par les armes et fonde la dynastie des Han, qui constitue une des périodes les plus brillantes de l'histoire chinoise. Les Chinois se désignent depuis comme les « fils de Han ».

On recrute !

Avec les Han s'ouvre une période de paix et de prospérité. Les empereurs mettent sur pied une administration centralisée. Ils instaurent un nouveau système de recrutement des fonctionnaires qui vise à affaiblir la noblesse. Les écrits du sage Confucius (v. 551-479 av. J.-C.), préconisant l'obéissance et la vertu, deviennent le socle de la politique impériale.

Wudi, l'empereur guerrier

Pendant son long règne, de 140 à 87 av. J.-C., l'empereur Wudi mène de grandes campagnes militaires vers la Corée, l'Asie centrale et la Chine du Sud jusqu'à l'actuel Vietnam. Derrière les soldats suivent des marchands, ainsi que des colons qui ont la tâche à la fois de mettre en valeur les terres et d'en assurer la protection. Des contacts sont établis avec des peuples lointains : les Indiens, les Parthes, les Perses, et même les Romains.

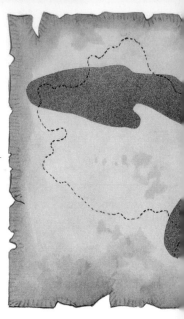

Han zi,
« fils de Han ».

Territoire des Han.

Han occidentaux et Han orientaux

Mais les guerres coûtent cher, et les paysans, accablés d'impôts, se révoltent. En l'an 9 de notre ère, Wang Mang en profite pour renverser la dynastie. En 25, les Han, qui s'étaient réfugiés plus à l'est, reprennent le pouvoir. Leur capitale, Chang'an, a été détruite ; ils en installent une nouvelle à Luoyang (Henan). En deux siècles, la population du pays double presque. Les richesses s'accroissent grâce à l'amélioration des techniques agricoles, à l'exploitation des salines et au développement du commerce.

Han yu, « langue chinoise ».

Pour les âmes

L'art des Han est connu par de magnifiques tombes qui imitent les demeures des vivants, aux parois décorées de reliefs et regorgeant d'objets funéraires en jade, laque, pierres précieuses. Des statuettes en terre cuite (les *mingqi*) accompagnent le mort dans sa sépulture : animaux familiers, chanteurs, musiciens, modèles de maisons. Les allées qui mènent aux tombeaux, les « chemins des âmes », sont bordées de grandes statues en pierre.

Une multitude de royaumes

La dynastie des Han s'éteint en 220, ruinée par les révoltes des paysans et les intrigues de cour. L'Empire se disloque et une période d'instabilité s'ouvre pour près de quatre siècles. Le pays se divise en plusieurs royaumes. Les dynasties règnent conjointement et chacune se considère comme légitime. L'administration cède le pas devant les chefs militaires, et une puissante aristocratie impose ses volontés au pouvoir central.

L'arrivée du bouddhisme

Durant cette période, le bouddhisme, venu d'Inde, se répand en Chine. Toutes les classes sociales, du paysan à l'empereur, sont influencées par la nouvelle religion. On est alors bouddhiste comme en Europe, au Moyen Âge, on était chrétien. Des sanctuaires sont taillés dans la pierre en l'honneur du Bouddha : ses gigantesques statues atteignent quinze mètres de hauteur.

Lampe en bronze doré de la dynastie des Han.

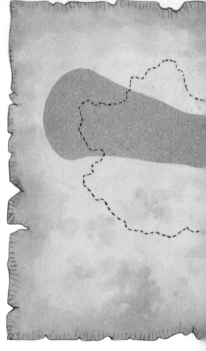

Les grands travaux des Sui

L'unité chinoise est reconstituée par les Sui (581-618), dont le règne très bref, trente-sept ans, est marqué par de grands travaux qui jettent les bases de l'empire des Tang : amélioration des voies de communication et des transports, construction du Grand Canal, modernisation de la Grande Muraille.

Superpuissance

Les campagnes militaires désastreuses des Sui et les dépenses excessives les conduisent à leur perte. Ils cèdent la place à la dynastie des Tang, qui porte à son apogée la civilisation chinoise et ouvre une période de grande prospérité. Les empereurs Taizong et Gaozong mènent leurs conquêtes beaucoup plus loin que leurs prédécesseurs et inaugurent une politique d'ouverture sur le monde, faisant de la Chine la plus grande puissance de l'époque.

Capitale cosmopolite

Chang'an, la capitale, est la plus grande cité entourée de murailles jamais construite. Son plan est grandiose : de larges avenues bordées de fossés plantés d'arbres, des quartiers bien dessinés et d'immenses marchés. Au nord de la ville, deux grandes enceintes délimitent le palais Impérial et la cité administrative. Dans cette ville d'un million d'habitants, tous les courants de pensée se rencontrent : bouddhisme, confucianisme, taoïsme, christianisme… Dans les rues se croisent marchands perses, indiens, arabes et ambassadeurs japonais.

LE GRAND CANAL

Construit vers 600, il relie la vallée du fleuve Jaune à celle du bas Yangzi jusqu'à Hangzhou. Ses 1 500 km de voie d'eau sont le trait d'union entre les riches terres à millet et à froment du Nord et les rizières du Sud. Il permet d'approvisionner la capitale en grains (pour payer les fonctionnaires) et de transporter des soldats. C'est aussi une voie de circulation pour les marchandises précieuses comme la soie et le jade. Le canal est bordé par une route jalonnée de relais de poste, d'auberges et de greniers à riz.

Plan de Chang'an.
1. Parc Impérial
2. Palais Impériaux
3. Ministères
4. Marchés

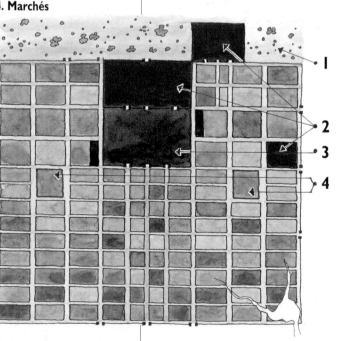

Statuette équestre représentant un cavalier étranger retrouvée dans une tombe, dynastie des Tang.

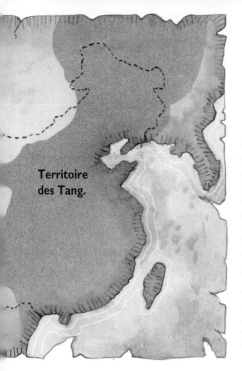

Territoire
des Tang.

Les chevaux célestes

Au début de la dynastie des Tang, les haras
impériaux possédaient 5 000 chevaux. Au
milieu du VIIe siècle, ils en comptent 700 000.
Ils avaient été créés sous les Han, les
souverains de cette dynastie ayant eu
la volonté d'améliorer leur cavalerie en vue
des nombreuses campagnes qu'ils menaient.
Sous leur règne, les commerçants vont
chercher au Ferghana, dans l'actuel
Ouzbékistan, des montures si rapides qu'on
les nomme « chevaux célestes », « chevaux
volants », « chevaux à la sueur de sang ».

Sous la menace des barbares

Une nouvelle fois, au début du Xe siècle, l'Empire
se disloque, miné par l'anarchie intérieure provoquée
par l'affaiblissement du pouvoir central. Au nord
se succèdent cinq dynasties, tandis que dix royaumes
se partagent le Sud. En 960, un chef militaire proclamé
empereur par ses troupes fonde à Kaifeng (Henan)
la dynastie des Song. Lui et ses successeurs font un
immense effort de redressement économique et de
réunification politique. Mais l'Empire demeure
sous la menace permanente des tribus barbares.

Les Song se réfugient dans le Sud

Les Kitan, une tribu de Mandchourie,
fondent au nord de la Grande
Muraille l'empire des Liao
(916-1125). En 1126, les
Jurchen s'emparent de leurs terres et fondent l'empire des Jin,
en installant leur capitale à l'emplacement de l'actuelle Pékin.
Les Song se réfugient au sud du Yangzi à Hangzhou. Malgré ces
vicissitudes, sous les Song, la Chine connaît une période de prospérité :
essor de la riziculture, de la marine, accroissement démographique,
développement des villes et de l'artisanat.

Peintres, poètes et céramistes

C'est aussi un temps d'effervescence intellectuelle et de raffinement artistique. Les
empereurs Song sont des mécènes qui favorisent le développement de la peinture
et de la calligraphie. La céramique atteint alors des sommets de perfection.

L'ÂGE D'OR DE LA POÉSIE

La dynastie des Tang
voit la naissance de
grands poètes comme
Li Bai, Du Fu, Wang
Wei et bien d'autres.
Leur poésie est
considérée comme
inégalée dans toute
l'histoire de la Chine.
On estime que plus de
2 000 poètes ont alors
composé près de
50 000 poèmes.

Statuette équestre
de joueuse de polo,
dynastie des Tang.

LE PETIT PEUPLE DES TOMBES

Sous les Tang, les
statuettes funéraires se
comptent par centaines
dans les tombes.
Cavaliers, chameaux et
chameliers, dames de la
cour, joueuses de polo,
portent une glaçure
typique, blanc, vert
et jaune, que l'on
nomme « trois
couleurs ».

L'empereur

DRAGON ET PHÉNIX

Le dragon, synonyme de puissance, est le symbole de l'empereur ; le phénix, celui de l'impératrice. Cet oiseau fabuleux au plumage superbe était, selon la mythologie, immortel.

Il était considéré comme le « Fils du ciel ». Il bénéficiait du « mandat céleste », qui l'obligeait, pour le bien de tous, à jouer un rôle de médiateur entre la nature et la société humaine.

Le mandat céleste

C'est du Ciel que l'empereur recevait sa légitimité pour gouverner, et c'est lui qui lui reprenait son « mandat » si ses actes n'étaient plus vertueux. Les Chinois pensaient que ce moment était annoncé par des signes précurseurs : tremblements de terre, inondations ou révoltes paysannes.

Un exemple de vertu

L'empereur devait respecter cinq qualités : générosité, bienveillance, absence de convoitise, modestie et rayonnement. Ses relations avec ses sujets devaient être celles d'un père avec ses fils.

Maître du calendrier et gardien de la tradition

Une fois l'an, il rendait un culte au Ciel et à la Terre. Il était responsable du calendrier, et son règne servait pour le calcul des années. Après avoir consulté les spécialistes du calendrier sur la date favorable, l'empereur traçait le premier sillon de printemps, qui marquait le début de la fécondité de la terre et donnait le signal des labours.

L'empereur Yongzheng (1723-1735), troisième souverain de la dynastie des Qing (1644-1911).

Le premier sillon ouvert par l'empereur Yongzheng, rouleau de soie peinte de 4,60 m de long.

Impératrices et concubines

L'impératrice douairière, la mère de l'empereur, était la femme la plus importante de la famille impériale. Venaient ensuite l'impératrice, puis les épouses secondaires et enfin les concubines. La richesse et la disposition des appartements de chacune étaient fonction de son rang. L'empereur Kangxi eut trois épouses impératrices et dix-neuf concubines ; Qianlong, deux épouses impératrices et vingt-neuf concubines.

Cette robe de cour était destinée à l'empereur pour les cérémonies non rituelles. Son décor incorpore les douze symboles de l'autorité impériale. Elle est en satin brodé de fils de soie polychrome et de fils d'or (période de Qianlong, XVIIIe siècle).

Dames de cour de la dynastie des Tang (618-907).

LES PALAIS

À Pékin, l'empereur et sa famille résidaient dans le palais Impérial, édifié au cœur de la ville, que l'on nomme aussi la Cité pourpre interdite. L'été, pendant les grosses chaleurs, ils s'installaient au Yuanmingyuan, le « jardin de la Clarté parfaite », que les empereurs Qing avaient fait édifier au nord-ouest de Pékin. C'était un magnifique ensemble de pavillons, de lacs et de jardins, sur une surface égale à celle du palais Impérial. Il fut complètement détruit en 1860 par les troupes franco-britanniques. Mais les empereurs disposaient aussi à Jehol (l'actuelle Chengde), à 250 km au nord-est de Pékin, d'un autre palais, le « Hameau pour fuir la chaleur ».

Les eunuques

Pour préserver la vertu des épouses et des concubines, les domestiques hommes à l'intérieur du palais étaient obligatoirement castrés. Ces eunuques occupaient des postes de secrétaires, archivistes ou historiens. Ils tenaient souvent une place de choix auprès du souverain et s'immisçaient parfois dans les affaires de l'État. Certains ont été à l'origine d'intrigues et révolutions de palais. Vers la fin des Ming, il y avait 100 000 eunuques.

Le jardin de la Clarté parfaite, peinture sur soie du XVIIIe siècle.

Domestiques, gardes et servantes

Le palais comptait aussi 9 000 servantes, les « dames du palais », et près d'un millier de gardes. Sous les Qing, un règlement a cherché à réduire le nombre de ces serviteurs, mais on continua à recruter chaque année des dizaines de milliers de personnes pour s'occuper de diverses tâches dans le palais.

Lettrés et mandarins

Au sommet de la hiérarchie sociale se trouvent les lettrés. Lorsqu'ils occupent une fonction officielle, on les appelle mandarins, un mot d'origine portugaise signifiant « conseiller ». Ils jouissent d'un grand prestige car ils sont les seuls à savoir lire et écrire, mais ne sont pas toujours les plus fortunés.

Portrait du mandarin Qi Jiguang, célèbre stratège de la dynastie des Ming (1368-1644).

La bureaucratie céleste

Les mandarins forment la « bureaucratie céleste », le système administratif qui a fonctionné jusqu'à la fondation de la république, en 1911. Il existe des mandarins civils, des mandarins militaires, et des mandarins honoraires qui n'ont pas de fonction. Ils se distinguent par la couleur de leur vêtement, la largeur de leurs manches, leur coiffure et leurs insignes. Un carré brodé sur leur poitrine indique leur rang : oiseaux pour les civils, fauves pour les militaires, animaux mythiques pour les hommes de justice.

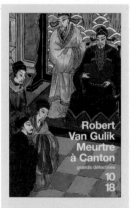

Robert Van Gulik Meurtre à Canton
grands détectives
10 18

UN POLAR

La justice était rendue par les mandarins civils. Au cours de l'histoire, certains juges ont acquis une grande célébrité en dénouant des affaires policières complexes. L'un d'eux a inspiré le sinologue hollandais Van Gulik pour créer un héros de romans policiers : le juge Ti.

Passez l'examen !

Jusqu'au début du XXᵉ siècle, les fonctionnaires sont recrutés grâce à un système d'examens mis en place bien avant celui de l'Occident. Ils sont ouverts à tous, mais l'apprentissage est si long que rares sont les gens du peuple qui les réussissent. Les futurs candidats se forment auprès de précepteurs privés. Les examens se passent à l'échelon local chaque année, provincial tous les deux ans, puis à la capitale tous les trois ans, pour obtenir le grade de bachelier, licencié puis docteur. Les candidats doivent disserter sur des matières essentiellement littéraires concernant les classiques confucéens.

L'empereur Xuanzong (712-756) proclame les résultats des examens.

La remontrance

Les mandarins ont le devoir de faire des suggestions et des remontrances à l'empereur afin qu'il corrige ses erreurs. Loin d'être un acte de rébellion, c'est un signe de loyauté et d'obéissance… Et pourtant, le mandarin risque parfois de se faire couper la tête, selon l'humeur du souverain…

Atelier d'artisans.

Militaire.

Quatre classes sociales

Après les lettrés, les paysans forment la catégorie sociale la plus importante : la Chine est un pays essentiellement rural et ce sont eux qui produisent la richesse. En troisième position viennent les artisans qui travaillent en ville et sont organisés en corporations, les « guildes » : celles des orfèvres, des céramistes, des tisserands, des cordonniers… La dernière catégorie, celle des marchands, est la plus méprisée, car on conside qu'ils ne travaillent que pour s'enrichir et non pour le bien de la communauté.

Marchand dans son échoppe.

L'ARMÉE
Les militaires ne constituent pas une classe sociale à part. L'armée impériale était chargée de garder les frontières et de réprimer les troubles intérieurs.

Des souverains « étrangers »

La supériorité des Mongols est assurée par leur cavalerie.

À deux reprises dans son histoire, la Chine a été dominée par des empereurs qui n'étaient pas chinois : de 1277 à 1367 par les Mongols ; de 1644 à 1911 par les Mandchous. Mais ces étrangers se sont adaptés aux coutumes chinoises et ont abandonné les leurs.

Des cavaliers nomades à Pékin

Au début du XIIIe siècle, les Mongols, une des tribus nomades des steppes d'Asie centrale, sous la conduite de leur chef Gengis Khan, lancent des attaques vers la Chine du Nord. Pékin est occupée en 1215. En trente ans, les Mongols conquièrent tout le pays, ainsi que l'Asie centrale, l'Iran, la Russie, l'Arménie, le nord de l'Inde.

La « paix mongole »

Sous le nom chinois de Yuan, ils créent un immense empire qui va de l'océan Pacifique à la Méditerranée. Méfiants envers les Chinois, ils font appel à des étrangers pour gouverner : musulmans d'Asie centrale, Tibétains… En unifiant toutes les nations et en faisant régner une discipline de fer, ils assurent la sécurité des échanges, ce qui favorise des contacts directs entre pays très éloignés.

Le grand khan, le souverain des Mongols, représenté dans le *Livre des merveilles* de Marco Polo.

MARCO POLO

En 1271, deux riches marchands vénitiens, Nicolo et Matteo Polo, partent pour Pékin en emmenant avec eux le jeune Marco, le fils de Matteo. Après avoir appris le mongol, il restera 17 ans au service du khan, ce qui lui permettra de parcourir tout l'Empire. À son retour en Italie, il écrit le *Livre des merveilles*, premier témoignage précis sur les pays et les peuples de l'Orient. Il y décrit la puissante organisation de la Chine, qui était certainement le pays le plus riche du monde, et il exprime son admiration pour les relais de poste, les pompiers dans les villes, le papier-monnaie… Il est aussi surpris par la diversité des croyances et la tolérance qui règnent dans l'Empire mongol.

La restauration des Ming

Au milieu du XIVe siècle se produisent des soulèvements contre les conditions de vie très dures imposées par les Mongols. Un des chefs de la rébellion fonde à Nankin, en 1368, la dynastie des Ming, qui durera jusqu'en 1644. Tout en développant le pays, les empereurs cherchent à en étendre les frontières. La Chine affirme son prestige dans les mers du Sud grâce à de grandes expéditions maritimes dirigées par l'amiral Zheng He, qui conduiront les navires chinois jusqu'en mer Rouge.

Une dynastie mandchoue

Au XVIIe siècle, des luttes à la cour affaiblissent le pouvoir, tandis que celui-ci a besoin de toujours plus d'argent pour entretenir le faste qui y règne. Des insurrections éclatent parmi les militaires et les paysans. Des tribus installées aux frontières nord-est de l'Empire, les Mandchous, très bien organisées militairement, en profitent pour envahir le pays.
Ils s'emparent de Pékin en 1644 et gouvernent sous le nom de dynastie des Qing.

Les Mandchous, comme les Mongols, sont des nomades. Sous leur règne, de même que lors de la « paix mongole », le commerce est très florissant. Les caravanes de marchandises franchissent la Grande Muraille avant de s'éloigner vers l'ouest.

QIANLONG, LE BON EMPEREUR

Sous son règne (1736-1796), la Chine connaît un essor économique et démographique sans précédent. Son prestige s'affirme sur le Népal, la Birmanie, le Siam (l'ancêtre du Laos), le Vietnam et la Corée. Les exportations chinoises vers l'Asie du Sud-Est et jusqu'en Europe progressent rapidement : thé, soieries, cotonnades, laques… De nouvelles plantes font leur apparition et permettent la mise en culture de sols pauvres : sorgho, maïs, patate douce, arachide.

UN ÉNORME DICTIONNAIRE

La vie intellectuelle et culturelle est très riche sous les empereurs Qing, qui favorisent la publication d'une encyclopédie illustrée en 10 000 chapitres et d'un dictionnaire recensant plus de 47 000 caractères !

36

36

Le choc avec l'Occident

L'Europe est partie à la découverte de la Chine au XVIe siècle. Avec les produits du commerce ont circulé idées et religions. Les échanges furent d'abord fructueux, mais, à partir du XIXe siècle, la Chine subit la pression de l'Occident, qui en fait presque une colonie.

Matteo Ricci, le fondateur de la mission jésuite en Chine.

Macao, port portugais

Les premiers Européens à faire du commerce avec la Chine sont les Portugais : leurs voiliers abordent les côtes de la province du Guangdong vers 1515 pour chercher des épices. Rapidement, ils s'aperçoivent qu'ils peuvent tirer profit du trafic en Asie. En 1557, ils établissent un petit comptoir à Macao, en face de l'île de Hong Kong, qui deviendra l'un des plus grands ports d'Extrême-Orient. Espagnols, Hollandais, puis Britanniques ouvrent ensuite eux aussi des comptoirs en Extrême-Orient et en Asie du Sud-Est.

Opium contre thé

L'Angleterre, qui a été conquise par le goût du thé, développe au XVIIIe siècle ses relations commerciales avec le port de Canton. En échange, elle introduit clandestinement en Chine l'opium produit en Inde. Cette drogue provoque des ravages dans la population chinoise. L'empereur fait brûler les caisses d'opium sur une plage près de Canton. Les Anglais ripostent en déclenchant deux guerres (1839-1842 et 1856-1860) pour contraindre la Chine à accepter leur marchandise.

DES JÉSUITES À LA COUR

Avec les marchands arrivent des missionnaires chrétiens. En 1582 débarque à Macao un jésuite italien, Matteo Ricci, qui s'installe bientôt à Pékin où il restera jusqu'à sa mort, en 1610. Les jésuites ont compris que pour être bien accueillis par les Chinois, il faut d'abord apprendre leur langue et s'adapter à la culture du pays. Ils présentent aux empereurs les mathématiques, l'astronomie et la cartographie en usage en Occident.

Le port de Canton vers 1870. Les steamers (bateaux à vapeur) anglais côtoient les jonques chinoises sur la rivière des Perles.

La révolte des Boxeurs, en 1900, est commentée dans la presse française.

Traités injustes

La Chine est obligée de signer des traités qu'elle appellera les « traités inégaux », car ils sont tout à l'avantage des Occidentaux : elle cède à la Grande-Bretagne l'île de Hong Kong, qui commande l'entrée de la rivière des Perles, conduisant à Canton ; les étrangers, Britanniques, mais aussi Français et Américains qui les ont rejoints, obtiennent des privilèges légaux et commerciaux ; des territoires qui ne sont pas soumis à la loi chinoise leur sont réservés : ce sont les « concessions étrangères ».

À bas les étrangers !

Un grand mouvement de révolte éclate en 1900. Les membres d'une société secrète qui pratiquent une sorte de boxe rituelle destinée à les rendre invincibles s'en prennent aux étrangers : des milliers d'entre eux sont massacrés. Cixi, l'impératrice qui assure la régence, les encourage. Les étrangers sont assiégés dans leurs concessions. Mais, après 55 jours de siège, un corps expéditionnaire international met fin à la révolte des Boxeurs.

Le dernier empereur

De cette insurrection, la Chine sort humiliée, et un fort mouvement d'opposition au pouvoir s'est développé. À la mort de Cixi, en 1908, un enfant de 3 ans, Pu Yi, monte sur le trône. Rapidement, des révoltes éclatent et, en 1911, l'Empire mandchou s'effondre.

LE SAC DU PALAIS D'ÉTÉ

Les troupes franco-britanniques qui entrent le 13 octobre 1860 dans Pékin ne se contentent pas de piller la ville. Elles dévastent la grandiose résidence d'été que les empereurs avaient fait construire aux portes de la capitale. Indigné par la destruction de cette « cathédrale de l'Asie », Victor Hugo écrit : « Un jour, deux bandits sont entrés dans le palais d'Été. L'un a pillé, l'autre a incendié… Et l'on est revenu en Europe, bras dessus bras dessous, en riant… Nous Européens, nous sommes les civilisés, et pour nous, les Chinois sont les barbares. Voilà ce que la civilisation a fait à la barbarie… »

Pu Yi, le dernier empereur de Chine, à l'âge de 3 ans.

La Chine nouvelle

Au début du XXe siècle, la Chine passe du pouvoir impérial
à un gouvernement républicain. Les guerres civiles et les révolutions
que ce changement entraîne plongent le pays dans le chaos. Pourtant,
des idées nouvelles arrivent d'Occident et un régime nouveau se met
en place, le communisme, dominé par la personnalité de Mao Zedong.
Aujourd'hui, de pays le plus pauvre de la planète, la Chine est en voie
de devenir la première puissance mondiale.

44
La Chine rouge

42
La Chine
en guerre

40
Sun Yat-sen et
la république

46

Mao Zedong, libérateur ou dictateur ?

48

Le parti communiste au pouvoir

50

Le miracle économique

Sun Yat-sen et la république

En 1911 est fondée la république de Chine, qui met fin à plus de deux mille ans d'empire. Elle représente un grand espoir de changements. Malgré les troubles qui agitent le pays, des idées nouvelles pénètrent en Chine, remettant en cause les fondements de la société.

LES NATTES TOMBENT

Les Mandchous avaient imposé aux Chinois de se raser le pourtour du crâne et de porter leurs cheveux tressés en une longue natte dans le dos. Le port de la natte est abandonné avec la république.

LE PÈRE DE LA NATION CHINOISE

Né près de Canton, Sun Yat-sen (1866-1925) émigre en 1879 à Honolulu. Converti au christianisme, il apprend l'anglais et fait des études de médecine occidentale à Hong Kong. Imprégné de culture occidentale, il se lance dans la politique à l'âge de 26 ans et préconise l'établissement d'une république.

La bataille de Wuchang, menée en 1911 par les soldats de la révolution.

L'année zéro

Pendant les premières années du XXe siècle, la Chine est agitée par des troubles incessants. Le 10 octobre 1911, une insurrection conduite par de jeunes officiers de l'Armée impériale éclate à Wuchang (Hubei), à laquelle se rallient les gouverneurs de province. Elle se termine par la création de la république de Chine, dont Sun Yat-sen est élu président le 1er janvier 1912, à Nankin. Pour marquer une rupture radicale avec l'empire, l'année 1911 devient année zéro, et 1912, l'an I de la république.

Sun Yat-sen, le premier président de la Chine, est considéré comme le père de la nation.

La république en danger

Après l'instauration de la république, de 1912 à 1927, la Chine connaît une période de grande anarchie. Sun Yat-sen a accepté de céder son poste à un ancien général de l'Armée impériale, Yuan Shikai, qui oblige le dernier empereur à abdiquer. Mais, aussitôt nommé, le général tente de restaurer l'empire.

Seigneurs de la guerre

Dans certaines provinces, les gouverneurs exercent leur pouvoir en dehors
de l'autorité de l'État. Ces « seigneurs de la guerre » se livrent à des batailles
incessantes, tirant souvent leur
richesse du trafic de l'opium
qui continue à faire des ravages
dans la population.

Il faut sauver le pays !

À la fin de la Première Guerre
mondiale, les Alliés réunis à
Versailles décident de donner au
Japon les territoires du Shandong
qui étaient sous le contrôle
de l'Allemagne depuis la fin
du XIXᵉ siècle. Le 4 mai 1919,
3 000 étudiants défilent dans Pékin
aux cris de : « Il faut sauver le
pays ! » Ce mouvement marque
l'entrée en force d'idées nouvelles
venues de l'Occident et la critique
de la pensée de Confucius. Les
étudiants manifestent en criant :
« À bas la boutique de Confucius ! »

Caricature inspirée
par la politique
européenne en Chine.

PARTAGÉE COMME UNE CITROUILLE

Au début du XXᵉ siècle,
les puissances
occidentales se sont
partagé la Chine en
différentes zones
d'influence : Japon
au nord-est, Allemagne
au Shandong, Russie
au nord, France au sud-
ouest, Grande-Bretagne
à Hong Kong…
Les Chinois utilisent
l'expression *guafen*,
« couper comme
les tranches d'une
citrouille », pour
qualifier ce partage
du « gâteau chinois ».

La Chine en guerre

Tchang Kaï-chek (1887-1975) contrôle les forces nationalistes.

L'instauration de la république ne permet pas de trouver une solution à la grave crise que connaît la Chine. Le pays est ravagé par deux guerres civiles (1927-1936 et 1945-1949) et une guerre contre l'occupant japonais (1937-1945). Le Parti communiste chinois parvient habilement à s'emparer du pouvoir.

Nationalistes contre communistes

Deux grands partis politiques apparaissent en Chine au début du XXe siècle : le parti nationaliste (Guomindang) et le parti communiste. Unis dans une première période pour mettre fin au pouvoir des « seigneurs de la guerre », ils se livrent ensuite une guerre civile sans merci. En 1927, Tchang Kaï-chek, le chef du parti nationaliste, installe le pouvoir à Nankin (Jiangsu), qui devient la nouvelle capitale, pour dix ans. Pendant ce temps, Mao Zedong, chef du parti communiste, fonde des « bases révolutionnaires » dans des régions montagneuses. Il y développe une stratégie de combat qui servira quelques années plus tard dans la lutte contre les Japonais.

La Longue Marche

En 1934, réfugiés dans la province du Jiangxi, les communistes doivent fuir devant les attaques du Guomindang. Ils entreprennent un long périple qui leur fait parcourir en un an 12 000 kilomètres. Partis 100 000, ils ne seront plus que 7 000 en 1936, à leur arrivée à Yan'an (Shaanxi), où d'autres chefs révolutionnaires les rejoindront. La petite ville de Yan'an devient alors la capitale du communisme chinois. Grâce à cet exploit, Mao Zedong affirme son pouvoir, et les idées communistes pénètrent en profondeur dans les provinces chinoises les plus reculées.

La traversée du pont de Luding, sur la rivière Dadu, est un épisode célèbre de la Longue Marche. Les planches en avaient été retirées ; des volontaires réussirent cependant à le franchir et à surprendre l'ennemi sur l'autre rive.

UNE CHINE, DEUX GOUVERNEMENTS

En 1949, devant l'avancée fulgurante des troupes communistes, Tchang Kaï-chek et son gouvernement, protégés par les États-Unis, se réfugient dans l'île de Taiwan, où ils installent la république de Chine qui avait été fondée en 1911. Tchang est persuadé qu'il pourra reconquérir la Chine continentale, aux mains des communistes, mais il meurt en 1975 sans avoir pu accomplir son rêve.

Le Japon attaque

Le Japon, où sévit une grave crise économique, envahit en 1931 les provinces du Nord-Est. Dès 1932, il « grignote » peu à peu le territoire chinois et, en 1937, occupe presque tout le pays, infligeant de terribles souffrances à la population. À Nankin, on dénombre jusqu'à 300 000 victimes. Les deux partis, nationaliste et communiste, s'unissent à nouveau pour résister, mais, dès la capitulation du Japon en 1945, la guerre civile reprend entre eux.

Mao Zedong (1893-1976) mobilise les forces communistes.

Victoire du communisme

Miné par la corruption et l'incompétence, le Guomindang perd du terrain. De leur côté, les troupes communistes ne cessent de voir affluer des volontaires : plus de 1,5 million de personnes rejoignent l'Armée populaire de libération entre 1946 et 1948. En 1949, elles s'emparent de Pékin et occupent bientôt tout le pays.

L'Armée populaire de libération entre à Pékin au début de l'année 1949.

Guérilla à la chinoise

La stratégie de Mao Zedong se résume selon cette maxime : « L'ennemi attaque, je recule ; l'ennemi s'arrête, je le harcèle ; l'ennemi s'enfuit, je l'attaque. » C'est grâce à une technique de guérilla très mobile que les troupes communistes remportent des victoires décisives sur les forces du Guomindang, trop lourdement armées.

SHANGHAI, ANNÉES 1930

Malgré les troubles qui agitent la Chine, Shanghai, capitale économique, est le symbole du capitalisme triomphant pendant les années 1930. Dans cette ville cosmopolite se développent les mouvements ouvriers les plus virulents et une nouvelle classe sociale, la bourgeoisie y fait son apparition : son mode de vie contraste avec la vie misérable des campagnes.

La Chine rouge

Les cinq étoiles du drapeau chinois symbolisent l'union des quatre classes sociales autour du parti communiste dont la couleur rouge est le symbole.

Le 1er octobre 1949, de la tribune de la porte de la Paix céleste, face à la place Tian'anmen à Pékin, Mao Zedong proclame : « Le peuple chinois est debout ! » La république populaire de Chine est fondée. La paix s'installe enfin et des mesures radicales sont prises pour moderniser le pays.

Le 1er octobre 1949, Mao Zedong proclame la république populaire de Chine.

La terre aux paysans

Dans le cadre de la réforme agraire, chaque adulte âgé de 16 ans au moins reçoit un morceau de terre dont il devient le propriétaire. Les propriétaires terriens d'autrefois, accusés d'avoir opprimé les paysans, sont chassés ou même exécutés.

Mobilisation générale

De 1958 à 1961, Mao appelle à faire un « grand bond en avant ». Les paysans sont regroupés en une organisation presque militaire : la « commune populaire » ; on creuse des canaux, on construit des barrages, on met en valeur de nouvelles terres. Mais la désorganisation est totale, et de 1959 à 1961, près de 20 millions de paysans meurent de faim.

LA FIN DES MARIAGES FORCÉS

Pour la première fois dans l'histoire de la Chine, l'égalité entre l'homme et la femme est inscrite dans la loi. Les mariages arrangés, qui faisaient l'objet de négociations entre les familles, sont interdits, ainsi que la polygamie.

Un gigantesque défilé est organisé en 1969 pour célébrer le vingtième anniversaire de la république populaire.

À bas les quatre vieilleries !

Après cet échec, Mao Zedong est tenu à l'écart du pouvoir. À partir de 1966, pour reconquérir sa place, il s'appuie sur les lycéens et les étudiants, en les exhortant à s'attaquer aux symboles de l'ancienne société : vieilles idées, vieille civilisation, vieilles coutumes, vieilles habitudes, afin de créer un « homme nouveau ».

Dix ans de chaos

Déchaînés, les jeunes « gardes rouges » persécutent et tuent des centaines de milliers de personnes tout en saccageant ce qui rappelle le passé. C'est la Révolution culturelle. Pendant dix ans, jusqu'à la mort de Mao Zedong, en 1976, des luttes impitoyables ont lieu entre les différentes factions qui se déchirent au sein du parti communiste. La Chine est de nouveau au bord de la guerre civile.

Affichage de *dazibao* sur les murs pendant la Révolution culturelle.

La Bande des quatre

Alors que Mao est vieux et malade, son épouse Jiang Qing s'associe à trois hommes politiques sans grande envergure en vue de prendre sa succession. Ils seront renversés deux mois après la mort de Mao, traduits en justice et condamnés à de lourdes peines. Le pouvoir communiste a encouragé leur critique tout en évitant la critique de Mao.

Jiang Qing, quatrième épouse de Mao, lors du procès de la Bande des quatre, en novembre 1980. Jugée coupable, elle se suicidera en prison.

L'après-Mao

Après la mort du grand dirigeant s'ouvre une ère nouvelle. La Chine met en place avec succès une politique d'ouverture vers l'étranger et de réforme économique. Les revenus des citoyens augmentent, de nouveaux modes de vie apparaissent. La Chine entre dans l'Organisation mondiale du commerce (OMC) en 2001 ; Pékin est choisi comme ville des Jeux olympiques en 2008 ; Shanghai, pour organiser en 2010 l'Exposition universelle. Par ces succès, la république populaire de Chine efface les années d'humiliation qu'elle a connues aux XIXe et XXe siècles.

Pékin, ville olympique en 2008 : un rêve réalisé.

BEIJING 2008
Candidate City

NEW BEIJING GREAT OLYMPICS

Libérateur ou dictateur ?

Le *Petit Livre rouge* était la « bible » du communisme chinois.

À partir de 1934, au cours de la Longue Marche, Mao Zedong prend la stature de chef incontesté des communistes chinois. De 1949 à 1976, date de sa mort, il domine la Chine, tel un nouvel empereur.

Le culte de la personnalité

Fondateur du nouveau régime, Mao Zedong veut être considéré comme un grand penseur, au même titre que Karl Marx ou Lénine. Ses œuvres sont abondamment publiées et diffusées ; le parti rassemble en un même petit livre à la couverture rouge des citations extraites de ses écrits ou de ses discours. L'ouvrage, plus connu en Occident sous le nom de *Petit Livre rouge*, sera tiré à des millions d'exemplaires. Chacun devra le brandir au cours des grands meetings qui ont caractérisé la Révolution culturelle.

Un mausolée digne d'un empereur

À la mort de Mao, un mausolée grandiose est édifié en moins d'un an au centre de la place Tian'anmen à Pékin, dans l'axe du palais Impérial. Le corps du dirigeant, embaumé, est conservé dans un cercueil de verre. Des millions de personnes défilent chaque année pour se recueillir devant sa dépouille mortuaire.

De gigantesques statues à l'effigie de Mao Zedong sont érigées un peu partout dans le pays.

COMMUNISME À LA CHINOISE

Mao Zedong est né en 1893 au Hunan, dans une famille de paysans. Il est l'un des fondateurs, en 1921, du Parti communiste chinois. Très tôt, il comprend que la doctrine communiste, élaborée en Europe au XIXe siècle et appliquée en Russie depuis 1917, ne pourra se répandre en Chine que si elle est adaptée aux conditions de son pays. Il se concilie le soutien des paysans en leur promettant le partage de la terre et la fin du paiement des impôts aux propriétaires terriens.

Vers une démaoïsation ?

Bien que la nature du régime ait profondément changé depuis la mort de Mao Zedong, ses successeurs ont soigneusement évité de procéder à une critique générale de la politique maoïste. Ils ne veulent pas courir le risque de provoquer une nouvelle révolution. Pourtant, l'évolution actuelle de la Chine est en complète contradiction avec les idées de Mao Zedong.

Ses compagnons d'armes

Zhou Enlai, le fidèle

Il a fait des études supérieures et il a séjourné en France au cours des années 1920. Nommé Premier ministre, fin diplomate, il sera apprécié des chefs d'État étrangers. Il meurt la même année que Mao.

Lin Biao, le traître

Désigné comme « le plus proche compagnon d'armes » de Mao, Lin Biao, ministre des Armées, est accusé d'avoir comploté pour l'assassiner. En 1970, on annonce qu'il s'est enfui vers l'URSS avec sa famille et que son avion s'est écrasé en Mongolie.

Deng Xiaoping, le successeur

Il commence sa carrière de révolutionnaire à Paris dans les années 1920, puis devient un personnage important du Parti communiste chinois. Critiqué pendant la Révolution culturelle, il revient sur le devant de la scène à partir de 1977 et devient le nouveau maître de la Chine.

Au début de la Révolution culturelle, pour montrer qu'il est en bonne santé et prêt à reprendre la lutte révolutionnaire, Mao, âgé de 73 ans, nage dans le Yangzi.

Écolière chinoise avec son *Petit Livre rouge*.

LE COSTUME MAO

En Occident, on donne ce nom au costume chinois à col droit. C'est une erreur : en Chine, on l'appelle « costume Sun Yat-sen », car c'était celui que portait le premier président de la République.

De gauche à droite : Deng Xiaoping, Mao Zedong et Zhou Enlai.

Le parti communiste au pouvoir

Fondé en 1921 à Shanghai, le Parti communiste chinois, qui ne comptait qu'une cinquantaine de membres à ses débuts, dirige le pays depuis 1949. Quel est le secret de sa longévité ? Sur quelles forces s'appuie-t-il pour se maintenir au pouvoir ?

Le groupe communiste du Hunan, animé par Mao Zedong dans les années 1920, est l'un des premiers à avoir été créés en Chine.

UN PARTI D'ÉLITE

On n'entre pas au Parti communiste chinois comme dans un parti politique en Occident, en prenant une carte et en payant sa cotisation. L'adhésion se mérite. Elle ne peut intervenir que sur proposition d'autres membres du parti, après que le candidat aura fait preuve de ses qualités morales et de son dévouement. C'est pourquoi le PCC compte finalement peu de membres, 60 millions de personnes, par rapport à la population totale de la Chine. Être membre du parti est indispensable à quiconque veut exercer de hautes responsabilités.

Tous membres du parti !

Le Parti communiste chinois contrôle l'ensemble de l'État. Le président de la République, le Premier ministre, tous les ministres du gouvernement, ainsi que tous les dirigeants des entreprises et des organismes d'État, sont soit membres du parti, soit rigoureusement contrôlés par le parti. Le comité central du parti se réunit régulièrement pour élire ses dirigeants et son secrétaire général.

Une armée puissante

Issue de la guerre de libération contre le Japon, puis contre l'armée nationaliste, l'Armée populaire de libération (APL) représente une puissance militaire importante et possède l'arme nucléaire. Depuis 1949, elle est sortie trois fois des frontières de la Chine : en 1950, pour aider la Corée du Nord à repousser les troupes envoyées par l'Organisation des Nations unies (ONU) ; en 1962, au cours d'une guerre éclair contre l'Inde ; et en 1979, contre le Vietnam. C'est l'Armée populaire de libération qui a réprimé dans le sang le mouvement de protestation de la place Tian'anmen, à Pékin, en juin 1989.

Le président Hu Jintao prononce le discours de clôture du XVIᵉ congrès du parti communiste, en mars 2003.

Le comité central

Le comité central du parti se réunit régulièrement pour élire ses dirigeants et son secrétaire général. En 2003, Jiang Zemin, à la fois président de la République et secrétaire général du parti, atteint par la limite d'âge, a laissé la place à Hu Jintao.

Le Quotidien du peuple, dont le titre a été calligraphié de la main de Mao Zedong, donne chaque jour la ligne du parti au sujet des grandes affaires de l'État.

La censure

Même si, depuis la mort de Mao Zedong, le parti communiste a relâché un peu son contrôle sur la vie quotidienne des Chinois, il exerce toujours une forte censure sur les médias : journaux, télévision, réseau Internet. Régulièrement, des internautes sont emprisonnés pour s'être exprimés librement sur Internet. Certains sujets restent totalement interdits, par exemple la situation du Tibet ou l'indépendance de Taiwan. Toute remise en cause du rôle dirigeant du parti est sévèrement condamnée.

Le massacre de Tian'anmen

En avril 1989, les étudiants des grandes universités chinoises réclament avec force la démocratie pour leur pays. Ils estiment que la nouvelle politique mise en place à la mort de Mao ne pourra réussir que si le parti communiste renonce à son pouvoir absolu. Après une période d'hésitation du gouvernement et malgré un soutien venu du monde entier, l'armée intervient le 4 juin 1989 et réprime le mouvement dans le sang, faisant des centaines de victimes.

La « déesse de la démocratie » dressée en 1989 par les étudiants des Beaux-Arts à Pékin a incarné pour quelques jours les aspirations de la nouvelle génération.

Le miracle économique

Pour attirer les capitaux étrangers, Deng Xiaoping savait séduire. Ici, il est photographié au Texas.

Dès 1978, le nouveau maître de la Chine, Deng Xiaoping, lance une politique de réforme et d'ouverture vers l'étranger. Les revenus des citoyens augmentent, de nouveaux modes de vie apparaissent. Les résultats économiques sont fulgurants, mais l'écart entre les riches et les pauvres s'accroît.

Réformer à tout prix

L'objectif de Deng Xiaoping est de moderniser le pays, sans changer la nature du régime communiste. L'État passe un contrat avec les familles paysannes, qui ne sont plus obligées de lui fournir toutes leurs récoltes ; elles peuvent désormais en vendre une grande partie sur les « marchés libres ». Des paysans commencent ainsi à s'enrichir. Dans le domaine industriel, on autorise la création de petites ou moyennes entreprises privées, qui s'enrichissent rapidement en se lançant dans l'exportation.

La fin de l'isolement

Pour accomplir ses réformes, la Chine a besoin d'attirer les capitaux étrangers et elle favorise l'implantation des entreprises étrangères. Des « zones économiques spéciales » sont créées, dans lesquelles les investisseurs bénéficient de nombreux avantages. Elles deviennent en quelques années de grandes villes industrialisées où se développent d'innombrables activités. La Chine s'ouvre aussi au tourisme, en développant la construction de complexes hôteliers, de centres de loisirs, et en mettant en valeur des sites pittoresques ou prestigieux.

CHAT NOIR, CHAT BLANC

« Qu'importe qu'un chat soit noir ou blanc, pourvu qu'il attrape les souris ! » Avec ce slogan réaliste, Deng Xiaoping mettait en avant les compétences au travail plutôt que l'engagement politique.

ENRICHISSEZ-VOUS !

Alors qu'auparavant, la morale communiste interdisait l'enrichissement personnel, Deng Xiaoping ne craint pas d'inciter les Chinois à prendre des initiatives personnelles pour développer de petits commerces. Grâce à cela, la vie quotidienne des Chinois a connu une grande amélioration.

« Made in China »

En raison du faible coût de sa main-d'œuvre, la Chine fabrique à des prix très bas des produits nécessitant un grand nombre d'ouvriers : jouets, gadgets, vêtements, appareils photo, téléviseurs, climatiseurs, etc. En France, très nombreux sont les produits de la vie quotidienne sur lesquels on peut lire l'étiquette « Made in China ».

Des travaux gigantesques

Confronté à un développement économique sans précédent, le pays doit faire face à la nécessité de développer routes, voies de chemin de fer et aéroports, et il a besoin de nouvelles énergies. La Chine a entrepris de construire le plus grand barrage du monde, sur le Yangzi, qui produira d'énormes quantités d'électricité. Les villes se transforment à vive allure, et le territoire tout entier se couvre d'autoroutes et de nouvelles lignes de train à grande vitesse.

Le barrage des Trois-Gorges, sur le Yangzi.

Chaîne de fabrication dans une usine de jouets. Nombreux sont les économistes qui pensent que la Chine est en train de devenir l'« atelier du monde », où seront produits la plupart des objets d'usage courant.

UNE CROISSANCE ÉCONOMIQUE EXTRAORDINAIRE

En 2003, la Chine a produit dans le monde :
70 % des photocopieurs,
60 % des bicyclettes,
50 % des ordinateurs,
50 % des chaussures,
30 % du riz,
45 % des pommes !
Elle a exporté :
60 % des jouets,
16,2 % des meubles,
15 % du textile,
15 % de l'horlogerie,
14 % des téléviseurs,
12 % du matériel électrique !

À la campagne, la commercialisation de la production agricole est désormais facilitée par la modernisation des moyens de transports.

Le pays du Milieu

L'« empire du Milieu » – le nom que s'est donné la Chine – s'est longtemps considéré comme le centre du monde, en raison de l'ancienneté de sa civilisation. Aujourd'hui premier pays de la planète par sa population, troisième par sa superficie, la Chine doit relever le défi de la modernisation malgré une extrême diversité géographique et ethnique.

中国

60
La langue chinoise

58
Une mosaïque

56
Han et minorités ethniques

54
Le centre du monde

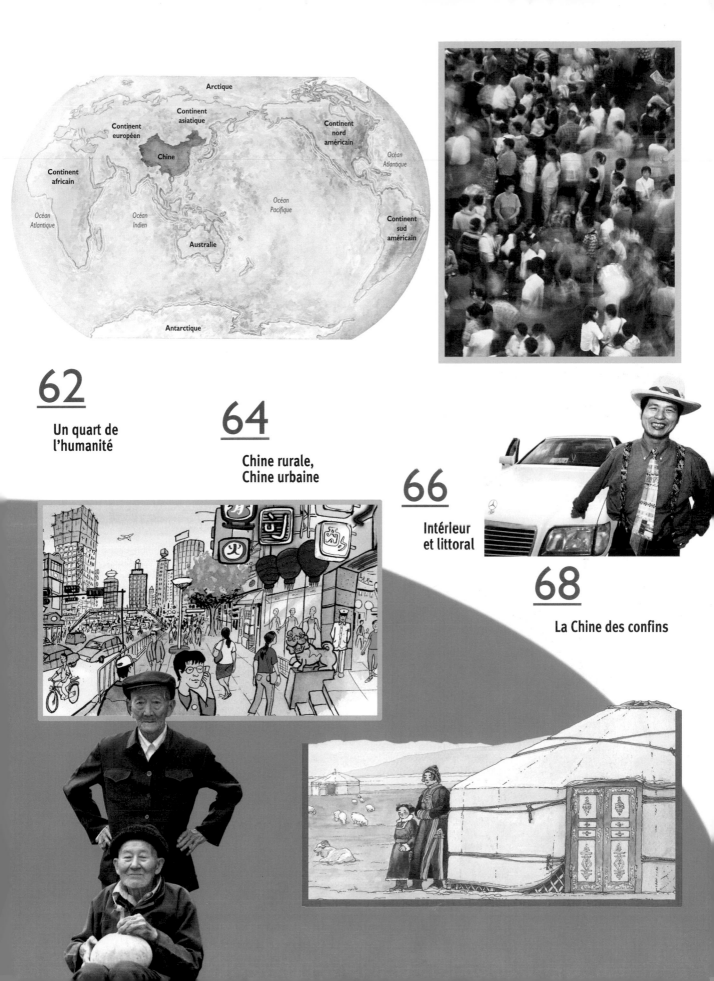

62
Un quart de
l'humanité

64
Chine rurale,
Chine urbaine

66
Intérleur
et littoral

68
La Chine des confins

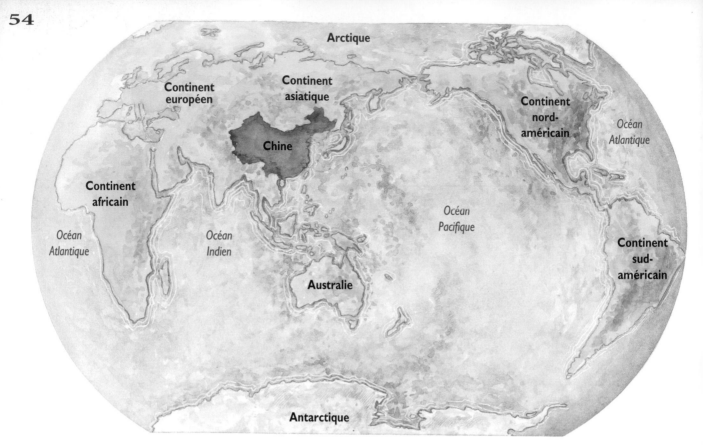

- Arctique
- Continent européen
- Continent asiatique
- Chine
- Continent nord-américain
- Océan Atlantique
- Continent africain
- Océan Atlantique
- Océan Indien
- Océan Pacifique
- Continent sud-américain
- Australie
- Antarctique

Le centre du monde

En Asie, les planisphères présentent le monde sous un autre angle qu'en Occident : les continents africain et européen à l'ouest, le continent asiatique et l'Australie au centre et le continent américain à l'est.

LES « BARBARES »

À l'origine, les Chinois considéraient que le ciel était rond et la terre carrée. Aux quatre coins de la terre, non protégés par le ciel, vivaient les « barbares ». L'empereur pensait qu'il devait à la fois se prémunir de leurs incursions et leur apporter la « civilisation ».

Les Chinois ont longtemps considéré qu'ils étaient au centre du monde. Le nom même de leur pays en témoigne : Zhongguo, le « pays du milieu », ou Zhonghua, la « splendeur du centre ».

Zhongguo

Zhonghua

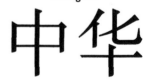

Continuité dans l'histoire

La Chine est un des rares pays à avoir connu une aussi longue continuité historique : pendant trente-cinq siècles, les dynasties se sont succédé sur un très vaste espace. Imagine que des pharaons aient encore gouverné au siècle dernier en Égypte !

Un modèle de civilisation

La Chine s'est toujours considérée comme un modèle de civilisation, mais quand, au XIXᵉ siècle, elle a été confrontée aux pays occidentaux qui ont tenté de la coloniser et de lui imposer leur religion, elle a cherché une voie nouvelle pour se développer et leur résister. Aujourd'hui, à l'heure de la mondialisation, elle veut garder le contrôle de son développement tout en devenant une grande puissance économique.

Une écriture inusable

Autre ciment de l'identité chinoise : une langue écrite qui n'a pas changé au fil du temps. Imagine encore que les Égyptiens lisent aujourd'hui un journal en hiéroglyphes ! Même s'ils ne parlent pas le même dialecte, tous les Chinois peuvent se comprendre par écrit, lire le même journal ou les mêmes livres, puisque le sens des caractères est indépendant de leur prononciation.

Une écriture, cent prononciations

Tout Chinois comprend l'idéogramme *guo*, « pays », bien que ce mot se prononce *guo* en dialecte du Nord, *kwok* en dialecte de Canton, *kuk* à Shanghai, etc. C'est comme lorsque tu lis le chiffre 10 : tu prononces *dix*, tandis qu'un Anglais prononce *ten*, un Italien *dieci*, un Allemand *zehn*. Pourtant, vous avez tous lu la même chose.

Drapeau communiste

Sur le drapeau de la république populaire de Chine, adopté en 1949, figure une grosse étoile entourée de quatre petites étoiles jaunes sur un fond rouge. La grosse étoile symbolise le Parti communiste chinois ; les quatre autres, les différentes classes sociales unies autour du parti : les paysans, les ouvriers, les classes moyennes et les capitalistes nationaux. La couleur rouge était traditionnellement celle du bonheur, ici c'est la couleur du communisme.

Drapeau républicain

À Taiwan, le drapeau reste celui qui a été adopté par la république de Chine en 1921. Le soleil blanc à douze pointes figure les douze périodes de deux heures d'une journée, et les trois couleurs, bleu, blanc et rouge, symbolisent chacun des trois « principes du peuple » de Sun Yat-sen : nationalisme, démocratie et bien-être.

Riben, le Japon.

Chaoxian, la Corée.

Le drapeau de Taiwan.

Han et minorités ethniques

Le groupe des Han représente l'immense majorité de la population chinoise. Le gouvernement reconnaît le statut de « nationalités minoritaires » aux autres groupes qui se distinguent par leur mode de vie, leurs coutumes, leur religion, leur langue. La Constitution leur accorde les mêmes droits de citoyens qu'aux Han, mais toute tentative de réclamer leur indépendance est proscrite.

Une majorité de Han

La Chine est peuplée majoritairement par l'ethnie han, qui tire son nom de la dynastie qui a régné au début de l'Empire, il y a 2 200 ans. Ils représentent 92 % de la population. Les 8 % restants se répartissent en 55 minorités ethniques. Certaines, comme les Zhuang, dans le Sud-Ouest, comptent 16 millions de personnes (presque la population de l'Australie !) ; d'autres, moins de 50 000 individus (les Dulong du Yunnan 7 000, les Lhoba du Tibet 3 000).

Carte des minorités nationales.

Mandchous
Mongols
Iraniens
Turcs
Hui
Miao-Yao
Tibéto-Birmans
Thaïs
Coréens
Yi
Tibétains
Malayo-Polynésiens
Austro-Asiatiques

Fillette tadjik.

Enfant tibétain.

Jeune fille han.

Jeune fille miao.

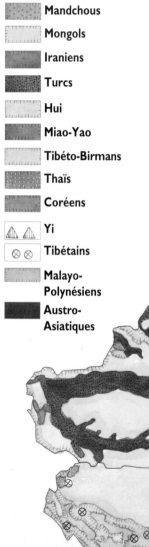

Autonomes, sous contrôle

Ces groupes ethniques sont majoritaires dans leurs terres d'origine, mais ils sont aussi présents sur l'ensemble du territoire chinois. Le Tibet est peuplé essentiellement de Tibétains, mais compte aussi de nombreux Han ; le Xinjiang est peuplé de Kazakhs, de Kirghiz et surtout de Ouïgours (40 % de la population totale) ; le Guangxi compte onze minorités qui forment 40 % de la population. Le gouvernement a distingué cinq régions où ces populations ont plus d'autonomie pour gérer leurs affaires internes, mais toujours sous le contrôle de fonctionnaires chinois.

Hommes hui.

Les Hui

Issus d'un métissage entre Arabes, Persans et habitants d'Asie centrale, ces musulmans chinois, qui représentent près de 10 millions de personnes, se distinguent par leur religion, l'islam, et par certaines pratiques qui y sont liées, comme le jeûne du ramadan ou la non-consommation du porc, dans un pays où cette viande est la plus courante. De fortes communautés sont présentes à Pékin, à Xi'an, à Canton, et surtout dans la région autonome hui du Ningxia, qui leur a été attribuée.

Femmes zhuang, au Guangxi.

Des Turcs et des Mongols

Les Ouïgours (8,4 millions de personnes) vivent principalement dans la province du Xinjiang. Ce sont des Turcs qui pratiquent la religion musulmane et possèdent leur langue propre, notée en alphabet arabe. Quant aux Mongols, ils sont restés largement nomades et vivent dans les plaines de Mongolie-Intérieure, où ils ne représentent plus que 15 % de la population (5,8 millions de personnes). Ce sont les descendants de Gengis Khan, qui a autrefois dirigé le plus grand empire du monde.

Un Sud-Ouest pluriethnique

Les provinces du sud-ouest de la Chine, à la frontière de la Birmanie, du Laos et du Vietnam, abritent une mosaïque de groupes ethniques (plus de vingt-cinq) qui ont conservé leurs traditions, leurs costumes nationaux et leur langue : les Miao et les Yao, qui vivent dans les zones les plus élevées ; les Tibéto-Birmans, des montagnards d'altitude moyenne ; les Dai, riziculteurs de vallée ; les Yi, les Dong, etc.

LA DERNIÈRE ÉCRITURE PICTOGRAPHIQUE

La minorité nationale naxi comporte 300 000 membres qui vivent à Lijiang (Yunnan). Ils possèdent leur propre écriture pictographique, appelée dongba, dans laquelle sont écrits 2 000 volumes qui servaient aux rites sacrificiels et se sont transmis de génération en génération. Ces ouvrages ont été classés en 1999 dans les collections documentaires de l'Unesco.

Écriture pictographique naxi.

Une mosaïque

DES NOMS ÉVOCATEURS

Les noms des provinces aident à les situer : Hebei, le « nord du fleuve » ; Henan, le « sud du fleuve » ; Shandong, l'« est des montagnes » ; Shanxi, l'« ouest des montagnes » ; Hubei, le « nord des lacs » ; Hunan, le « sud des lacs » ; Sichuan, les « quatre rivières »…

LA MÊME HEURE POUR TOUS

La Chine est à cheval sur 5 fuseaux horaires. Elle a cependant adopté une heure unique pour tout le territoire, basée sur l'heure légale de Pékin. Le décalage horaire avec la France est de 6 heures en été, 7 heures en hiver.

Le Taklamakan se présente comme une gigantesque étendue désertique dans la région autonome du Xinjiang.

Par sa superficie, 9 597 000 km^2, la Chine est le troisième pays du monde. La diversité géographique est immense, entre les régions septentrionales, qui ont des hivers sibériens, les zones méridionales, qui connaissent des chaleurs subtropicales, le désert du Taklamakan ou les massifs himalayens à l'ouest, ou encore l'île tropicale de Hainan.

Région autonome ouïgoure du Xinjiang

Région autonome du Tibet

Sur le haut plateau tibétain.

Chongqi

Un espace contrasté

L'espace chinois se décompose en plusieurs régions géographiques : la Chine des montagnes, qui couvre les deux tiers du territoire à l'ouest ; la Chine des plaines, qui part, au nord, de la Mandchourie et englobe les bassins du fleuve Jaune et du Yangzi ; la Chine des collines, au sud-est. Selon les régions, presque tous les types de climats peuvent se côtoyer : aride et froid, tempéré humide, subtropical, tropical…

Le maillage administratif

Malgré ces diversités physiques, la Chine est structurée selon un système administratif très centralisé, directement inspiré de la Chine impériale. Elle compte trente-trois unités administratives : provinces, régions autonomes et régions administratives spéciales, municipalités autonomes, qui forment le relais entre le pouvoir central et le niveau inférieur qu'est le district, l'équivalent du département en France. Le pays en compte près de 2 200. Sous le district se trouve le bourg ou canton, qui regroupe les villages ruraux.

Vingt-deux provinces

La Chine est divisée en 22 provinces (voir la carte page 278), dont 9 ont une population supérieure à celle de la France. La seule province du Sichuan, par exemple, est d'une superficie comparable à celle de notre pays, mais abrite une population deux fois plus nombreuse (114 millions d'habitants) !
S'y ajoute la province insulaire de Taiwan, qui, depuis 1949, constitue un pays à part, la république de Chine.

Région autonome de Mongolie-Intérieure

Dans le Heilongjiang, au climat sibérien, les fleuves et les rivières gèlent en hiver, ce qui permet aux riverains de circuler à traîneau sur leur cours.

Région autonome du Ningxia

• Pékin

• Tianjin

Cinq régions autonomes

Les cinq régions autonomes sont habitées par des populations non chinoises et occupent des territoires à la périphérie de l'espace chinois : le Tibet, la Mongolie-Intérieure, le Xinjiang (minorité ouïgoure), le Ningxia (minorité hui) et le Guangxi (minorité zhuang).

Montagnes

Collines

Plaines

PROPORTIONS

La superficie de la Chine est égale à 17 fois la France. La région du Xinjiang est trois fois plus grande que notre pays.

Shanghai •

Quatre municipalités

Quatre grandes villes sont placées directement sous l'autorité du gouvernement central en raison de leur taille et de leur importance : Pékin (14 millions d'habitants), Shanghai (20 millions), Tianjin (9 millions) et Chongqing (30 millions, dont 7 pour la ville elle-même). Il faut leur ajouter les régions administratives spéciales de Hong Kong et de Macao.

Le port de Sanya, sur l'île tropicale de Hainan.

Région autonome du Guangxi

Hong Kong •

Macao •

Hainan

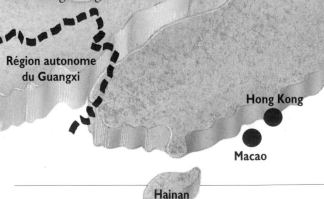

La langue chinoise

Le chinois est une langue de la famille sino-tibétaine, divisée en un grand nombre de dialectes, mais notée avec une écriture unique. La langue officielle est basée sur le dialecte de Pékin. On l'appelle aussi « mandarin » ou « langue commune » (*putonghua*). C'est celle que l'on apprend à l'école, que l'on utilise dans l'administration et les médias.

Dialectes chinois

 Mandarin du Nord

Dialectes wu

Mandarin du bas Yangzi

 Ancien xiang

Xiang

Mandarin du Nord-Ouest

Gan

 Hakka

Dialectes wu

 Cantonais

Minbei

 Minnan

Mandarin du Sud-Ouest

Autres langues

Langues altaïques

Mongol

Langues tibéto-birmanes

Thaï

Quand un Pékinois rencontre un Cantonais…

Hormis le mandarin, la langue chinoise comprend plusieurs grands groupes de dialectes : cantonais, hakka, min, gan, wu, xiang. Ils présentent autant de différences entre eux que peuvent en offrir les langues d'Europe. Si un Allemand et un Italien auront du mal à se comprendre, il en ira de même d'un Pékinois et d'un Cantonais. Heureusement, la « langue commune » est enseignée à tous dès l'école primaire. On peut ainsi estimer que beaucoup de Chinois sont bilingues : ils maîtrisent à la fois leur dialecte et le mandarin.

Parler ou chanter ?

L'apprentissage des quatre tons du chinois mandarin est difficile pour les Français. Mais que penser des neuf tons du cantonais, le dialecte pratiqué à Canton, à Hong Kong et aussi très largement dans la diaspora chinoise d'Europe ! Ce sont ces neuf tons qui donnent l'impression que la langue est plus chantée que parlée !

Voudrais-tu apprendre le buyi ou le xibe ?

En plus du chinois, on recense en Chine 54 autres langues, dont 21 disposent de leur écriture : mongol, tibétain, ouïgour, kazakh, coréen, kirghiz, xibe, russe, dai, yi, jingpo, lahu, lisu, miao, zhuang, buyi, dong, wa, naxi, hani, li. Certaines en ont plusieurs : les Yi en ont trois, les Miao quatre, les Dai deux. Dans la plupart de ces minorités, on dispense un enseignement de la langue qui va parfois jusqu'au niveau universitaire.

Inscriptions en chinois et en tibétain.

La transcription

Les Chinois ont recours à l'alphabet latin pour transcrire la prononciation des caractères. La transcription la plus utilisée dans le monde est appelée pinyin (qui signifie « épeler les sons »). Par exemple, le caractère 书 est transcrit *shu* et le caractère 店 est transcrit *dian*, ce qui donne 书店 *shudian*, signifiant « librairie ».

Le chinois en écriture latine

Au début du XXᵉ siècle, de nombreuses transcriptions du chinois cohabitaient, mises au point dans les différents pays. Ainsi, le nom de l'impératrice Cixi était transcrit Tz'u-hsi par les Britanniques et Ts'eu Hi par les Français. Les Italiens, les Allemands, les Russes transcrivaient encore différemment. En 1958, la Chine a imposé la transcription pinyin, qui a été ensuite adoptée officiellement par l'ONU et les grandes agences de presse. Seule Taiwan a conservé son propre système.

METTEZ LE TON !

Le chinois est une langue à tons. La langue commune en comporte quatre : une syllabe peut se prononcer sur quatre hauteurs différentes, ce qui lui donne chaque fois un sens différent. Ainsi, *mā* au premier ton signifie « maman » ; au deuxième, « chanvre » ; au troisième, « cheval » ; au quatrième, « injurier ». *Mā mà mǎ* signifie donc : « Maman injurie le cheval. »

MAO TSÉ-TOUNG OU MAO ZEDONG ?

Quand tu lis un livre d'histoire, tu peux voir le nom de l'ancien président chinois écrit de manières différentes, selon la transcription utilisée : Mao Zedong (pinyin), Mao Tsé-toung (transcription française) ou Mao Tze-tung (transcription anglaise).

Affiche en chinois et en anglais pour le futur « jardin olympique ».

Un quart de l'humanité

La Chine est le pays le plus peuplé du monde ; elle compte environ 1,3 milliard d'habitants, soit 22 % de la population du globe. La rapide croissance de la population depuis cinquante ans a obligé le gouvernement à prendre des mesures strictes pour limiter les naissances.

Foule sur le Bund, à Shanghai.

De grandes disparités

On constate de très fortes inégalités dans la répartition de la population. 73 % des habitants vivent sur 25 % du territoire, ce qui laisse à l'ouest de grands espaces vides. Les hauts plateaux du Qinghai et du Tibet ne comptent que 8 millions d'habitants sur 2 millions de km², soit 4 habitants au km². En revanche, on en compte 383 au km² dans les régions de la côte, 147 dans les régions du Centre et du Nord-Est, 51 dans les régions de l'Ouest.

La population de la Chine est près de deux fois celle de l'Europe et cinq fois celle des États-Unis.

plus de 600

plus de 400

plus de 300

plus de 200

plus de 100

plus de 20

moins de 20

Carte de la densité de population (nombre d'habitants au km²).

Sur l'ensemble du territoire, la densité moyenne est de 125 habitants au km².

Génération « enfant unique »

Au recensement de 1953, la population était
de 582 millions d'habitants. En l'espace de
deux générations, elle a doublé. Pour freiner
cette croissance trop rapide, depuis 1979,
le gouvernement a adopté un programme
de limitation des naissances, obligeant les
couples à n'avoir qu'un enfant. Les mesures
de contraception sont largement diffusées et
le recours à l'avortement (parfois contraint)
est fréquent. Des récompenses et des sanctions
accompagnent cette politique.

Affiche de propagande
pour la politique
de l'enfant unique.

Les « petits empereurs »

Lorsque l'enfant unique arrive dans un foyer, il devient
l'attention de toute la famille qui le couvre de cadeaux
et de friandises. Ces enfants trop choyés souffrent souvent
d'obésité et sont appelés les « petits empereurs ». Selon la
tradition chinoise, on préfère mettre au monde un garçon,
qui s'occupera de ses parents dans leurs vieux jours,
alors que la fille s'installera dans sa belle-famille.
À la campagne, la loi a été assouplie et permet
aujourd'hui d'avoir un second enfant
si l'aîné est une fille…

UNE PROGRESSION FULGURANTE

Quelques étapes en
chiffres de la croissance
de la population
chinoise depuis 1950 :
1953 : 582 millions ;
1982 : 1,008 milliard ;
1990 : 1,130 milliard ;
1997 : 1,237 milliard.

Il ne fait pas bon naître fille

Abandon, infanticide, avortement
sélectif : la politique de l'enfant
unique s'est souvent exercée au
détriment des filles. La « pénurie »
de femmes en âge de se marier a également encouragé
toutes sortes de trafics, comme les enlèvements…

Villageois âgés
de plus
de 90 ans.

Déséquilibre

Cette politique de planning familial n'est pas sans
conséquences. Elle entraîne une rupture de l'équilibre
entre les sexes, les garçons devenant plus nombreux ;
un affaiblissement des liens familiaux, qui constituaient
le fondement de la société ; un vieillissement de la
population : en 2020, 230 millions de Chinois auront
plus de 60 ans. Comment seront financés retraites,
logements, dépenses de santé ?

Chine rurale, Chine urbaine

Pendant des siècles, la Chine a été un pays essentiellement agricole. Plus de 95 % des Chinois étaient des paysans. Aujourd'hui, la Chine est un pays rural à 70 % alors que la France l'est à 4 % ! L'industrialisation et la modernisation font diminuer ce chiffre rapidement. En 2025, la population urbaine dépassera certainement la population rurale.

Des victimes des inondations de septembre 1998, réfugiées sur une digue, cuisinent de la nourriture fournie par le gouvernement local.

LA TERRE RENDUE AUX PAYSANS

Jusqu'en 1978, la terre était la propriété de l'État et était exploitée collectivement par les paysans au sein des communes populaires. Le gouvernement a alors rendu leur terre aux paysans qui ont eu le droit de l'exploiter librement. Dans les régions les plus favorisées, certains se sont enrichis très rapidement ; en revanche, la pauvreté s'est accrue dans les zones où les conditions naturelles et les infrastructures étaient peu favorables.

Les oubliés de la croissance

Les trois quarts de la population chinoise vivent dans des zones rurales qui elles-mêmes sont divisées en zones riches et zones pauvres. La différence de niveau de vie entre un producteur de thé du Zhejiang et un paysan du Ningxia est immense. Pour la grande majorité des paysans, le développement du pays est encore un mirage, ils sont restés à l'écart du miracle économique.

Des paysans en mutation

Le travail agricole ne peut plus occuper toute la population des campagnes, d'autant que les surfaces cultivables se sont réduites en raison du développement économique, de l'érosion accélérée liée à la déforestation, de la négligence de l'entretien du réseau hydraulique qui provoque des inondations catastrophiques. D'autre part, l'industrialisation n'a pas gagné l'ensemble du pays.

La Chine compte 25 villes de plus de 1 million d'habitants et 300 villes de plus de 100 000 habitants.

CHINOIS DES VILLES, CHINOIS DES CHAMPS

Le fossé se creuse de plus en plus entre villes et campagnes. Dans les villes, les paysans venus chercher du travail sont l'objet du mépris des citadins dont les conditions de vie se sont considérablement améliorées ces dernières années.

Venus des campagnes, les travailleurs « flottants » attendent des propositions d'embauche.

Exode rural

Des millions de paysans sont contraints de s'exiler et affluent vers les centres urbains et les régions côtières pour louer leurs bras dans les usines ou les chantiers, à plusieurs centaines ou milliers de kilomètres de chez eux. Cette « population flottante » de migrants en quête d'un emploi, permanent ou temporaire, est à la merci des exploiteurs. Ces travailleurs ne bénéficient d'aucune protection sociale, acceptent souvent des conditions de travail difficiles pour une rémunération modique.

Nouveaux riches

Depuis quelques années, une classe de « nouveaux riches » est apparue : ils goûtent les plaisirs de la société de consommation, possèdent maison, automobile, téléviseur couleur, réfrigérateur, machine à laver… Dans certains quartiers des grandes villes chinoises, des magasins qui ne dépareraient pas à New York ou à Paris proposent des produits de luxe accessibles à ces privilégiés.

Des villes à la campagne

Pour endiguer la grande migration des paysans vers les villes, le gouvernement encourage la création d'entreprises dans les villages et les petites villes. Par ailleurs, il entreprend la construction de villes nouvelles « à la campagne » : 600 sont prévues d'ici 2011. En attendant, les paysans se lancent souvent dans des activités secondaires, en créant de petites entreprises ou des ateliers à domicile.

Intérieur et littoral

La Chine dispose de 11 000 kilomètres de côtes à l'est. Aux XIXe et XXe siècles, cette zone a vu le développement de centres urbains, industriels et portuaires, qui sont devenus les grandes métropoles de la Chine d'aujourd'hui. L'écart se creuse de plus en plus entre le littoral, et l'intérieur du pays.

LES ZES

Les provinces côtières bénéficient d'un accès facile au commerce maritime, d'un réseau urbain dense et développé. C'est là qu'ont été créées les premières « zones économiques spéciales » (ZES), qui ont connu un développement fulgurant. Shanghai, avec la zone de Pudong, est en passe de devenir la première métropole asiatique.

Chine riche, Chine pauvre

Les différentes provinces profitent inégalement des bénéfices de l'ouverture et des réformes économiques lancées en 1978 par Deng Xiaoping. Les disparités entre provinces côtières de l'Est et contrées lointaines de l'Ouest sont de plus en plus grandes. Les régions où la richesse par habitant est égale à celle de pays développés contrastent avec d'autres où le niveau de vie est aussi bas que dans les pays les plus pauvres du monde.

La plupart des zones rurales ne profitent pas de l'essor économique.

Plus riches qu'ailleurs !

Les trois provinces les plus dynamiques, au sud, le Guangdong, le Fujian et le Zhejiang, ont une richesse moyenne par habitant supérieure de 130 % à celle de leurs voisines. D'une manière générale, la richesse des habitants de la Chine côtière est supérieure de 50 % à la moyenne nationale.

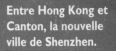

Entre Hong Kong et Canton, la nouvelle ville de Shenzhen.

Les laissés-pour-compte de la Chine intérieure

De nombreuses régions du Centre et de l'Ouest restent peu accessibles et sous-développées. Les plus pauvres sont souvent celles qui sont peuplées de minorités ethniques. En 1996, 90 millions de Chinois étaient au-dessous du seuil de pauvreté.

Développer le Grand Ouest

Le gouvernement s'est engagé à réduire les inégalités entre l'Est et l'Ouest du pays notamment en développant les infrastructures et en favorisant les investissements, afin d'accroître les échanges. Ainsi, la ville de Chongqing (Sichuan) doit devenir un pôle de développement à l'intérieur du pays. En 1999, les autorités ont lancé un vaste plan de développement du « Grand Ouest » qui touchera les provinces du Shaanxi, du Gansu, du Qinghai, la région autonome hui du Ningxia, la région autonome ouïgoure du Xinjiang, les provinces du Sichuan, du Yunnan, du Guizhou et la région autonome du Tibet.

DES TRAVAUX TITANESQUES

Une nouvelle voie ferrée (ci-dessous) est en construction à plus de 4 000 m d'altitude entre la province du Qinghai et Lhassa, au Tibet. D'une longueur de 960 km, elle franchira un passage à 5 000 m d'altitude, ce qui en fera la plus haute du monde.

La Chine des confins

Un chef spirituel non violent

Le dalaï-lama, le chef spirituel du Tibet, a quitté son pays en 1959 après la révolte des

Tibétains contre les autorités chinoises, réprimée en quelques jours dans le sang. Depuis, il continue à organiser depuis l'Inde la lutte non violente pour que son peuple recouvre sa liberté. Il a obtenu le prix Nobel de la paix en 1989.

Régions peu peuplées mais très vastes, le Tibet, la Mongolie et le Xinjiang occupent une position frontière stratégique aux yeux des autorités chinoises qui veillent à ce qu'aucune volonté d'indépendance ne s'y manifeste. Pour renforcer sa présence, le gouvernement poursuit une politique d'implantation des populations han.

Le Toit du monde

À l'ouest de la Chine s'étend le Tibet. C'est un immense plateau dont l'altitude moyenne est de 4 000 mètres. Sa capitale, Lhassa, est à 3 650 mètres. L'ensemble de la région connaît une densité de population de 2 habitants au km^2. C'est une région très pauvre dont les revenus proviennent essentiellement de l'élevage. Chaque fois que les Tibétains ont tenté de manifester une volonté d'indépendance, Pékin a violemment réagi en considérant que le Tibet a toujours appartenu à la Chine.

Le Potala, à Lhassa, au Tibet, à 3 700 m d'altitude, servait de résidence d'hiver au dalaï-lama.

Sous surveillance étroite

Le Qinghai, le Tibet et le Xinjiang couvrent à eux seuls 3,5 millions de km^2 et représentent plus du tiers des frontières de la Chine. Quand on sait aussi que dans ces régions sont implantées des bases de lancement de missiles, on imagine avec quelle attention la Chine les considère.

Borne frontière entre la Chine et le Pakistan.

Le Far West

On nommait autrefois « Turkestan chinois » la région autonome ouïgoure du Xinjiang, car sa population est cousine des Turcs. Appelée « nouvelle frontière », Xinjiang, cette région constitue l'extrême limite de la Chine vers l'ouest, dont elle représente un sixième de la superficie. Région essentiellement désertique, elle est réputée pour les productions fruitières de ses oasis irriguées. Le Xinjiang entretient une frontière avec huit pays différents, dont la Russie, le Pakistan et l'Inde. Autant dire qu'il est un enjeu stratégique pour la Chine !

Cavalières mongoles.

La Chine musulmane

Les populations turques du Xinjiang (Ouïgours, Kazakhs, Kirghiz, Tadjiks, Ouzbeks, Tatars) font de la Chine, avec les Hui, le douzième pays musulman du monde. Le gouvernement n'hésite pas à se prévaloir de ce rang auprès des capitales arabes pour attirer leurs investissements.

La Mongolie chinoise

Au nord de la Chine, la Mongolie-Intérieure partage 4 200 kilomètres de frontière avec la république de Mongolie et la Russie. Seuls 15 % de la population sont mongols, car l'immigration chinoise y a commencé dès la fin du XIXe siècle. C'est une région d'éleveurs nomades, dont les troupeaux représentent 10 % du cheptel de toute la Chine.

LA YOURTE DES NOMADES

C'est une habitation qui peut être facilement démontée, transportée et remontée en une à deux heures selon sa dimension. Bien adaptée au climat, elle est faite de couvertures de feutre ficelées sur une armature de bois. De forme ronde, elle peut abriter de 5 à 20 personnes. La porte est fermée par un rideau, une unique ouverture au centre laisse échapper la fumée du foyer. L'intérieur est doté de tout le confort. Chez les Mongols, on l'appelle *ger*.

La terre chinoise

Pays-continent, la Chine connaît à la fois les climats les plus rigoureux et les plus chauds. Elle possède les plus hautes montagnes du monde, des milliers de kilomètres de côtes maritimes, des déserts qui ne cessent de gagner du terrain, des terres fertiles mais soumises à une érosion intense… Sa faune et sa flore montrent une immense diversité : certaines espèces n'existent qu'en Chine. Mais ce patrimoine naturel est de plus en plus menacé.

72 Les grands fleuves

74 La maîtrise de l'eau

76 Une terre née du vent

78 Les plus hautes montagnes du monde

80 Déserts et steppes

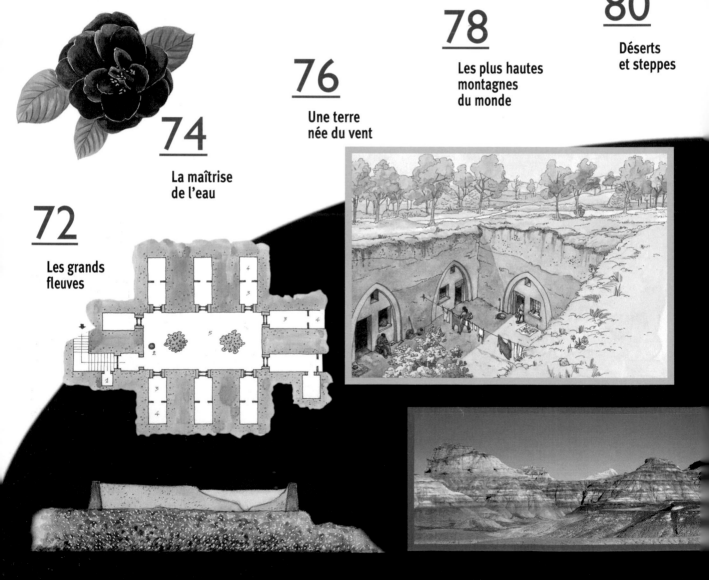

82

Une faune
très variée

84

Le grand
panda

86

Le bambou,
une herbe géante

88

Des forêts
en régression

90

Un environnement
menacé

Les grands fleuves

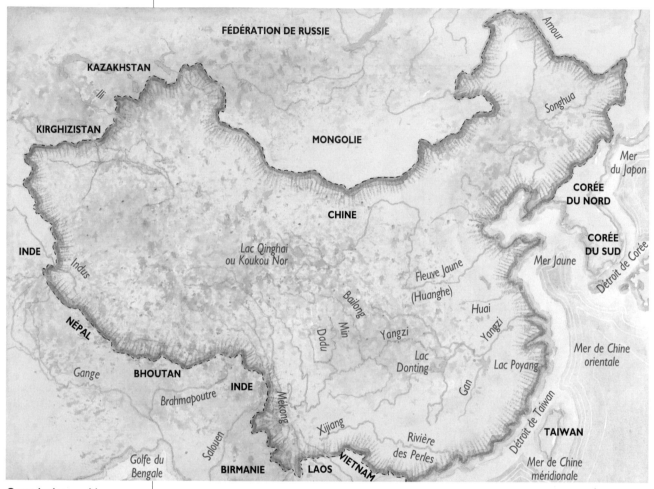

Carte hydrographique de la Chine.

DES RÉGULATEURS

Les lacs Dongting (Hunan) et Poyang (Jiangxi) régularisent le débit du Yangzi en absorbant une partie de ses crues. Le premier, qui atteint parfois 100 km de long et de large lorsqu'il est gonflé d'eau en été, peut être quasiment à sec en hiver. Le second, très profond, est moins sujet à de telles variations.

La Chine possède 5 000 fleuves et rivières. La longueur du réseau fluvial atteint, au total, 220 000 kilomètres dont 95 000 kilomètres de voies navigables. Le Yangzi et le Huanghe sont les deux plus grands fleuves. Sur les rives du Yangzi vit un cinquième de la population chinoise.

Le « long fleuve »

Les Chinois nomment le Yangzi le « long fleuve » (Changjiang). C'est en effet le premier fleuve du pays, et le troisième du monde : 6 300 kilomètres de long, un bassin d'une superficie de 1,808 million de km^2, soit 18,9 % de la superficie totale du pays. Il prend sa source sur le plateau du Qinghai-Tibet, descend en zigzag vers l'est et traverse onze provinces, régions autonomes et municipalités avant de se jeter dans la mer de Chine orientale près de Shanghai. Il arrose Chongqing, Nankin et Shanghai.

Transport et énergie hydraulique

Le Yangzi est la plus grande artère de transport fluvial du pays. Entre Shanghai et le Sichuan, il est navigable sur près de 1 000 kilomètres. À Chongqing, il tourne vers l'est et traverse les monts Wushan, formant les Trois-Gorges, d'une longueur de 193 kilomètres, avec des ressources abondantes en énergie hydraulique. En 1994 y a commencé la construction d'un immense barrage.

Le fleuve Jaune

Deuxième grand fleuve de Chine, le Huanghe a une longueur de 5 464 kilomètres et un bassin de plus de 750 000 km^2. Il prend lui aussi sa source sur les hauts plateaux du Qinghai, se fraie avec difficulté un chemin en formant une grande boucle pour s'échapper de la zone aride du désert de Gobi (à certains endroits, son débit descend à 140 m^3/seconde, alors que son débit moyen est de 3 250 m^3 !), et traverse en tout neuf provinces et régions autonomes avant de se jeter dans le golfe de Bohai. De sa source à son embouchure, il subit une dénivellation de 4 800 mètres.

Chargé en limons

Le Huanghe trace ses méandres dans les plateaux de lœss du nord de la Chine, où il se charge d'une quantité gigantesque d'alluvions dont il tient sa couleur jaune, et son nom. Un quart de ces alluvions se déposent dans son cours inférieur, où son lit s'élève en moyenne de 10 centimètres par an. Dans certaines régions, le fleuve coule à 10 mètres au-dessus des terres environnantes, ce qui rend ses débordements catastrophiques.

Digue   **Chenal**   **Digue**

Plaine

Le fleuve Jaune dans la province du Henan.

Le Yangzi est loin d'être un « fleuve Bleu », ainsi que le nommaient les Occidentaux.

CAPRICIEUX ET DANGEREUX

Le fleuve Jaune a longtemps hésité sur le lieu de son embouchure, qui a varié dans l'histoire de plusieurs centaines de kilomètres, entre le sud et le nord du Shandong. Le lieu actuel, au nord de la péninsule du Shandong, n'est fixé que depuis les travaux effectués en 1947.

Exhaussement progressif du lit du fleuve Jaune au-dessus de la plaine.

AMOUR ET PERLES

La Chine compte d'autres grands fleuves : le Heilongjiang, appelé aussi Amour, qui marque au nord la frontière avec la Russie (3 420 km en territoire chinois) ; son affluent, le Songhua (2 308 km) ; le Xijiang, le plus grand cours d'eau du sud du pays (2 214 km), qui se jette en aval de Canton sous le nom de « rivière des Perles ».

La maîtrise de l'eau

Pompe d'irrigation à balancier et contrepoids (gravure du XIXᵉ siècle).

CONSÉQUENCES INATTENDUES

Dans la Chine ancienne, l'entretien régulier des digues et des canaux qui servent à contenir les fleuves était un critère de bonne administration. Leur détérioration était considérée comme un signe de la chute prochaine de la dynastie. Mais le fait d'élever les digues toujours plus haut a souvent eu un effet catastrophique, en haussant le niveau des fleuves au-dessus des plaines.

DES EFFORTS SANS FIN

Les ouvrages hydrauliques souffrent d'envasement et se comblent peu à peu ; ils nécessitent un entretien constant et il faut sans cesse reconstruire, réparer, consolider.

Au bord du lac Dongting, au Hunan, les paysans peinent à contenir les brèches survenues dans la digue à la suite d'inondations.

Les Chinois ont toujours été confrontés aux problèmes de l'eau : sécheresses qui font mourir les récoltes, inondations catastrophiques qui emportent les cultures, les maisons et même les hommes. Depuis des siècles, on s'efforce d'y remédier, mais souvent les améliorations apportées en un lieu causent des dommages ailleurs. L'ampleur du travail à accomplir est considérable, et la Chine tente désormais de conjuguer les efforts au niveau national.

Dompter les cours d'eau

Pour lutter contre la sécheresse et remédier à l'irrégularité des pluies, toutes sortes de travaux d'irrigation ont été entrepris au cours des siècles, depuis le plus simple moyen mécanique pour élever l'eau, comme les machines à pédales (ci-dessus), les roues à aubes, les norias, jusqu'à l'aménagement de canaux, le forage de puits, le creusement de réservoirs, la construction de barrages, qui fournissent aussi localement de l'énergie.

Un chantier pharaonique

Le barrage des Trois-Gorges, sur le Yangzi
(Hubei), est le plus grand projet
hydroélectrique au monde : 2 kilomètres
de large, 185 mètres de haut (soit un
immeuble de 70 étages), un réservoir
de près de 640 kilomètres de long.
Mais il va engloutir plus de cent villes,
et une population de près de deux millions
de personnes a dû être relogée.
Après l'achèvement des travaux en 2009,
le complexe hydraulique permettra de réguler les crues, de produire annuellement
autant d'électricité que dix-huit centrales nucléaires, d'améliorer les conditions
de navigation, d'assurer la fourniture en eau des villes et villages, et d'irriguer
les régions agricoles des cours inférieur et moyen du fleuve.

Le chantier du barrage des Trois-Gorges.

Le « fléau de la Chine »

C'est le surnom que l'on a donné au fleuve Jaune, dont l'irrégularité a toujours
provoqué la terreur des habitants : inondations et variations de son cours
causant de terribles ravages. Lors de la mousson d'été, les pluies diluviennes
le transforment en un monstre torrentiel. Entre le VIe siècle et 1938, on a
dénombré plus de 1 500 inondations et ruptures de digues, et 26 déplacements
du lit du fleuve. À d'autres moments, les pompages intensifs destinés à l'irrigation
l'assèchent presque.

Tristes records

Le Yangzi est tout aussi dévastateur : en 2 000 ans, il est
sorti plus de 200 fois de son lit. En 1931, son débit était de
75 000 m³/seconde à Wuhan. Cette année-là, 317 000 km², soit les deux tiers
de la France, furent engloutis sous les eaux, et trois millions de personnes
moururent. Lors des pluies d'été, le fleuve peut monter de huit mètres en un jour
à Chongqing. Dans les années 1990, des crues catastrophiques se sont produites
à cinq reprises, provoquant des pertes humaines et économiques considérables.

Une crue catastrophique du Yangzi menace la banlieue de l'immense métropole de Wuhan, en août 1998.

Une terre née du vent

Entre 1 000 et 2 000 m d'altitude, le plateau de lœss s'étend sur 1 000 km d'est en ouest, 400 km du nord au sud, et sur une surface de 400 000 km².

Pendant des millions d'années, le lœss, une fine poussière sableuse apportée par les vents d'Asie centrale et de Sibérie, s'est entassé sur des dizaines de mètres de hauteur pour donner naissance à un immense plateau à cheval sur les provinces du Shanxi et du Shaanxi. Ce paysage creusé de ravins aux parois verticales, uniformément jaune, est caractéristique de la Chine du Nord.

Fertile mais poreux

Le lœss est un limon d'origine éolienne, formé de particules extrêmement fines de quartz et de calcaire. Il donne un sol fertile, facile à cultiver, mais présente deux inconvénients : il est très sujet à l'érosion, qui ravine et creuse sans cesse le paysage ; il est sensible à la sécheresse, car sa porosité l'amène à absorber immédiatement les eaux. Les nappes phréatiques se trouvent entre 40 et 60 mètres de profondeur, ce qui rend l'irrigation difficile.

Dans ce paysage accidenté et compartimenté, la circulation est difficile et les travaux des champs doivent se faire sans l'aide d'outillage mécanisé.

Cultures en terrasses

Pour réduire l'érosion et empêcher le ruissellement, les pentes ont été aménagées en terrasses où l'on a planté des arbres. Les cultures annuelles sont remplacées par des plantes vivaces, comme la luzerne, qui maintiennent le sol en place.

Des maisons-grottes

Dans cette région où le bois et la pierre à bâtir sont quasiment inexistants, le lœss est un matériau tendre qui se prête à l'habitat troglodytique : environ 40 millions de Chinois vivent dans des maisons creusées en profondeur dans les falaises. Le plus souvent, ces logements possèdent une cour centrale en forme de « puits » autour de laquelle sont creusées les pièces d'habitation.

Chaudes en hiver, fraîches en été

L'épaisseur du lœss au-dessus de la maison doit atteindre au moins 3 à 4 mètres, pour éviter les infiltrations d'eau. Solides, fraîches l'été, agréables l'hiver, ces habitations souffrent cependant d'un manque de lumière et d'aération.

Plan d'une maison troglodytique creusée dans le plateau de lœss.
1. Latrines
2. Puits
3. Séjour et cuisine
4. Chambre
5. Cour

DES ARBRES ANTI-SÉCHERESSE

Le Shaanxi et le Gansu, au centre de la Chine, sont les zones les plus menacées par la désertification. On y plante des espèces d'arbres robustes, qui résistent bien à la sécheresse, à l'épais feuillage qui retient la pluie, et aux racines qui s'enfoncent profondément dans le sol pour le fixer. En revanche, la pluie qui tombe au Shaanxi sous forme de violentes tempêtes peut emporter chaque année jusqu'à 10 000 tonnes de lœss par km^2.

Les plus hautes montagnes du monde

Le mont Everest, ou Qomolangma en tibétain, culmine à 8 848,13 m.

Les montagnes, essentiellement dans l'ouest du pays, occupent les deux tiers de la Chine. Quarante pour cent du territoire est situé au-dessus de 2 000 mètres d'altitude. Neuf des quatorze sommets appelés les « 8 000 mètres du monde » se trouvent en Chine ou à ses frontières.

Au sommet du monde

Sur une longueur de plus de 2 400 kilomètres, la chaîne de l'Himalaya forme un arc sur la frontière qui sépare la Chine de l'Inde et du Népal. D'une altitude moyenne de 6 000 mètres, c'est la plus élevée des chaînes de montagnes du monde. Son pic majestueux, le mont Everest, en tibétain Qomolangma, culmine à 8 848,13 mètres.

Quand le Yangzi est encore un ruisseau

Un peu plus au nord, le plateau du Qinghai-Tibet a une altitude moyenne de 4 000 mètres, qui lui a valu son nom de « Toit du monde ». Au centre se dresse le Geladandong, de 6 621 mètres, où le Yangzi prend sa source. Plus au nord, au Xinjiang, les monts Kunlun s'étendent sur plus de 2 500 kilomètres

Le lac Qinghai, ou Koukou Nor, est le plus grand de Chine (4 400 km^2). Il est salé.

d'ouest en est ; ils ont une altitude moyenne de 5 000 à 7 000 mètres. Ils longent au sud le grand désert du Taklamakan, bordé au nord par les monts Tianshan (la « montagne céleste »), hauts de 3 000 à 5 000 mètres. Leur point culminant est le Tomur, ou pic Pobedy : 7 455,30 mètres.

UN SOL GELÉ EN PROFONDEUR

Le plateau du Qinghai-Tibet est dominé au nord-ouest par les monts Qilian ; au sud-ouest se dressent les monts Hengduan, aux confins du Tibet, du Sichuan et du Yunnan. Tous ces sommets sont couverts de neiges éternelles. Sur les hauts plateaux, le sol est gelé en profondeur ; cette couche de terre gelée s'appelle le permagel.

Campement de nomades tibétains.

UN CHÂTEAU D'EAU

Au Tibet naissent sept grands fleuves d'Asie : Indus, Brahmapoutre, Gange, Mékong, Yangzi, Huanghe et Nujiang (Salouen).

Femme tibétaine.

Sommets enneigés, steppes et yacks

Ce pays où ne poussent que des arbustes et de l'herbe (mais qui était autrefois couvert de forêts) est peuplé de pasteurs nomades qui font paître leurs troupeaux de moutons, de chèvres, de bœufs, de chevaux et de yacks dans les vastes prairies. Le yack, avec ses longs poils, supporte bien le froid et fournit à la fois nourriture (sa viande) et combustible (sa bouse séchée) ; son poil et sa peau servent à fabriquer des vêtements, mais aussi les tentes noires typiques de la région.

Une évolution rapide

Dans les vallées, les agriculteurs cultivent essentiellement des céréales résistantes : orge, millet, seigle, sarrasin, ou des pommes de terre. Ils habitent des maisons de pierre, à toit plat, qui ont parfois la forme de tours à plusieurs étages.

La modernité bouleverse peu à peu la vie quotidienne de cette région : des routes ont été ouvertes, un chemin de fer va réunir le Qinghai au Tibet. La demande accrue en viande, peaux et lait pour le marché chinois conduit les éleveurs à accroître leurs troupeaux et à produire de façon quasi industrielle. Il s'ensuit un appauvrissement des pâturages et une utilisation extensive des maigres ressources en bois.

YACKS SAUVAGES

Le yack sauvage fait partie des espèces protégées par l'État chinois. Il vit entre 3 000 et 6 000 m d'altitude, au Xinjiang, au Tibet, au Gansu et au Qinghai. Les bêtes vivent groupées en troupeaux de plusieurs dizaines de têtes.

Un immense plateau pierreux s'étend au pied de la chaîne du Kailash, au Tibet.

Désert du Taklamakan

Désert de Gobi

Déserts et steppes

Une bande de déserts s'étire depuis les plateaux du Tibet, à l'ouest, en direction du fleuve Amour, au nord, puis jusqu'en Mandchourie, au nord-est. Ces zones arides ne cessent de progresser, couvrant un septième du pays. Prairies et steppes forment une diagonale de plus de 3 000 kilomètres depuis le sud-ouest (Tibet) jusqu'au nord-est (Heilongjiang), incluant une partie de la Mongolie-Intérieure.

Formation géologique dans le désert de Gobi, région du Xinjiang.

Un désert froid

L'immense Taklamakan (300 000 km^2), situé tout à fait dans l'ouest de la Chine, est ce que les géographes appellent un « désert extrême » : il est aride et froid. En janvier, la moyenne des températures oscille entre -10 et -15 °C, et dès le mois d'août, il gèle la nuit. C'est sans doute le point le plus sec de toute la Chine : 5 millimètres de pluie par an en moyenne. Il est parcouru par le Tarim, qui va se perdre dans le Lobnor, un lac salé dont l'emplacement change constamment à cause de l'érosion du vent.

L'or noir

Le désert de Gobi est l'un des plus grands du monde. Il s'étend sur le plateau mongol, entre 800 et 1 200 m d'altitude. Vaste étendue de sable et de pierres, il est de type continental : on y subit des températures de - 40 °C en hiver et + 40 °C en été. Comme le Taklamakan, c'est une des zones de Chine les plus abondantes en gaz et en pétrole. Des cités nouvelles y surgissent et les entreprises investissent dans la construction de routes. Un immense gazoduc de 4 200 kilomètres partira du sud de la région autonome du Xinjiang pour rejoindre Shanghai et la province côtière du Zhejiang.

L'or noir du Xinjiang : puits de pétrole en activité dans le désert du Taklamakan. Le gaz évacué est enflammé pour être éliminé.

DES JARDINS DANS LE DÉSERT

Les oasis qui bordent les déserts produisent, grâce à l'ensoleillement, melons, raisins et fruits, pour peu que de l'eau s'écoule des sommets avoisinants. À Tourfan, un très ancien système de canaux souterrains conduisant l'eau des neiges vers les vignes a transformé l'oasis en vallée fertile.

Campement de yourtes dans la steppe mongole.

Nomades saisonniers

Aux confins nord et nord-est de la Chine, les grandes plaines de Mongolie et de Mandchourie (Heilongjiang) sont le domaine de la steppe et des prairies qui se couvrent de fleurs au printemps. La vie humaine dépend de ce tapis herbeux. L'hiver, lorsqu'il se fait rare, hommes et troupeaux se déplacent vers les vallées plus abritées. Au printemps, ils gagnent les pâturages d'été.

Le pays où le cheval est roi

Tout nomade sait monter à cheval dès qu'il a appris à marcher. Les chevaux mongols sont de petite taille, de 1,20 à 1,40 mètre, et très endurants. Ils vivent en troupeaux semi-sauvages, servent aux déplacements, mais fournissent aussi le lait de jument nécessaire à la fabrication de l'*airag*, la boisson fermentée préférée des nomades, légèrement alcoolisée, que l'on boit à tout âge. Le dressage des chevaux, la chasse, les exercices à cheval constituent les principales activités.

On se fournit sur place

Les produits animaux suffisent aux besoins des habitants de la steppe : fromages, yaourts, laine et poil, peaux et fourrure, bouse séchée pour combustible. Si la steppe est peuplée de populations nomades, elle compte aussi des sédentaires, agriculteurs ou artisans.

LE NADAM

Cette fête, qui existe depuis la nuit des temps, a lieu en été. On vient de toute la Mongolie pour participer aux épreuves de lutte, de tir à l'arc, ouvertes aux hommes comme aux femmes, et de course de chevaux : des cavaliers, très jeunes (de 4 à 14 ans), montent sur des distances de plusieurs dizaines de kilomètres...

Jeunes cavaliers mongols s'apprêtant à participer aux épreuves du Nadam.

Une faune très variée

LE TIGRE DE CHINE : IL VA DISPARAÎTRE

Il ne reste aujourd'hui que 20 à 30 tigres de Chine, dans les montagnes du Hunan. Malheureusement, ceux-ci vivent dispersés sans avoir de contact entre eux, et il n'y a donc pas d'espoir de voir l'espèce se reproduire.

La diversité climatique et végétale explique la présence d'une faune très variée, allant des espèces sibériennes de Mandchourie aux espèces tropicales de Chine méridionale. Sur toutes les espèces menacées recensées sur la planète, une centaine concernent la Chine.

Cheval sauvage.

Chameau de Bactriane.

Ours à collier.

Élan.

Grue de Mandchourie.

Yack.

Panthère des neiges.

Rhinopithèque.

Cerf de David.

Panda.

Alligator.

Panthère longibande.

Tigre de Chine.

Dauphin lacustre.

Gibbon.

MASCOTTE DES J.O.

L'antilope tibétaine, menacée d'extinction, a été proposée comme mascotte des Jeux olympiques organisés à Pékin en 2008. Cet animal agile, qui vit sur le plateau du Qinghai-Tibet, a été victime du braconnage, pour sa fourrure souple et si légère qu'on la nomme « roi des duvets », et avec laquelle on fabrique des châles très coûteux.

Des milliers d'espèces

On trouve en Chine plus de 2 000 espèces de vertébrés terrestres, soit 10 % du total des espèces connues dans le monde, dont 1 190 oiseaux, 500 mammifères, 210 amphibiens et 320 reptiles. Dans le Sud tropical vivent les panthères et de nombreux primates, comme le gibbon et le macaque. Des prédateurs comme l'ours, le tigre et le léopard survivent dans quelques régions. L'antilope, la gazelle, le chamois, le cheval sauvage, le cerf et les autres ongulés peuplent les hautes terres et les bassins de l'Ouest. Sont présents partout des carnivores comme le renard, le loup, le chien viverrin et la civette.

Doublement menacés

Certains animaux ne subsistent qu'en Chine. L'alligator de Chine, plus petit (2 mètres) que son cousin d'Amérique du Nord, vit exclusivement sur le cours inférieur du Yangzi et devient très rare. Le dauphin d'eau douce, que l'on ne trouve aussi que dans le Yangzi, est menacé de disparition. La construction du barrage des Trois-Gorges va transformer de façon néfaste son territoire en réduisant la profondeur de l'eau (risque accru d'être happé par les hélices de bateaux) et en modifiant la température.

Un joli singe pas frileux

Le rhinopithèque, plus joliment appelé « singe doré », au nez retroussé et au pelage blanc et brun doré, vit dans les forêts d'altitude du Sichuan, du Gansu, du Shaanxi et du Hubei. C'est certainement le primate qui résiste le mieux au froid, jusqu'à - 9 °C ; pour se protéger, les animaux se serrent les uns contre les autres et enroulent leur queue autour de leur corps.

En voie de disparition...

Parmi les espèces menacées figurent aussi la grue à crête rouge, le faisan bleu, le faisan à crête blanche et à longue queue, le cerf à lèvres blanches, la panthère des neiges, qui vit sur les hauts plateaux tibétains... Tous ont été victimes de la transformation du paysage, de la chasse, du braconnage, de la contrebande (pour alimenter les zoos, pour leur fourrure ou leurs plumes). Les os de certains sont utilisés en médecine... et n'oublions pas que certains animaux figurent dans les menus les plus recherchés.

Jeune femelle rhinopithèque et son petit de quelques semaines.

Réserves naturelles

Afin de protéger la faune et les espèces menacées, comme le panda, la Chine a créé plus de 1 700 réserves naturelles réparties sur l'ensemble du pays, couvrant 13 % du territoire. Vingt-deux d'entre elles ont été classées par l'Unesco parmi les « zones de protection de la biosphère mondiale ». Certaines figurent parmi les grandes zones marécageuses de la planète, propices aux palmipèdes et échassiers.

Un des derniers tigres de Chine.

VICTIME DU SRAS

Soupçonnée d'avoir contaminé un boucher qui la dépeçait, la civette a été accusée de véhiculer le virus du SRAS (syndrome respiratoire aigu sévère). La destruction massive des élevages de ce petit mammifère très prisé des gastronomes du sud de la Chine a été ordonnée pour enrayer l'épidémie du printemps 2003.

Le grand panda

Tout le monde le connaît : une bonne tête blanche avec des « lunettes » noires, une allure de gros ours en peluche. Pourtant, le panda est un animal très rare, qui n'existe plus qu'en Chine. Victime du braconnage, du piégeage, de la déforestation, il est devenu le symbole des espèces à protéger et l'emblème du WWF, le Fonds mondial pour la nature.

En voie de disparition

Il n'en resterait qu'un millier, dans les montagnes situées aux confins du Sichuan, du Gansu et du Shaanxi, dans le sud-ouest de la Chine. Il était présent dans toute l'Asie du Sud, mais les changements climatiques, la lutte entre les espèces et l'intervention de l'homme ont provoqué sa quasi-disparition.

Ours ou raton laveur ?

Son allure massive (il mesure entre 1,20 et 1,50 mètre et son poids va de 70 à 160 kilos) et sa démarche pesante font immédiatement penser à un ours. Mais son museau plus court, sa denture et certains détails de son crâne peuvent aussi le rattacher à la famille des procyonidés, dont le représentant le plus connu est le raton laveur. La discussion n'est pas tranchée. Toujours est-il qu'il appartient au groupe des carnivores, bien qu'il ne mange presque que des plantes ! Les Chinois le nomment *xiongmao*, « chat-ours ».

L'OURS DU PÈRE DAVID

C'est en 1869, lors d'une mission scientifique, qu'un missionnaire français, le père Armand David, découvrit une étrange fourrure blanc et noir chez un habitant d'une vallée isolée du sud-ouest de la Chine. Jusque-là, on ignorait tout du panda en Europe.

Malgré son allure pataude, le panda est très agile et n'hésite pas à grimper aux arbres.

RETOUR AU BERCAIL

Pour élever le taux de natalité de l'espèce, on procède en captivité à des fécondations par insémination artificielle. En 2004, Hua Mei, né dans un zoo des États-Unis, a regagné la Chine par avion pour être relâché à Wolong, au Sichuan, l'une des 33 réserves naturelles où les pandas sont constamment surveillés.

Très friand de bambous

Le panda géant vit à haute altitude dans les forêts d'épicéas, de sapins et de bambous, dont il se nourrit presque exclusivement. Il décortique les pousses pour en dévorer le cœur croquant et sucré grâce à une phalange supplémentaire dont l'a doté la nature, en opposition à ses autres doigts, soudés. Il se déplace constamment à la recherche de sa nourriture, entre 1 800 et 3 400 mètres d'altitude, selon les saisons. D'humeur paisible, il lui arrive parfois de faire de petites incursions aux alentours des villages ou dans les terres cultivées.

Phalange supplémentaire en opposition aux autres doigts.

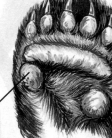 

Enfant unique... dans la famille panda

Il vit entre 20 et 30 ans et n'est pas prolifique : la femelle n'a en général qu'un petit à la fois (la gestation dure 140 jours). À sa naissance, le bébé panda n'est pas plus gros qu'une souris blanche, à laquelle il ressemble. Jusqu'à 6 mois, il est très dépendant de sa mère et ne sera capable de se reproduire qu'à partir de 5 ou 6 ans. Ce faible taux de natalité explique la raréfaction de l'animal.

La tête massive du panda est dotée d'une puissante musculature indispensable à la mastication des plus durs rameaux de bambou. Comme les autres ursidés, il a 42 dents mais ses molaires, destinées à broyer les végétaux, sont plus grosses.

Il PASSE SON TEMPS À MANGER

Il faut d'énormes quantités de bambou pour satisfaire chaque jour l'appétit d'un panda : 10 à 15 kg, et même 20 kg pour les plus gourmands. Il consacre d'ailleurs 10 à 12 heures à cette activité : décortiquer, mastiquer, digérer.

Le bambou, une herbe géante

Il appartient à la famille des graminées, comme le blé, le maïs ou les herbes qui forment le gazon. Et pourtant, certaines de ses variétés atteignent 30 mètres de haut. C'est la plante à tout faire : maisons, meubles, outils, échafaudages, vannerie… ou instruments de musique ! Broyé, il donne de la pâte à papier, et ses pousses, cuisinées, sont délicieuses et nutritives.

Toujours vert

Le bambou comporte une partie aérienne, la tige, appelée « canne » ou « chaume », et une partie souterraine, le rhizome, qui porte les racines et sur lequel se développent les pousses, les « turions ». Ses feuilles restent vertes toute l'année.

Floraison fatale

Sa floraison a pour caractéristique d'être très rare et de se produire simultanément chez tous les sujets d'une même espèce, quel que soit leur âge, dans toute une région, parfois même un continent. Mais, après avoir fleuri, la plante meurt généralement d'épuisement. Selon les variétés, la floraison peut intervenir tous les ans, tous les 60 ans, ou plus… Certaines espèces n'ont même jamais pu être observées en fleur !

Bambou en fleur.

Canne de bambou.

1. Canne ou chaume
2. Turion ou pousse
3. Rhizome

Turion à sa sortie de terre.

L'écorce sèche et tombe au cours de la pousse.

Recordman de vitesse

La vitesse de croissance du bambou est étonnante. Certaines espèces poussent de 1 mètre en 24 heures. Les turions sortent de terre avec leur diamètre définitif et leur taille n'évolue plus après quelques semaines de croissance. Après quoi, le bois durcit et pourra être récolté au bout de quatre ans, pour un usage industriel.

Forêt de bambous.

Une herbe tout terrain

Le bambou pousse aussi bien à 4 000 mètres d'altitude que dans les jungles chaudes et humides. Sa taille va de 25 centimètres à 30 mètres. Les cannes présentent toutes les nuances de jaune et de vert jusqu'au noir en passant par le tigré ou le strié.

Utile dans tous les domaines

Sa grande résistance aux efforts mécaniques en fait un matériau privilégié pour la fabrication d'échafaudages pour les immeubles, et pour la construction de maisons, notamment dans les zones exposées aux tremblements de terre et aux ouragans. Il entre désormais dans de nombreux programmes de régénération des terres dégradées, et a révélé son efficacité pour protéger les rives des fleuves et les pentes des collines de l'érosion.

Pousses de bambou destinées à l'alimentation.

Le matériau du pauvre

Dur et solide, tout en étant léger (il perd de 40 à 60 % de son poids en séchant) et flexible, il se prête à de multiples usages : meubles, récipients, paniers et nasses pour la pêche, éventails, matériaux de construction, etc. Des cannes creusées et emboîtées servent à l'irrigation des cultures.

Échafaudages en bambou sur un chantier moderne.

Ventouses en bambou.

Forêt vierge de Jiuzhaigou, au Sichuan.

Des forêts en régression

Du fait de l'étendue du pays et de la diversité des domaines bioclimatiques, la Chine possède presque toutes les espèces de végétaux connues dans l'hémisphère Nord. Mais, en raison des défrichages, d'une démographie galopante, des attaques des pluies acides provoquées par la pollution industrielle, le manteau forestier couvre désormais moins de 10 % du territoire.

Les plus grandes forêts

Elles croissent dans le nord-est de la Chine, dans le massif du Grand Xing'an : elles se composent de conifères tels le sapin rouge et le mélèze, et de feuillus comme le bouleau blanc, le frêne de Mandchourie, le peuplier et l'orme. Le Sud-Ouest aussi possède de vastes forêts tropicales où poussent l'épicéa, le sapin, le pin du Yunnan, différents bois réputés pour leurs qualités en ébénisterie et menuiserie : le teck, le santal rouge, le camphrier, l'ébénier, le nanmu, le palissandre…

Ébène.

Santal rouge.

Nanmu.

Camphrier.

Teck.

Azalée.

Camélia.

Mangue.

Kapok.

Ginkgo biloba.

Une végétation abondante

Tout aussi luxuriantes sont les forêts d'arbres à fleurs : lauriers et magnolias, azalées et camélias, ou à fruits : manguiers, papayers, ananas, litchis… Le kapokier (ou fromager), haut de 40 mètres, a des fruits en forme de capsules, qui contiennent une substance filamenteuse, le kapok, utilisé pour le rembourrage de matelas ou de vêtements.

Papayer avec ses fruits.

On ne les trouve qu'en Chine !

Certaines espèces, parmi les plus vieilles et les plus rares au monde, sont spécifiquement chinoises : par exemple, le sapin de Chine, qui peut atteindre 50 mètres de haut ; le mélèze doré, qui pousse dans les régions montagneuses du bassin du Yangzi ; le métaséquoia (ci-dessous), un arbre de forme conique, aux branches horizontales et au feuillage très doux, haut de 50 à 60 mètres ; ou encore l'Eucommia, dont l'écorce est utilisée en médecine. Tu peux en voir un à Paris, au cimetière du Père-Lachaise, où il a été planté en 1959.

Le « royaume de la biodiversité »

La région du Xishuangbanna, dans le sud du Yunnan, est une immense réserve qui abrite plus de 5 000 espèces d'arbres feuillus tropicaux rares. Elle a été classée « réserve de biosphère » par l'Unesco : on y préserve l'environnement naturel dans sa diversité, tout en favorisant l'utilisation des ressources de la nature par les populations locales.

Un environnement menacé

Pollution atmosphérique
provoquée par une
cimenterie.

L'accroissement de la population, le développement rapide de l'économie, l'intensification de l'agriculture suscitent de graves problèmes environnementaux. Le gouvernement chinois fait de gros efforts pour lutter contre la pollution atmosphérique, celle de la mer et des principaux cours d'eau, et pour remédier à l'abattage intensif des forêts qui a modifié tout le système écologique.

QUAND LA VOITURE REMPLACE LE VÉLO…

Les quelque 20 millions d'automobiles circulant en Chine rejettent des millions de tonnes de monoxyde de carbone. Le pays a pris des mesures draconiennes pour l'application de normes en matière de carburants.

Reboiser

La Chine a pour objectif de porter, d'ici 50 ans, la superficie des forêts à 28 % du territoire en reboisant dans les zones urbaines, le long des cours d'eau, de la côte, et dans les montagnes… Une tâche difficile, car, dans les régions où l'abattage a été systématique, le relief et la nature du sol sont définitivement altérés… Dans certaines zones steppiques, il est désormais interdit de faire paître les troupeaux et l'on encourage les pasteurs à développer la culture de plantes fourragères.

La Grande Muraille verte

La politique de reboisement a débuté vers 1980 avec la création d'une « Grande Muraille verte » : il s'agissait de planter des arbres coupe-vent sur 7 000 kilomètres, depuis le Xinjiang, au nord-ouest, jusqu'au Grand Xing'an, au nord-est. Mais seulement 100 000 km^2 ont été plantés, de façon discontinue, et ces efforts sont souvent restés vains, faute d'entretien.

Les coupes à nu, comme ici dans le Guangdong, laissent le sol sans protection face à l'érosion.

Améliorer la qualité de l'air

Trente pour cent du territoire chinois souffre d'une pollution chronique de l'air et de pluies acides provoquées par le dioxyde de soufre. Le gouvernement a imposé la mise aux normes ou l'arrêt de production des industries polluantes ; il s'efforce d'être vigilant sur la production et la consommation du charbon, ainsi que sur le contrôle de la pollution.

PLUIES ACIDES

La combustion du charbon est la cause de plus de 90 % du dioxyde de soufre dans l'atmosphère chinoise. Le gaz acide, combiné avec la pluie ou la neige, devient de la pluie acide. Or, le charbon représente les trois quarts des combustibles utilisés pour la production d'énergie en Chine.

Pollution des eaux

Les cours d'eau, les lacs et l'eau souterraine à faible profondeur sont largement pollués par les déchets qu'évacuent les industries, mais aussi par les engrais chimiques et les pesticides. L'eau est souvent impropre à la consommation. Dans les régions rurales, on estime que l'eau potable d'un tiers de la population n'est pas sûre. La Chine, qui jusqu'à présent était préoccupée par la pénurie d'eau, se soucie aujourd'hui de la qualité de celle-ci : la construction d'installations de traitement des eaux usées va être renforcée.

TEMPÊTES DE SABLE

Du fait de l'absence de couverture végétale et de l'érosion au nord et au nord-ouest, la Chine connaît des tempêtes de sable provoquant des ravages considérables. En 1993, l'une d'elles a causé la mort de 85 personnes dans le Nord-Ouest, détruit une partie des terres agricoles et recouvert plus de 2 000 km de canaux. Depuis quelques années, elles tendent à s'accroître (le phénomène est cinq fois plus important qu'il y a 50 ans) et à gagner les régions plus au sud. Chargées de polluants toxiques, elles soufflent vers la Corée et le Japon, et parviennent jusqu'à la côte ouest des États-Unis.

Pollution des eaux par une usine à papier dans le Sichuan.

La Chine rurale

En Chine, sept habitants sur dix vivent à la campagne. Les terres cultivées, qui représentent 7 % de la superficie du globe, doivent pourtant nourrir 22 % de la population mondiale ! L'urbanisation et l'industrialisation réduisent cet espace : on cherche à intensifier l'agriculture, à augmenter les rendements, à diversifier la production. Les campagnes sont en pleine transformation : des industries s'y installent, des villes nouvelles y voient le jour.

98
Dans les rizières

96
Travaux des champs

94
Une agriculture diversifiée

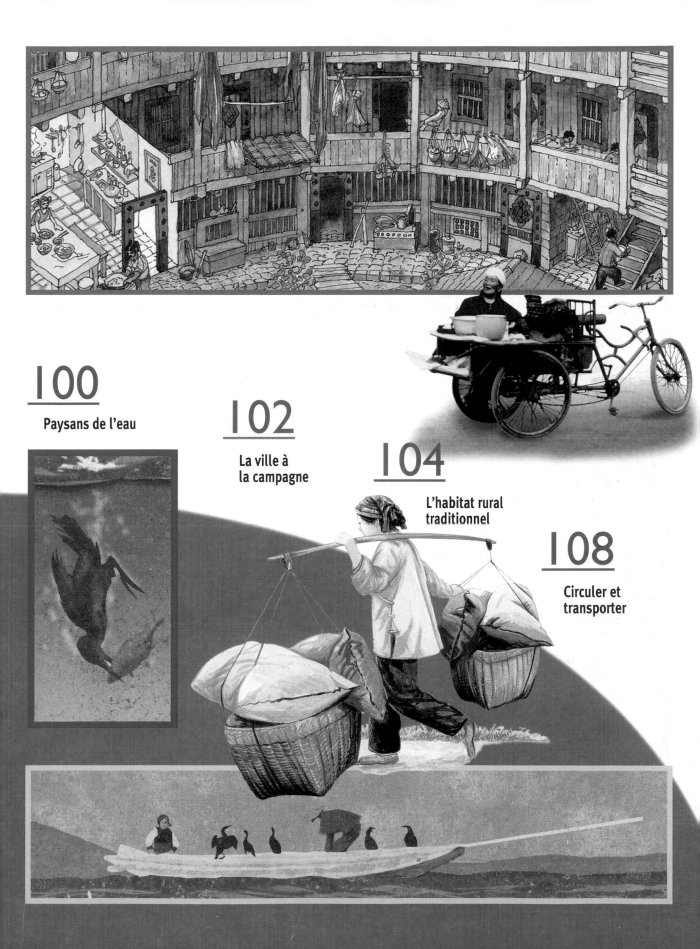

100
Paysans de l'eau

102
La ville à
la campagne

104
L'habitat rural
traditionnel

108
Circuler et
transporter

Une agriculture diversifiée

Champs de colza dans
la province du Guizhou.

LES TERRES POUR TOUS

Les « communes populaires », mises en place à la fin des années 1950, regroupaient des milliers de personnes qui cultivaient les terres en commun. En 1982, les terres ont été redistribuées aux paysans en échange du versement d'une part de leur production à l'État ; la culture de produits plus rentables, vendus sur les marchés, devint alors possible.

UNE AGRICULTURE « SUPERFINE »

À Pudong, près de Shanghai, s'expérimente l'agriculture du futur : grâce notamment à la télédétection, on analyse finement la teneur en éléments nutritifs des sols de centaines de parcelles, afin d'établir une banque de données qui fournira des indications très précises pour la fertilisation.

Certaines familles ne disposent que de parcelles si réduites qu'il leur est à peine possible d'assurer leur subsistance et celle de leurs animaux.

La Chine est le premier producteur de céréales de la planète. On a longtemps opposé une « Chine du riz », au sud, à une « Chine du blé », au nord. Ces distinctions sont aujourd'hui moins nettes, car les limites de la culture du riz sont repoussées vers le nord et l'éventail des productions agricoles s'est considérablement élargi.

De toutes petites exploitations

La Chine compte 130 millions d'hectares de terres cultivées. La superficie des parcelles est très réduite : 200 millions de familles travaillent sur de petites, voire de minuscules exploitations de moins de un hectare (la moyenne est de 0,6 hectare). La majeure partie de la production est destinée à l'autoconsommation. Quand la famille s'agrandit, le lopin de terre, lui, n'augmente pas de surface, ce qui réduit sa rentabilité.

Coton.   Sorgho.   Lin.   Canne à sucre.

Du riz au blé

Grâce à des hivers doux et à des étés longs, le sud et le sud-est de la Chine bénéficient de deux, ou même parfois de trois, cultures annuelles de riz. Dans le Centre, ainsi que dans la basse et la moyenne vallée du Yangzi, on cultive le riz en été, et le blé ou le colza en hiver. Le Nord est le domaine du blé, du maïs, du millet, du coton et du sorgho, avec une double récolte annuelle, ou un système de trois récoltes en deux ans. Dans les terres du Nord-Est poussent blé de printemps, maïs, sorgho, soja, lin et betterave à sucre.

Place aux cultures différentes

Pour répondre aux besoins des villes et aux nouvelles pratiques alimentaires, d'autres cultures se sont développées : canne à sucre et oléagineux (soja, arachide, sésame, colza), fruits (pommes, poires, raisins, bananes, ananas) et agrumes (oranges et mandarines), fleurs, plantes médicinales. Le marché des produits biologiques et des « produits verts » pour lesquels l'usage des engrais et des pesticides est strictement contrôlé connaît aussi une forte croissance.

Hormis pour leur chair, les canards sont élevés pour leurs plumes et leur duvet, dont la Chine est le premier producteur mondial.

Le porc, indétrônable

La Chine a toujours été un gros producteur de porcs : elle dispose du premier troupeau de porcins au monde, plus de 550 millions de têtes. C'est la viande la plus consommée. Mais comme on consomme plus de viande et de lait, l'élevage des bovins et ovins connaît un grand essor, tout comme celui des volailles qui produisent 15 millions de tonnes d'œufs par an. Les deux tiers de la production mondiale de canards proviennent de Chine. Mais, pour nourrir toute cette basse-cour, il faut produire encore plus de céréales et le pays va devoir en importer. Quant à l'aquaculture, elle a connu une progression spectaculaire, et le pays est le premier producteur au monde.

Cette statuette remontant à la dynastie des Han (206 av. J.-C. - 220 apr. J.-C.) montre que l'élevage du porc est très ancien en Chine.

Travaux des champs

La petitesse des parcelles et la surabondance de la main-d'œuvre sont un frein à la mécanisation des travaux agricoles. L'image traditionnelle du paysan derrière son buffle, la houe à l'épaule, n'est pas près de disparaître.

Cultures en terrasses à Yuanyang (Yunnan).

CULTURES EN TERRASSES

Toutes les portions de terre disponibles sont mises en culture. Des terrasses cultivées s'étagent ainsi en gradins à flanc de montagne. Elles retiennent la terre et facilitent la circulation de l'eau. Plus de la moitié des terres sont irriguées, dans le Sud essentiellement.

Enrichir les sols

Il n'y a pas si longtemps, les terres étaient fertilisées uniquement par des engrais humains et animaux, que l'on transportait à dos d'homme dans des seaux. Depuis quelques années, l'emploi des engrais chimiques et des pesticides, ainsi qu'une meilleure sélection des semences, a permis de bons rendements. Cependant, l'utilisation mal contrôlée de ces produits cause souvent de graves problèmes de pollution ou d'intoxications. Le développement de cultures sous feuilles plastiques (on l'a appelé la « révolution blanche ») est spectaculaire.

L'irrigation se pratique souvent avec des moyens simples comme le chadouf, godet à bascule utilisé pour tirer l'eau des puits.

L'eau est ensuite transportée dans des seaux accrochés à une palanche.

Pour faciliter le vannage, les paysans étalent leur moisson sur les routes afin que les véhicules, en roulant dessus, détachent les grains des épis.

De la faucille au motoculteur

Si tracteurs et motoculteurs ont fait leur apparition dans les campagnes, ils sont souvent utilisés pour le transport.
Un tracteur avec sa remorque fait office de taxi ou de transport en commun…
Le travail reste essentiellement manuel, avec des outils traditionnels : charrue, bêche, fléau, semeuse, brouette, faucille…
On laboure à l'aide d'un âne, d'un bœuf ou d'un buffle. Certaines machines ont été conçues en fonction des besoins propres aux agriculteurs chinois : tracteurs adaptés à la taille des champs, machines à repiquer le riz, moissonneuses et broyeurs.

Le problème de la commercialisation

Le gros problème des campagnes est celui du transport et de la commercialisation des produits. En raison de l'immensité du territoire et de l'insuffisance des voies de communication, il est parfois plus économique pour les provinces côtières d'importer des produits de l'étranger que de les faire venir par voie terrestre d'autres endroits du pays.

SÉCURITÉ ALIMENTAIRE

Avec son entrée dans l'OMC (Organisation mondiale du commerce) en 2001, la Chine, qui souhaite développer ses exportations de produits agricoles, se préoccupe de plus en plus de l'hygiène des aliments, de la conformité des produits aux normes internationales, du contrôle de l'utilisation des produits agricoles transgéniques (OGM).

La surveillance des récoltes est souvent confiée aux enfants : placés sous un abri, ils effraient les oiseaux en criant ou en frappant sur un gong.

Les cultures sous bâches de plastique connaissent actuellement une grande vogue.

Le buffle est encore très utilisé pour les labours, principalement dans le sud du pays.

Lorsqu'une mère travaille aux champs, elle porte son enfant sur son dos afin de garder les mains libres.

Dans les rizières, les motoculteurs sont adaptés de façon que le moteur soit hors d'atteinte de l'eau.

Dans les rizières

Riz : feuilles, épis et racines.

Grains complets.

Semences : riz germé.

Dans le Sud, le buffle d'eau est l'auxiliaire le plus précieux du paysan et il fait l'objet de soins attentifs.

Le riz est la nourriture de base de la moitié des Chinois. Le pays est le premier producteur – et le premier consommateur – de cette céréale, qui occupe le tiers de la superficie céréalière. Le Sud est le grenier à riz du pays : les rizières s'étagent jusqu'à 1 000 mètres d'altitude.

Brun, blanc ou poli

Le riz est une céréale de la famille des graminées, cultivée pour son fruit nommé caryopse. Le riz que l'on récolte, le paddy, est entouré d'enveloppes très dures, les balles, dont on doit le débarrasser. On obtient alors le riz brun ou complet. Pour avoir du riz blanc, on ôte la dernière enveloppe, le tégument. Puis les grains peuvent être polis. C'est ce riz blanc poli que préfèrent les Chinois.

Les pieds dans l'eau

Au printemps, on laboure la rizière et l'on aménage de petites digues, des canaux, des vannes, pour amener et évacuer l'eau, car le riz n'aime pas l'eau stagnante ; le terrain est ensuite inondé. Le riz, semé au préalable en pépinière, peut être transplanté. On choisit les plants les plus robustes, au moment de leur croissance maximale. Ils sont mis en petits bouquets et repiqués en lignes très régulières. Pendant toute la pousse, le sol reste inondé sous 20 centimètres d'eau.

Le repiquage du riz nécessite une abondante main-d'œuvre.

Récolté à la main

Dans la dernière phase de croissance, les rizières sont asséchées, ce qui accélère le processus de maturation. Lorsque le riz est mûr, il est récolté, le plus souvent à la main, car la taille des rizières et des terrasses ne permet pas l'utilisation de machines. Les gerbes sont mises à sécher sur place. Battage, vannage, décorticage (au pilon ou au mortier) sont souvent effectués manuellement.

Riz, poisson : même culture

Lorsqu'elle est inondée, une rizière forme aussi un étang à poissons, qui peut être fréquenté par les canards, les oies et autres volatiles. Le poisson joue un rôle bénéfique, car il contribue à éliminer les mauvaises plantes, et aussi les moustiques. Sur les levées de terre sont cultivés des mûriers, dont les feuilles sont destinées à l'élevage des vers à soie. Les excréments des vers à soie servent de nourriture aux poissons.

Un écosystème

Ce système présente de nombreux avantages : sur un faible espace, on produit deux espèces, l'une animale, l'autre végétale, en réduisant l'usage des pesticides et en augmentant la fertilité du sol. Cette rizi-aquaculture, qui est une tradition vieille de plus de 2 000 ans, retient de plus en plus l'attention des agronomes du monde entier.

LE RIZ DE L'ONCLE YUAN

Près de la moitié du riz cultivé en Chine est une variété hybride à grains longs obtenue dans les années 1970 à partir d'un riz sauvage de l'île de Hainan. Son rendement est de 20 % supérieur au riz conventionnel. Son inventeur est l'agronome Yuan Longping, qui a obtenu en 2004 le Prix mondial de l'alimentation, considéré comme le prix Nobel pour l'agriculture et l'alimentation.

La récolte du riz dans la province du Guizhou.

Paysans de l'eau

Poissons des lacs, étangs et rivières ont toujours fourni aux paysans chinois un revenu complémentaire. Certaines familles vivent même en permanence sur l'eau. Aujourd'hui, à côté de la pêche traditionnelle, l'aquaculture (l'élevage d'espèces aquatiques végétales et animales) emploie 4 millions de personnes et la Chine est le plus grand producteur de poissons au monde.

Techniques de pêche

Pêche au coup, avec des lignes de fond, au filet, à la nasse, au harpon : les techniques sont variées et parfois associées. Ainsi, un filet « barrage » peut rabattre les poissons vers un périmètre restreint où ils sont emprisonnés dans des nasses, puis transpercés à l'aide d'un harpon. Hormis les poissons, on pêche les grenouilles, les tortues, les crustacés. Les embarcations de pêche vont du simple radeau de bambou aux pirogues-sabots utilisées pour la pêche au cormoran et à la barque appelée sampan.

Les habitants des rivières

Le sampan, du chinois *sanban*, « trois planches », est un bateau à fond plat, surmonté d'un abri, que l'on fait avancer à l'aide d'une perche ou d'une godille. Il sert à la pêche, au transport des hommes et des marchandises, et il fait aussi office de maison. Près de Canton, sur la rivière des Perles, ces barques sont si nombreuses qu'elles se touchent, au point de former un véritable village flottant. Il n'était pas rare autrefois de voir des chapelets de sampans descendre le Yangzi.

LA PÊCHE AU CORMORAN

Les pêcheurs ont parfois recours aux services d'un cormoran, domestiqué à cet effet. Dès sa sortie de l'œuf, l'oiseau fait l'objet d'un dressage qui dure sept à huit mois. Il est alors prêt à travailler pour le pêcheur. Attaché par un fil à la patte, relié à l'embarcation ou à un flotteur, il porte au cou un anneau en rotin qui l'empêche d'avaler sa proie. Quand il remonte après sa plongée, le pêcheur n'a plus qu'à retirer le poisson du bec de l'oiseau.

Village de sampans sur le fleuve Jaune.

Vivre sur l'eau

Il est difficile d'imaginer qu'une famille entière, les parents, leurs enfants et parfois les grands-parents, puisse vivre dans un espace aussi exigu. Le mobilier est simple : nattes en guise de matelas, couvertures ouatées, deux ou trois tabourets, un petit fourneau en terre cuite et quelques récipients pour faire la cuisine.

LE CULTE DE MAZU

Appelée aussi Tianhou, l'« impératrice céleste », la déesse Mazu est la protectrice des marins et des pêcheurs. Avant de partir à la pêche et au retour, on lui rend hommage.

Poissons d'eau douce

Aujourd'hui, la Chine réalise 70 % du volume total de la production mondiale de poissons. Plus de la moitié proviennent de l'élevage en eau douce. L'État encourage cette forme d'activité, qui ne nécessite pas d'équipements importants, car elle utilise des eaux libres telles que lacs, réservoirs, fleuves, étangs et rizières, et elle permet de recycler des résidus d'élevage.

Une pratique ancienne

La pisciculture était déjà pratiquée en Chine il y a 2 500 ans. Le premier traité, *L'Agriculture des poissons*, a été écrit par Fan Li en 473 av. J.-C. Il décrit avec beaucoup de détails l'élevage des carpes en étang. L'administration impériale s'est très tôt préoccupée d'organiser la pêche de façon à protéger les ressources en poissons : obligation pour les pêcheurs de réempoissonner en reversant des alevins, interdiction de pêcher au moment de la reproduction, construction de viviers.

Vue aérienne des fermes aquacoles et des rizières côtières aux environs de Shenzhen et de Hong Kong.

La ville à la campagne

Jardins potagers en ville.

CANTONS ET BOURGS

Ce sont les unités administratives de base ; ils sont répartis à travers tout le pays et regroupent les 3 450 000 villages, de quelques centaines à quelques milliers d'habitants. Depuis 2002, le nombre de bourgs a dépassé celui des cantons, signe de l'urbanisation accélérée qui gagne le pays. Certains ont aujourd'hui une population qui dépasse 100 000 habitants, ce qui, à notre échelle, serait plutôt une ville moyenne !

Lorsqu'ils ne sont pas occupés par les travaux des champs, les paysans travaillent dans de petites entreprises, comme ici dans une briqueterie.

En Chine, pour l'état civil, l'un des critères de distinction des habitants est le lieu où ils résident : la ville ou la campagne ; l'autre est leur statut : agricole ou non agricole. Mais la frontière entre les deux a tendance à s'estomper. Sur les 900 millions de Chinois qui habitent dans les zones rurales, un tiers seulement travaillent la terre.

Paysans-ouvriers

Le travail aux champs n'est plus qu'une facette de la vie du paysan. Souvent, dans une famille, tandis que la mère et les enfants assument les tâches agricoles quotidiennes, le père travaille dans une entreprise locale et ne participe aux travaux qu'au moment de la récolte. Les paysans qui n'ont pas de terre s'emploient comme ouvriers ou manœuvres dans les petites industries locales, ou migrent vers les villes.

« Quitter la terre sans quitter la campagne »

L'industrialisation gagne les campagnes pour tenter de maintenir sur place les paysans sans travail. Des entreprises se développent dans les bourgs et les cantons. L'aspect de ces agglomérations se transforme : quelques buildings, des avenues, des magasins… Dans les régions côtières, on assiste à une imbrication totale des espaces ruraux et urbains. Ainsi, à Canton, 139 villages sont enclavés dans l'agglomération urbaine.

La récolte du coton est effectuée par une main-d'œuvre recrutée parmi les paysans des environs.

Des conditions de vie très inégales

La situation des paysans s'est globalement améliorée, mais il demeure de grandes inégalités. Un paysan moyen gagne trois fois moins qu'un citadin. Parmi les paysans, il en est de très riches, qui gagnent deux cents fois plus que les plus pauvres. Un quart vivent dans la pauvreté, certains même dans un dénuement total.

Pas d'eau courante

Les autres sont avantagés par rapport aux citadins parce qu'ils disposent de plus de place pour se loger, mais leur confort est bien moindre. Si la plupart des foyers ont aujourd'hui l'électricité, un habitant sur deux seulement à la campagne dispose de l'eau courante. Ils restent à l'écart des progrès faits en matière d'alimentation et de santé. Leurs enfants sont loin d'avoir les mêmes chances que les citadins face à un système scolaire de plus en plus coûteux.

De nombreux villages ne disposent pas de l'eau courante.

Villes nouvelles

Pour absorber le trop-plein de population à la campagne et éviter l'exode de dizaines de millions de paysans vers les grandes villes, le gouvernement annonce dans les vingt années à venir la création de vingt villes nouvelles par an, essentiellement dans le Centre et l'Ouest.

UN TÉLÉPHONE POUR 50 PERSONNES

À la campagne, moins d'un foyer sur dix a un réfrigérateur (contre trois sur quatre en ville). 20 % seulement des ménages ruraux ont une machine à laver. Mais tout le monde a une bicyclette et la télévision, souvent encore en noir et blanc. On compte en moyenne un téléphone pour 50 personnes, mais le portable fait son apparition.

UN MÉTIER EN VOIE DE DISPARITION

On ne le rencontre plus que sur les sentiers des régions montagneuses. Il va de village en village et annonce son arrivée par un tintement de clochettes. Dans les paniers accrochés à sa palanche, le colporteur apporte aiguilles, fil, crayons, enveloppes, savons et crèmes de beauté… ou les commandes qui avaient été prises à son précédent passage.

« Que la joie entre dans cette demeure », dit l'inscription.

L'habitat rural traditionnel

Pour répondre à la diversité des conditions naturelles de chaque région et à leurs modes de vie, les habitants de la Chine ont créé des maisons de types très variés : en pierre, en bois, en terre, en bambou. Certaines sont au ras du sol, d'autres à étages.

Variations du nord au sud

Dans le Nord, pays des steppes ventées et des vastes plaines, les maisons sans étages s'organisent autour de cours. Les murs sont en maçonnerie ou en pisé, les toits à faible pente en torchis. Dans le Sud, le climat tempéré et humide offre à l'architecture tout un échantillonnage de bois de qualité. Les maisons peuvent avoir plusieurs étages et sont protégées de la pluie et du soleil par de larges toits débordants. Certaines ont des murs en brique et des toits en tuiles.

Un monde fermé

Malgré une grande diversité régionale qui est le reflet des modes de vie des différentes ethnies qui peuplent la Chine, voici comment l'on pourrait se représenter la maison chinoise traditionnelle : c'est un espace clos par des murs, à l'intérieur duquel se regroupe la cellule familiale. D'ailleurs, le même mot, *jiating*, désigne aussi bien la famille que le foyer où elle habite.

LAISSEZ LES DIABLES À L'ENTRÉE

Tout est fait pour empêcher les esprits malfaisants de pénétrer dans l'habitation. Le seuil a une marche qu'il faut franchir en levant haut la jambe. On se débarrasse ainsi des esprits qui pourraient être collés sous les semelles. Les portes sont rendues plus redoutables par la présence sur les battants d'images des dieux gardiens ou d'inscriptions protectrices.

FLEURS DE FENÊTRES

Les fenêtres sont formées d'entrelacs de bois et garnies de papier translucide à l'intérieur. Pour le Nouvel An, on y colle des papiers découpés, nommés « fleurs de fenêtres ».

Résidence traditionnelle dans la province de l'Anhui, avec une galerie ouvrant sur la cour.

Fenêtres sur cour

Disposés sur trois ou quatre ailes, les bâtiments destinés à l'habitation ou aux usages agricoles (porcherie, écurie, étable, grenier) ont leurs ouvertures tournées sur la cour intérieure. Dans l'aile d'habitation, orientée au sud, la pièce principale occupe le centre. Elle sert de salle commune et de cuisine ; de part et d'autre se situent les chambres.

Une architecture de charpentier et de potier

Le bois est le matériau de prédilection : il sert à former une ossature de piliers et de poutres entre lesquels les murs sont un simple remplissage. Ceux-ci sont faits de pisé (terre battue), d'adobe (des briques de terre séchées au soleil) ou parfois de planchettes de bois serrées les unes contre les autres et liées par de la terre.

Toits plats, toits pentus

Adaptés au climat rigoureux du Nord, les toits plats en torchis, un mélange d'herbe, de chaume de blé, de millet ou de riz et de boue, sont solides et conservent bien la chaleur. On les répare une fois par an. Pour rendre le torchis plus imperméable, on ajoute à la boue de l'eau salée ou savonneuse. Dans les régions où il ne pleut guère, le toit a une faible inclinaison. Mais, plus on descend vers le sud, plus la pente des toits s'accentue, pour faciliter l'écoulement des eaux de pluie. Avec leur forme incurvée, ils offrent une meilleure résistance aux typhons.

LE *KANG*

C'est un ingénieux moyen de chauffage : l'air chaud provenant du foyer de la cuisine est amené par un conduit sous une grande estrade de brique ou de terre cuite qui occupe une partie de la pièce principale. Ce socle chauffé par-dessous est à la fois le lit et le lieu ou l'on vit. Dans la journée, les couvertures ouatées sont soigneusement pliées et empilées dans un angle.

CUISINE ÉQUIPÉE

Le mobilier de cuisine, dans une maison paysanne, se résume à un fourneau en brique, un billot pour trancher les aliments, une marmite à frire et à bouillir, ainsi que quelques ustensiles.

Toits de tuiles aux angles recourbés.

**Maison dai en bambou
construite sur pilotis.**

Diversités régionales

Hormis ces différences liées au climat et aux matériaux de construction propres
à chaque région, d'autres tiennent à la diversité de la population chinoise.
Chacune des minorités nationales a ses habitudes de vie et son architecture
propre. Au Tibet, les maisons à terrasse et aux murs épais comptent deux
ou trois étages. En Mongolie, des maisons circulaires en torchis imitent la forme
de la yourte. D'autres, rectangulaires, sont à demi enterrées, avec un toit de
chaume couvert de boue séchée.

Sur piliers... ou sur pilotis

Les Tujia du Hunan construisent de grandes maisons en bois à plusieurs étages
sur de robustes piliers. Leurs toits de tuiles sombres présentent des angles très
relevés. Piliers, balustrades et entourages de fenêtres
sont ornés de sculptures. Chez les Dai du Yunnan,
le bambou fournit un matériau de choix. L'étage
inférieur des maisons sur pilotis sert à garder les
animaux ; à l'étage supérieur, situé à 2 ou 3 mètres
du sol, se trouve l'habitation composée de deux
pièces : la salle et la chambre à coucher. Ce type de
maison très ouverte offre une bonne ventilation dans
des régions qui connaissent un climat pluvieux.

MAISONS-FORTERESSES

Les Hakka sont des Han originaires du cours moyen du fleuve Jaune qui ont été chassés de leur région par des guerres incessantes et ont émigré sous la dynastie des Jin Occidentaux (265-316) vers les provinces actuelles du Jiangxi, du Fujian et du Guangdong. Dans cette région, où régnaient le brigandage et les luttes entre clans, ils ont construit, dès la dynastie des Tang, de véritables maisons-forteresses. Leur architecture originale s'est perfectionnée sous les Ming et les Qing.

HLM de terre

Au Fujian, les villages des communautés hakka forment de véritables citadelles. Ces habitations circulaires ou rectangulaires à plusieurs étages (les *tulou*) peuvent, selon leur taille, abriter des dizaines de familles. Elles sont formées de deux anneaux concentriques : celui de l'extérieur comporte plusieurs étages, celui de l'intérieur, un seul. L'ensemble communique par des coursives en bois qui donnent sur la cour centrale. Les ouvertures sur l'extérieur sont très réduites. Ces maisons de terre protègent leurs habitants du vent, du feu et même des tremblements de terre.

Au rez-de-chaussée des maisons hakka se trouvent les salles communes, les cuisines et les salles d'eau ; au premier étage, les greniers à céréales ; aux étages suivants, les logements.

Le règne de la pierre

Dans les villages des Buyi, une minorité nationale du Guizhou, tout est en pierres assemblées sans mortier : murs, cloisons, clôtures, allées. Même les ustensiles de ménage sont en pierre : pilons, meules, jarres, auges… Les ardoises des toits sont disposées de façon décorative en losanges. Ces maisons sont fraîches en été, chaudes en hiver.

Circuler et transporter

L'amélioration du réseau routier et ferroviaire de la Chine ne résout pas encore les difficultés de communication et de transport dans cet immense pays. À la campagne, les routes se résument souvent à des pistes où tous les moyens de locomotion se croisent : bicyclettes, motoculteurs, charrettes ou vieux bus.

Un chargement plutôt volumineux...

Du chemin de terre à l'autoroute

On recense plus de 2 millions de kilomètres de routes, dont la grande majorité sont sans revêtement permanent et en mauvais état. Si les grandes villes connaissent une amélioration spectaculaire de leurs transports urbains et régionaux, certaines zones rurales sont encore totalement démunies : plus de 50 000 villages ne sont pas encore desservis par une route.

Réseau ferré : immense mais insuffisant

Les chemins de fer jouent donc un rôle important pour les transports à longue distance : 65 750 kilomètres de lignes représentent cependant un équipement bien faible pour un pays aussi vaste. Les trains sont plutôt lents, et il n'est pas rare de croiser encore des machines à vapeur. Ce réseau a connu cependant une modernisation sur certaines lignes : électrification, mise à deux voies. Les projets de lignes de train à grande vitesse se multiplient.

À pied, à cheval, en voiture...

À la campagne, les moyens traditionnels de transport sont : la bicyclette, qui représente encore 80 % des déplacements ; la charrette tirée par le motoculteur, une sorte de tracteur à deux roues dont le moteur sans capot dégage une épaisse fumée et fait un bruit infernal ; la charrette à cheval ; le camion ; le bus trop vieux pour la ville qui connaît une nouvelle vie.

CLASSE DURE ET CLASSE MOLLE

Dans les trains chinois, l'équivalent de notre 1re classe s'appelle « classe molle » : ce sont des compartiments clos, avec 4 couchettes. La 2de classe est la « classe dure » : des compartiments ouverts avec 6 couchettes.

Transport en commun dans le Yunnan.

Cent kilos au bout d'une perche

Pour transporter de lourds fardeaux, l'outil le plus répandu est la palanche, un balancier long de 1,50 mètre auquel sont suspendus deux paniers. La résistance et la flexibilité du bambou permettent de porter des charges allant jusqu'à 100 kilos.

Le taxi du pauvre

Il a remplacé le pousse-pousse, dont le tireur utilisait la force de ses bras. Avec son auvent, son siège pour deux ou quatre passagers, le cyclopousse est l'unique taxi dans certaines petites villes.

Accrochés à une palanche, les deux paniers s'équilibrent et permettent de répartir le poids de la charge. Ce mode de portage ancestral est encore très utilisé dans les campagnes.

CODE DE LA ROUTE
En Chine, on roule à droite. La vitesse est limitée à 50 km/h en ville, 80 km/h à la campagne et 110 km/h sur autoroute.

Son triporteur sert aussi d'étalage à cette marchande de beignets.

Variations autour du tricycle

Muni d'une large plate-forme en bois, il permet aux paysans d'apporter leurs produits au marché et leur sert d'étal. Équipé d'une voiturette, il sert à transporter les membres de la famille. Parfois, il devient un véritable atelier ambulant pour le cordonnier ou le réparateur de bicyclettes.

Très convoitée, la moto

Elles zigzaguent sur les chemins de campagne, parfois lourdement chargées, avec deux, trois ou quatre passagers ; elles vont sur les pistes où le tracteur ne passe pas. Le nombre des motos, parfois munies de side-cars, a été multiplié par vingt-cinq en quinze ans.

La ville

Les villes chinoises sont à l'image de l'immensité du pays : trois cents comptent plus de 100 000 habitants. Impressionnantes mégalopoles en perpétuel chantier, vingt-cinq d'entre elles sont peuplées de plus de un million de personnes. La plupart de ces cités possèdent encore des vestiges de leur passé. Témoignages fragiles, car la modernisation s'accompagne d'une destruction massive des rues et des bâtiments anciens.

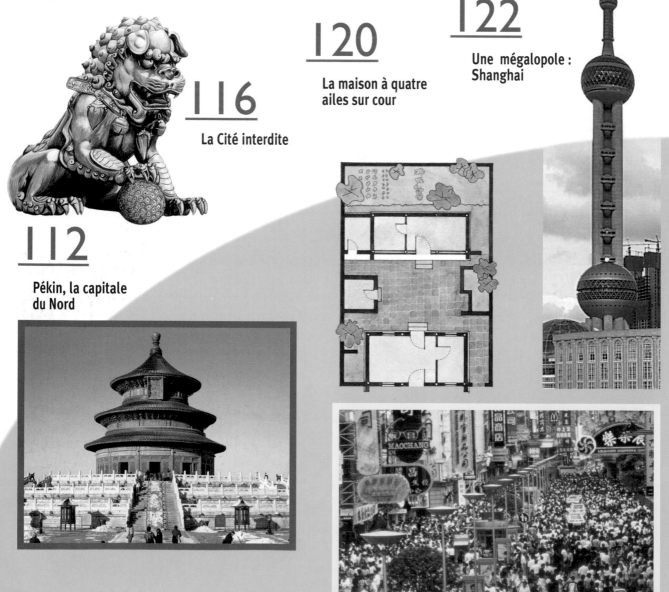

122

Une mégalopole : Shanghai

120

La maison à quatre ailes sur cour

116

La Cité interdite

112

Pékin, la capitale du Nord

124

Xi'an, carrefour
des civilisations

126

Paradis terrestres :
Hangzhou et Suzhou

128

Le jardin, une
métaphore du monde

130

Shenzhen et les « zones
économiques spéciales »

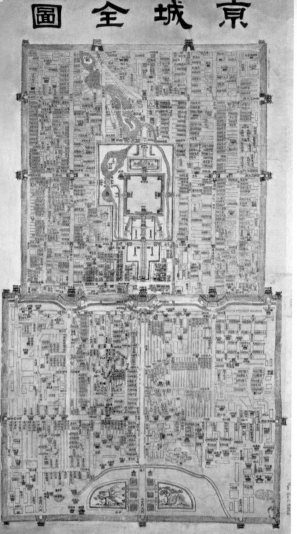

京城全圖

Sur ce plan de Pékin réalisé sous la dynastie des Qing, au XVIIIe siècle, les règles de symétrie de l'urbanisme chinois sont très visibles.

À DÉTRUIRE !

Le caractère *chai* tracé en blanc sur les murs d'une maison annonce que celle-ci est vouée à la destruction. Ses occupants seront déplacés dans les nouveaux quartiers construits au-delà du sixième périphérique.

Pékin, la capitale du Nord

En 1267, le Mongol Qubilai Khan, qui vient de conquérir la Chine, décide de construire à Pékin une capitale grandiose. Le plan, l'orientation, la forme de la « Grande Capitale » répondent à un plan d'urbanisme très strict. En 1405, l'empereur Yongle y construit une nouvelle ville, au sud de la capitale mongole. Aujourd'hui, Pékin, qui compte plus de 14 millions d'habitants, est en pleine mutation.

Une ville quadrillée

Sous les Ming et les Qing, Pékin est formée, au nord, d'une ville intérieure qui dessine un rectangle percé de neuf portes et, au sud, d'une ville extérieure qui déborde à l'est et à l'ouest de la ville intérieure. L'ensemble est orienté nord-sud. Dans la ville intérieure, deux rectangles sont enchâssés l'un dans l'autre : la ville impériale et la Cité interdite. La ville extérieure abrite deux lieux importants : le temple du Ciel et l'autel du dieu de l'agriculture.

Grandes avenues, rues et ruelles

Le quadrillage des rues est rigoureux, fixé selon un traité des IVe-IIIe siècles av. J.-C. : les avenues orientées nord-sud ont 24 pas de large (37 mètres), les rues est-ouest 12 pas (18,5 mètres), et les ruelles, les *hutong*, 6 pas (9,25 mètres). La vie animée de ces ruelles bordées de sophoras et de maisons sans étage fit dire à de nombreux visiteurs que Pékin ressemblait à un immense village. Les plans d'urbanisme mis en œuvre aujourd'hui sont impitoyables pour ces quartiers anciens qui sont systématiquement démolis.

Hutong du quartier populaire de la tour du Tambour.

Murailles et portes

Les murailles qui entouraient les villes intérieure et extérieure ont été détruites, mais certaines portes ont été conservées : au sud, la porte de Devant, Qianmen ; plus au nord, la fameuse porte de la Paix céleste, Tian'anmen, qui a donné son nom à la place qui s'étend devant elle ; plus au nord encore, la porte de la Paix terrestre, Di'anmen. Parfois le monument lui-même a disparu, mais il a laissé son nom au lieu.

En direct avec le ciel

Au solstice d'hiver, l'empereur se rendait au temple du Ciel, situé au sud de la capitale, pour « entrer en communication avec le ciel ». Ce sanctuaire occupe aujourd'hui un parc de 270 hectares clos par un mur d'enceinte. Trois constructions sont alignées selon un axe nord-sud : l'autel du ciel, la voûte céleste impériale et le temple de la Prière pour de bonnes moissons. C'est là que se rendait l'empereur, lors de la première lune, pour demander sa confiance au ciel. Pendant les premières années de la république, après 1911, le président a continué à respecter ce rituel.

Dans l'enceinte du temple du **Ciel**, le temple de la **Prière** pour de bonnes moissons est une rotonde en bois de trois étages dressée sur une terrasse circulaire à trois gradins.

TUILES BLEUES, COLONNES ROUGES

Le temple repose sur 28 colonnes en bois. Au centre, les quatre grosses colonnes hautes de 19 m symbolisent les saisons. Tout autour, les 24 autres colonnes sont disposées en un double cercle : le premier symbolise les 12 mois de l'année, le deuxième les 12 heures du jour. Les charpentes en bois d'une incroyable complexité supportent des tuiles bleues, couleur du ciel.

Cloche et tambour

La cloche résonnait au lever du jour pour signaler l'ouverture des portes de la ville, et le tambour retentissait le soir pour en signaler la fermeture. La cloche servait aussi à rythmer la vie des habitants. La tour de la Cloche (ci-contre), du XVIIIe siècle, a été conservée, tout comme la tour du Tambour, du XVe siècle, où des gardes égrenaient le temps par des roulements de tambour toutes les deux heures.

Dans le bateau de marbre du palais d'Été, l'impératrice Cixi donnait fêtes et réceptions.

Une immense coque de titane et de verre : tel sera le nouvel opéra de Pékin.

Le palais d'Été

À la fin du XIXe siècle, l'impératrice Cixi puisa à la fois dans sa fortune personnelle et dans les caisses de l'État pour faire construire au nord-ouest de la ville un ensemble de palais, jardins et galeries couvertes, décorés dans un style très chargé. Le *hanchuan*, « bateau sec », un bateau construit en marbre, illustre la mégalomanie de l'impératrice qui dépensa des sommes colossales pour le construire au lieu de consacrer cet argent au renforcement de son pays soumis aux attaques des Occidentaux.

Nouveau Pékin, nouvel opéra

La destruction des quartiers anciens de Pékin a entraîné de nombreuses protestations aussi bien en Chine qu'à l'étranger. Mais les dirigeants de Pékin, qui préparent leur ville pour les Jeux olympiques de 2008, souhaitent qu'elle ressemble à une grande capitale internationale. Ils ont fait appel à l'architecte français Paul Andreu pour construire une immense salle d'opéra en plein cœur de l'ancienne capitale.

Six périphériques

Pékin est aujourd'hui en pleine expansion. Autour du palais Impérial, les quartiers historiques disparaissent au profit de quartiers d'affaires et de centres commerciaux. Malgré la réalisation de plusieurs nouvelles lignes de métro et d'un réseau d'autobus dense, la ville est totalement submergée par la circulation automobile. Six boulevards périphériques ont déjà été construits, et la construction d'un septième est à l'étude !

L'augmentation de la circulation automobile nécessite la construction de nouvelles voies de circulation.

La plus grande place du monde

À la fin des années 1950, le gouvernement communiste a créé devant le palais Impérial une esplanade de 40 hectares, qui pourrait accueillir un million de personnes. Symbole de la Chine nouvelle, la place Tian'anmen est la plus grande du monde. Limitée au nord par la porte de la Paix céleste et au sud par la porte de Devant, elle est bordée, à l'ouest, par le palais de l'Assemblée nationale populaire et, à l'est, par celui des Musées.

Le symbole de la Chine maoïste

En son centre se dressent le monument aux Héros du peuple, dédié à la lutte du peuple chinois contre ses oppresseurs, et l'imposant mausolée du président Mao, construit en moins d'un an après la mort du dirigeant, en 1976, et qui abrite sa dépouille mortelle. Malgré la solennité des lieux, la place Tian'anmen est un lieu de promenade très fréquenté des Pékinois, ainsi que des touristes chinois et étrangers qui viennent y admirer le spectacle des lanceurs de cerfs-volants et profiter de la fraîcheur des nuits d'été. C'est aussi là qu'ont eu lieu de grands mouvements de protestation comme celui de 1989.

Trois monuments de la place Tian'anmen : à droite, le palais de l'Assemblée nationale populaire, au centre, le monument aux Héros du peuple et, derrière lui, le mausolée de Mao.

La Cité interdite

Ville dans la ville,
le palais Impérial était
aussi appelé Cité interdite, car
les sujets n'avaient pas le droit d'y pénétrer.
Ce magnifique ensemble architectural de 72 hectares
compte 8 800 salles et temples au milieu de cours et de jardins.

L'immense salle de l'Harmonie suprême est la plus somptueuse de la Cité interdite.

LA RIVIÈRE AUX EAUX D'OR

Un système de canalisations courait sous le palais Impérial pour évacuer les eaux de pluie dans la rivière aux Eaux d'Or.

Pavillon d'angle servant de tour de guet.

Le centre du monde

Édifié entre 1407 et 1420 par l'empereur Yongle, le palais Impérial a sans cesse été agrandi et reconstruit, si bien que la majeure partie des édifices que l'on visite aujourd'hui datent du XVIIIe siècle. Appelé en chinois Gugong, le « vieux palais », c'est un grand quadrilatère de 960 mètres sur 750 mètres au cœur de Pékin. Il est abrité des regards par un mur d'enceinte de 10 mètres de hauteur. Les murailles, surmontées d'un chemin de ronde, sont bordées de douves larges de 50 mètres ; elles sont renforcées à chaque angle par un pavillon et percées de quatre portes monumentales orientées selon les points cardinaux.

L'harmonie suprême

Le palais, construit selon un axe nord-sud, développait à l'infini le plan de la maison chinoise traditionnelle : une succession de pavillons ordonnés autour de cours. Une fois franchie la porte du Midi, on abordait une suite de palais réservés aux manifestations officielles. Sur une triple terrasse, la salle de l'Harmonie suprême accueillait les cérémonies importantes de l'Empire, comme l'intronisation d'un nouvel empereur, son anniversaire, son mariage, la proclamation des décrets… Avant d'y présider les grands événements, l'empereur se préparait dans la salle de l'Harmonie du Milieu, où il recevait aussi les ministres et les ambassadeurs.

Plan de la Cité interdite.

1. Porte du Midi
2. Tours de guet
3. Rivière aux Eaux d'Or
4. Porte de l'Harmonie suprême
5. Salle de l'Harmonie suprême
6. Salle de Harmonie du Milieu
7. Salle de l'Harmonie préservée
8. Porte de la Pureté céleste
9. Palais de la Pureté céleste
10. Pavillon de la Prospérité réciproque
11. Palais de la Tranquillité terrestre
12. Jardin impérial
13. Porte nord
14. Ancienne Imprimerie impériale
15. Jardin
16. Cuisines ouest
17. Pavillon de la Nourriture de l'Esprit
18. Les six palais occidentaux
19. Palais de la Culture
20. Cuisines sud
21. Mur des Neuf Dragons
22. Pavillon des Ancêtres
23. Palais de l'Abstinence
24. Les six palais orientaux
25. Porte de la Tranquillité et de la Longévité
26. Salle de la Suprématie impériale
27. Porte de la Nourriture du Caractère
28. Pavillon de la Nourriture du Caractère

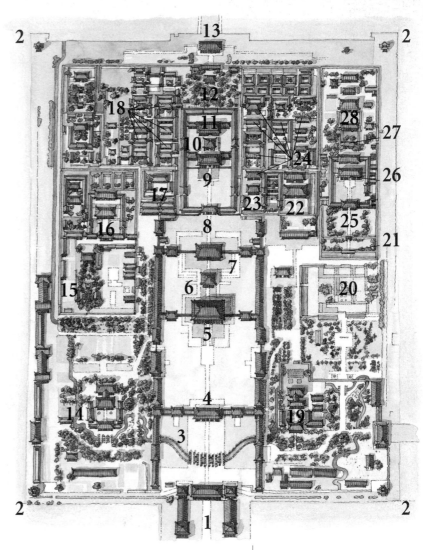

Au milieu du milieu

L'empereur accordait les audiences et recevait les princes vassaux sur son trône dressé au centre de la salle de l'Harmonie préservée, au centre du palais, lui-même au centre de la capitale, elle-même centre du monde. C'est là que se déroulaient les examens impériaux. Au nord de ces trois grands palais, la porte de la Pureté céleste donnait accès à la partie privée de la Cité interdite, qui abritait les appartements de l'empereur, de l'impératrice et des concubines, et, tout au nord, le jardin Impérial.

Cinq ponts aux balustrades finement ouvragées, symboles des cinq vertus, enjambent la rivière aux Eaux d'Or.

SURVOLER LES NUAGES

Pour pénétrer dans la salle de l'Harmonie suprême, l'empereur « survolait » dans son palanquin cette dalle de granit d'un seul bloc de 16 m de long, ornée des sculptures de neuf dragons flottant parmi les nuages. Les porteurs empruntaient les escaliers situés de chaque côté. Le dragon à cinq griffes, représentant la force, l'énergie, la fertilité, a été le symbole de l'empereur pendant 2 000 ans.

Rampe d'accès à la salle de l'Harmonie suprême.

CONTRE LES INCENDIES

De grandes vasques en bronze (ci-contre) recueillaient les eaux destinées à lutter contre les incendies, qui étaient catastrophiques pour cette architecture essentiellement faite de bois.

Une salle bien gardée

Dix-huit brûle-parfums en bronze, figurant les dix-huit provinces de l'Empire mandchou, des tortues à tête de dragon, symboles de paix, des grues, symboles de longévité, entourent la salle de l'Harmonie suprême. Des lions, symboles de puissance, se dressent devant la plupart des salles. Ils vont toujours par couples : le mâle (ci-contre) est représenté la patte posée sur une balle qui figure le globe terrestre ; la femelle, de sa patte, joue avec son lionceau.

LES MEILLEURS MATÉRIAUX DU PAYS

200 000 ouvriers et artisans participèrent à la construction du palais Impérial. On fit venir du Yunnan, du Sichuan et du Guizhou le bois des poutres et des colonnes, le marbre de Xuzhou (Jiangsu), et les briques de Linqing (Shandong).

UN TRÔNE PRÉCIEUX

Sculpté dans du palissandre, le trône où siégeait l'empereur se dressait sur une estrade à laquelle on accédait par sept marches flanquées de brûle-parfums (ci-contre). Il était entouré de six colonnes dorées décorées de dragons, comme le paravent situé derrière lui.

UNE INCROYABLE ODYSSÉE

La majeure partie des trésors de la Cité interdite se trouvent aujourd'hui au musée national de Taipei, où ils ont été transportés en 1949, lorsque le gouvernement nationaliste s'est réfugié à Taiwan. Les autorités pékinoises envisagent la construction d'un vaste lieu d'exposition sous le palais Impérial.

Jaune et pourpre

Les toits des bâtiments, couverts de tuiles vernissées jaunes, la couleur impériale, forment un contraste avec les murs de couleur pourpre, symbole du bonheur, de la longévité, mais aussi de l'étoile Polaire qui était considérée comme le centre de l'univers. Leurs angles sont ornés de figurines en céramique représentant des dragons, des phénix, des licornes, des lions, des chevaux ailés et d'autres animaux mythiques. Les plafonds à caissons des différentes salles, soutenus par de puissantes colonnes, sont ornés de sculptures et de dorures.

La maison à quatre ailes sur cour

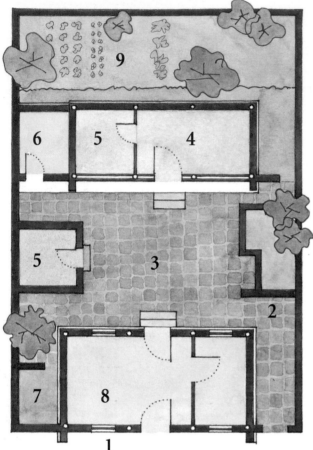

Plan de maison ancienne avec boutique.
1. Rue 2. Mur-écran
3. Cour 4. Salle de réception 5. Chambres
6. Cuisine 7. Latrines
8. Boutique 9. Jardin

MAUVAIS AUGURE !

Devant le bâtiment principal sont plantés symétriquement deux arbres. Pourquoi pas un ? Parce que le plan de la maison rappelle le caractère *kou* (口), « bouche », et si l'on met à l'intérieur un seul arbre, *mu* (木), on forme le caractère *kun* (困), qui signifie « difficulté ».

C'est la maison pékinoise traditionnelle (*siheyuan*), ouverte sur une cour intérieure carrée, avec des murs extérieurs sans fenêtres, pour préserver l'intimité de la maisonnée, mais aussi protéger du froid de l'hiver et de la chaleur de l'été.

Une entrée bien protégée

On y accède par plusieurs marches, en général cinq, et toujours en nombre impair. La grande porte est souvent décalée au sud-est. De chaque côté du seuil se trouvent deux pierres surmontées d'un animal sculpté. Des images des dieux de la porte montent la garde sur les battants de celle-ci. Les sentences parallèles sur papier rouge disposées de chaque côté sont remplacées au Nouvel An. Un heurtoir en métal et des clous disposés pour former un motif ornent les vantaux.

Les tuiles sombres symbolisent l'eau, maîtresse du feu, selon la théorie des cinq éléments.

PIERRES DE SEUIL

De chaque côté de la porte d'entrée de la demeure se dressent deux pierres ornées de sculptures qui figurent tantôt trois flèches efficaces contre les démons, tantôt les caractères « bonheur » et « richesse », ou encore la grue, symbole de longévité, la licorne qui apporte un enfant, ou deux chevaux chargés de lingots d'or et d'argent.

Le « puits du ciel »

Derrière la porte, le mur-écran cache ce qui se passe à l'intérieur et protège des mauvais esprits. Dans la cour à ciel ouvert, le « puits du ciel », poussent des arbres fruitiers : jujubier, grenadier, plaqueminier (qui donne les kakis), vigne, glycine, et des plantes en pots. La cour est le terrain de jeux des enfants, le lieu de repos des vieillards qui discutent assis sur leur tabouret. Des jarres recueillent l'eau de pluie où nagent parfois des poissons rouges.

Toujours en nombre impair

Ouverte au sud, l'aile principale de la demeure abrite le *tang*, la salle de réception, celle où l'on se réunit et où se trouve l'autel des ancêtres ; de part et d'autre sont disposées les chambres. Le nombre de pièces est impair, car, selon la géomancie, une maison à quatre ou six pièces ne porte pas bonheur ! La maison elle-même ne peut avoir neuf pièces, car ce chiffre faste est réservé aux résidences des empereurs. Les ailes

sont consacrées aux cuisines, aux toilettes, aux chambres et aux resserres. Selon le statut social de l'occupant des lieux, ce schéma pouvait être triplé, voire quintuplé ; les cours en enfilade étaient reliées par des galeries.

En voie de disparition

En raison de la crise du logement à Pékin, beaucoup de ces belles demeures édifiées sous la dynastie des Qing ont été partagées entre plusieurs familles, qui ont construit dans les cours intérieures toutes sortes de cabanons et d'appendices. Jugées insalubres et surpeuplées (parfois un habitant par mètre carré), elles ont été vidées de leurs habitants relogés dans des immeubles en banlieue et ont fait l'objet d'une destruction systématique ces dernières années. Ces demeures, qui étaient un témoignage de l'architecture du vieux Pékin, sont de plus en plus rares.

CHAISES ET TABLES

Jusqu'à l'an mille, les Chinois vivaient au niveau du sol. Le mobilier se composait de nattes, plateaux, tables basses et coffres. Puis, sous l'influence étrangère, tout le mobilier s'est rehaussé. Comme en Occident, les Chinois s'asseyent sur des chaises autour d'une table.

Une mégalopole : Shanghai

Surnommée le « Paris de l'Orient », Shanghai a connu ses heures de gloire dans les années 1920-1930. Avec sa population de 20 millions d'habitants, son arrière-pays prospère, sa ville nouvelle de Pudong, la cité est en passe de devenir le premier pôle du commerce et des finances d'Asie.

La tour Perle de l'Orient

La tour Jinmao

Pudong dresse ses tours ultramodernes sur la rive opposée du Huangpu, face aux vieux quartiers de Shanghai.

SYMBOLES DE GRANDEUR

Deux tours se détachent dans le paysage de Pudong, emblématiques de la Chine du XXIe siècle : la tour Jinmao, prouesse de verre et d'acier (88 étages), et la tour de télévision Perle de l'Orient, avec ses 468 m, la troisième au monde par sa hauteur.

Ville chinoise, ville étrangère

Shanghai (dont le nom signifie « qui va vers la mer ») était au début du XIXe siècle un centre commercial cotonnier, qui comptait 300 000 habitants. À la suite des guerres de l'Opium, le port a pris de l'importance avec l'installation des Occidentaux. Shanghai devint un grand centre commercial, industriel et financier, mais aussi la ville de tous les trafics. Jusqu'à 1942, elle était découpée en une ville chinoise (1 400 000 habitants) et des concessions étrangères (854 380 personnes pour la concession française, 1 500 000 pour la concession internationale).

La plus grande ville de Chine

Après l'arrivée des communistes au pouvoir, les grandes familles capitalistes s'exilèrent à Hong Kong, et Shanghai, après avoir été une florissante ville cosmopolite, sombra dans le sommeil. Elle connaîtra une renaissance au début des années 1980, lorsque Deng Xiaoping, amoureux de la ville, voulut en faire la vitrine de la modernisation chinoise, jusqu'à devenir la plus grande ville de Chine et l'une des plus grandes du monde, avec 20 millions d'habitants.

Lieux de promenade

Fréquentée par un million de personnes par jour, la rue de Nankin, devenue piétonne, est le centre de la ville. Grands magasins, hôtels de luxe, restaurants chic se succèdent jusqu'à la promenade au bord du Huangpu, appelée le Bund par les étrangers. On peut encore y voir les anciennes banques et le siège des douanes occidentales, dont les activités furent florissantes pendant la première moitié du XXᵉ siècle.

Une cité futuriste

Face au Bund, sur l'autre rive du Huangpu, s'est développée une cité nouvelle, Pudong, selon un plan d'urbanisme rigoureux. Lancée en 1990, la ville abrite des espaces dédiés à la finance, au commerce et aux hautes technologies. Des centaines de tours sont en construction sur un espace de 3 km². L'avenue du Siècle, longue de 5 kilomètres, a été conçue par un architecte français et jumelée avec les Champs-Élysées.

Au tournant du XIXᵉ et du XXᵉ siècle, le port de Shanghai connaît une intense activité commerciale. De nombreux établissements financiers occidentaux s'installent alors sur le Bund (ci-dessus), tout proche.

La rue de Nankin, au cœur de la ville.

L'Exposition universelle de 2010

Le grand rêve de Shanghai est devenu réalité : elle a été désignée pour organiser l'Exposition universelle de 2010. Ce sera la première fois que cette exposition, vieille de 150 ans, se tiendra dans un pays en voie de développement. La Chine, qui attend quelque 70 millions de visiteurs, a décidé d'accorder un budget très important pour aider la participation des « pays les moins développés » et la prise en charge du voyage et de l'hébergement des délégations étrangères.

IMMATRICULATIONS AUX ENCHÈRES

Pour limiter le nombre de véhicules circulant à Shanghai, la municipalité a décidé de vendre aux enchères les plaques d'immatriculation, système unique en Chine. En rendant ainsi l'achat d'une voiture et son immatriculation extrêmement coûteux, on espère lutter contre la prolifération des véhicules particuliers.

Xi'an, carrefour des civilisations

Les remparts de Xi'an, qui datent de la dynastie des Ming, sont parmi les mieux préservés de Chine. Ils formaient un vaste quadrilatère de 14 km de pourtour, où de larges avenues se coupaient à angle droit. Ci-dessus, Nanmen, la « porte du Sud ».

À l'extrémité orientale de la route de la Soie, Xi'an, l'ancienne capitale Chang'an, fut, sous la dynastie des Tang, la plus grande ville du monde avec près de un million d'habitants. Haut lieu de l'histoire et de l'archéologie chinoises, la ville est aujourd'hui le centre de développement économique du Grand Ouest.

Ville cosmopolite

Construite comme Pékin sur un plan rigoureux, Xi'an possède encore la totalité de sa muraille d'enceinte, qui mesure 14 kilomètres de longueur. Sous la dynastie des Tang, la ville comptait parmi ses habitants des marchands indiens, persans et arabes, des Tibétains, des Ouïgours et d'autres peuples d'origine turque. De cette époque remonte son importante communauté musulmane, dont l'emblème est la mosquée édifiée au VIIe siècle. Xi'an fut aussi un haut lieu du bouddhisme, dont témoignent ses deux pagodes, où étaient conservés les textes fondateurs de cette religion.

Une collection de livres en pierre

Vers 1090, un empereur ordonna la création à Xi'an d'une sorte de conservatoire des textes classiques : gravés dans la pierre, ils composent une « forêt des stèles », qui fut complétée lors des siècles suivants et constitue un ensemble unique au monde. Textes bouddhiques, cartes géographiques, poèmes, paysages… ou portraits de Confucius, soit plus de 3 000 pièces, souvent calligraphiées par de grands artistes, sont gravés pour l'éternité.

L'impressionnante pagode de la Grande Oie sauvage, qui s'élève à 64 m, fut édifiée en 652, au début de la dynastie des Tang.

Dans la tombe de la princesse Yongtai (684-701), près de Xi'an, un magnifique ensemble de fresques représente des scènes de la vie des dames de la cour.

Estampage d'une stèle.

Tombeaux impériaux

Capitale impériale, Xi'an abrite dans ses environs, hormis le tombeau du Premier Empereur avec son armée de guerriers de terre cuite, les tombeaux des empereurs Han et Tang. La « voie des esprits », qui conduit au tombeau de Gaozong, mort en 683, est bordée de statues en pierre représentant des soldats et des bêtes féroces, mais aussi les 61 ambassadeurs étrangers qui assistèrent aux funérailles. Malheureusement, ces derniers sont aujourd'hui privés de leur tête…

Mégalopole du passé et de l'avenir

Après avoir choisi de développer la côte est du pays, les autorités chinoises ont lancé un vaste plan de développement du Grand Ouest. Xi'an est au centre de ce dispositif, car elle possède plusieurs universités et est reliée par voie ferrée ou aérienne à l'ensemble du pays. Avec ses 2,7 millions d'habitants, la ville se destine à devenir une importante mégalopole tournée vers l'Asie centrale et l'Occident, place qu'elle avait déjà occupée il y a 1 500 ans lorsqu'elle était la tête de pont de la route de la Soie et un grand centre d'échanges entre Orient et Occident.

ESTAMPAGE

À la « forêt des stèles », installée aujourd'hui dans un ancien temple, on reproduit par l'estampage les gravures anciennes. Un papier fin humidifié est appliqué sur la pierre gravée et pressé à l'aide d'une brosse pour épouser les creux. La feuille est ensuite encrée à l'aide d'un tampon, puis détachée avant d'avoir séché. L'image gravée, qui était en creux, apparaît donc en blanc.

L'ancienne tour de la Cloche, au centre de la ville, est entourée de constructions modernes et d'avenues encombrées par la circulation.

Paradis terrestres : Hangzhou et Suzhou

LE LAC DE L'OUEST

D'une superficie de 560 hectares et d'un périmètre de 15 km, le lac de l'Ouest, à Hangzhou (ci-dessus), est en fait une baie séparée du littoral par un cordon de dunes. Les digues, outre leur fonction de régulation des eaux de ruissellement, offrent des promenades agréables, tout comme les îlots artificiels qui parsèment le lac.

Cueillette du thé près de Hangzhou.

Un proverbe dit : « Au ciel, il y a le paradis ; sur la terre, Suzhou et Hangzhou. » Le charme de ces deux villes en fait des sites touristiques très fréquentés par les Chinois et les étrangers, mais elles sont aussi de dynamiques pôles de développement économique.

Capitale de la Chine du Sud

En 1138, les empereurs Song chassés du Nord s'installèrent à Hangzhou. Nombreux furent les lettrés, marchands, paysans sans terre qui s'y réfugièrent. La ville se couvrit de résidences luxueuses. Lorsque les Mongols chassèrent les empereurs Song, Hangzhou resta une grande métropole que visita Marco Polo à la fin du XIIIᵉ siècle. Il la décrit comme « la plus grande ville qu'on puisse trouver au monde ».

Soie et thé

L'industrie de la soie a largement contribué à la renommée de la ville. Au XVIIIᵉ siècle, des dizaines de millions d'ouvriers y produisaient les plus belles soieries du temps. Aujourd'hui, la capitale provinciale du Zhejiang, qui compte un million d'habitants, est un lieu de tourisme très recherché. Dans ses environs, le fameux thé du Puits du Dragon, soigneusement préparé avec les jeunes pousses et les tendres premières feuilles du printemps, ajoute à sa renommée.

La ville des canaux et des ponts...

Baptisée « Venise de l'Orient », Suzhou, où passe
le Grand Canal, est bâtie sur un réseau de canaux
sur lesquels circulent barges et sampans. Toute une
population de bateliers vit au bord de l'eau et sur
les embarcations. Les canaux quadrillent la ville,
fonctionnant comme des voies de communication.
Autrefois, les maisons des marchands ouvraient sur
la rue au sud, et leurs entrepôts au nord donnaient sur les canaux. L'eau courante
procurait de la fraîcheur aux habitants et les débarrassait de manière naturelle
de toutes les immondices. Des ponts de pierre en dos d'âne qui se comptent par
centaines relient les quartiers entre eux.

Le jardin de l'Humble-
Administrateur,
à Suzhou.

... et des jardins

Suzhou compte près de deux cents jardins créés pour la plupart au XVIe siècle.
Ils portent des noms poétiques : jardin du Pavillon-des-Vagues, jardin du Maître-
des-Filets, jardin de la Forêt-du-Lion... et le plus grand d'entre eux, le jardin
de la Politique-des-Simples, créé par un mandarin de la cour impériale qui mit
seize ans à l'aménager. Son nom s'inspire d'une maxime d'un lettré qui exhortait
à vivre simplement à la campagne.

UNE VIE IDÉALE

« Se marier à Suzhou,
manger à Guangzhou et
mourir à Liuzhou » : ce
proverbe résume l'idéal
de vie des Chinois. Les
filles de Suzhou sont
réputées les plus belles,
la cuisine cantonaise
la meilleure, le bois
de Liuzhou le plus
résistant pour fabriquer
les cercueils...

MARCO POLO EXAGÈRE !

Le Vénitien Marco Polo s'est émerveillé
de la beauté des villes du Sud construites
sur l'eau. Mais sans doute a-t-il exagéré
en affirmant que Hangzhou comptait
12 000 ponts et Suzhou 6 000 !

Le jardin, une métaphore du monde

En Chine, on ne dit pas « planter un jardin », mais « construire un jardin ». Le jardin est l'œuvre de l'homme, mais il doit imiter la nature à la perfection : il est la reproduction du monde en miniature. Propice à la réflexion et à la flânerie, il était le lieu de nombreuses activités : étudier, faire de la calligraphie et de la peinture, jouer de la musique ou réciter des poèmes, boire du thé…

Cette pierre dressée du jardin de la Promenade-Nonchalante, à Suzhou, porte le nom de « piton coiffé de nuages ».

Conçu comme une œuvre d'art

Le jardin chinois ressemble à la nature : comme une peinture, il comporte des montagnes (yang) et des pièces d'eau (yin), mais aussi des végétaux et des bâtiments. On se conforme à la disposition des lieux, mais on peut aussi créer des « montagnes » sous forme de rocailles, parfois agrémentées de petites grottes et de sentiers, creuser des lacs, des étangs artificiels ou des ruisseaux. Monts, rochers et eaux sont reliés ou séparés par des constructions aux formes variées : kiosques, terrasses, pavillons, belvédères, pagodes, ponts…

Pierres dressées

Parfois, la montagne est simplement évoquée par une pierre dressée, choisie pour sa forme ou sa couleur. Les plus belles étaient extraites du lac Tai, près de Suzhou : blanches, noir bleuté ou bleues, percées de trous, de formes étranges ou fantastiques, elles ont fasciné les empereurs qui en ont orné leurs palais. Le transport de ces rochers de plusieurs mètres de haut se faisait à grands risques par voie fluviale jusqu'à la capitale.

POISSONS ROUGES

Tout point d'eau se doit d'abriter des poissons. Le plus classique des poissons d'aquarium, le poisson rouge, est né en Chine. Dès la dynastie des Jin (265-316), les Chinois élevaient une variété de carpe comme poisson d'ornement. L'élevage artificiel des poissons rouges a atteint son apogée sous la dynastie des Ming (1368-1644) ; ils furent exportés vers le Japon au XVIe siècle, puis vers l'Europe au XVIIe siècle.

Pas de symétrie
ni de lignes droites

Dans un jardin chinois, les allées ne sont pas
droites, elles zigzaguent et serpentent, pour créer
une impression d'infini : jamais on ne parvient
à capter une vue du jardin dans son entier. Pavées
de petits galets de rivière, de pierres irrégulières
ou de briques formant des motifs qui suggèrent
le mouvement, elles sont parfois abritées par
des galeries.

Au fil des saisons

Le jardin est le lieu parfait pour goûter aux jeux
d'ombre et de lumière, aux alternances diurnes
et nocturnes, et pour suivre les changements de
la nature grâce à la succession des floraisons :
pivoines au printemps, lotus en été, érables et chrysanthèmes à l'automne,
bambous en hiver. Les fleurs et les plantes sont appréciées pour leur beauté,
mais surtout pour leur valeur symbolique.

Rondes comme la lune

Rondes, carrées, rectangulaires, en forme de vase ou
de trèfle, les ouvertures, portes et fenêtres, ont une
fonction utilitaire, mais ce sont aussi des cadres
qui mettent en valeur un paysage, des ouvertures
qui ménagent de nouveaux points de vue,
de nouvelles perspectives, au hasard
des pas.

L'empereur Yangdi
de la dynastie des Sui
(581-618) fit construire
des palais superbes dans
d'immenses jardins.

TROIS AMIS

Le bambou et le pin,
toujours verts, et
le prunus, le premier
à fleurir au printemps
alors qu'il n'a pas
encore de feuilles,
sont les trois amis
de l'homme pendant
l'hiver.

PAYSAGES EN POT

La culture d'arbres
miniatures (*penjing*
ou *penzai*), connus
en Occident sous
leur nom japonais de
« bonsaïs », était déjà
considérée comme un
art à part entière sous
la dynastie des Tang.

Shenzhen et les « zones économiques spéciales »

Modèle réduit du vaisseau spatial chinois *Shenzhou V* présenté à la Foire internationale du high-tech à Shenzhen, en 2003.

LE RETOUR DU MANDARIN

Bien qu'elle soit située à quelques kilomètres de Canton et de Hong Kong, où l'on parle cantonais, c'est le mandarin qui fait office de langue commune à Shenzhen, car ses habitants viennent de toutes les régions de Chine et parlent des dialectes différents.

Depuis 1980, pour accélérer le développement du pays, cinq « zones économiques spéciales » ont été créées sur la côte est, à Shenzhen et Shantou (Guangdong), Zhuhai (près de Macao), Xiamen (Fujian) et dans l'île de Hainan. Ces ZES sont devenues un pôle d'attraction pour les entreprises étrangères. Des villes nouvelles y ont surgi à une vitesse stupéfiante.

Du village de pêcheurs à la mégapole

En 1979, Shenzhen est une petite cité de pêcheurs. Le gouvernement décide d'en faire une « zone économique spéciale », entre Canton et Hong Kong : en 20 ans, elle devient la ville la plus riche de Chine. Le revenu annuel par habitant y est deux fois plus élevé qu'à Shanghai et quatre fois plus que la moyenne nationale.

Plus de femmes que d'hommes

Dans les premières années de la création de Shenzhen, la main-d'œuvre a afflué en masse pour travailler dans cette ville nouvelle. Surtout des femmes : on comptait sept ouvrières pour un ouvrier ! Leurs conditions de vie et de travail étaient très dures, mais elles gagnaient quand même beaucoup plus que si elles étaient restées dans leur village d'origine où elles envoyaient à leur famille tout l'argent qu'elles avaient gagné.

Quartier de buildings ultramodernes à Shenzhen.

Une cité à la mode

Les Hongkongais vont y faire leurs courses dans des hypermarchés où les prix sont bien plus bas qu'à Hong Kong ; certains y achètent ou y louent des appartements. Les agences touristiques incluent aujourd'hui Shenzhen dans leurs circuits : ses allées de palmiers et ses avenues fleuries lui donnent un petit air californien.

Du jouet au high-tech

Tout en continuant à être l'« atelier du monde » qui assure notamment une grande part de la production mondiale de jouets, Shenzhen est en train de réaliser sa conversion dans les nouvelles technologies avec une croissance dans ce domaine de 53 % par an. La Foire internationale du high-tech qui s'y tient depuis quelques années est une référence mondiale en la matière.

Xiamen et Zhuhai

Nombreux sont les Taiwanais à avoir investi dans la ZES de Xiamen, sur la côte du Fujian. Avec 1,2 million d'habitants, cette « ville jardin » a connu un développement rapide : pendant dix ans, son taux de croissance s'est situé aux environs de 20 %. Quant à l'ancien village de pêcheurs de Zhuhai, situé à 150 kilomètres au sud-ouest de Canton, il s'est transformé en ville moderne grâce au développement de l'industrie des télécommunications, de la pétrochimie et de l'informatique. Depuis 2004, une épreuve des championnats mondiaux de moto s'y déroule et l'équipage officiel Yamaha (deux Français) a remporté cette première course d'endurance en Chine.

Publicité géante dans une rue de Shenzhen.

La plage de Sanya, sur l'île de Hainan.

Au sud de la mer

À l'extrême sud de la Chine, l'île de Hainan a le statut de province ; c'est aussi la plus vaste « zone économique spéciale » de Chine. En raison de son climat subtropical et de la beauté de ses paysages, elle investit surtout dans les activités touristiques et de loisirs.

La société et les hommes

La société chinoise a beaucoup évolué depuis plus de cent ans. Aujourd'hui, les valeurs anciennes qui en constituaient le ciment (piété filiale, respect de la famille, hiérarchie sociale) cèdent peu à peu la place à des modes de vie empruntés à l'Occident. Les traditions archaïques ou les comportements imposés par le régime communiste sont remplacés par des pratiques nouvelles et diversifiées selon les régions et les catégories sociales.

138
Le mariage

136
La moitié du ciel

134
La nouvelle société

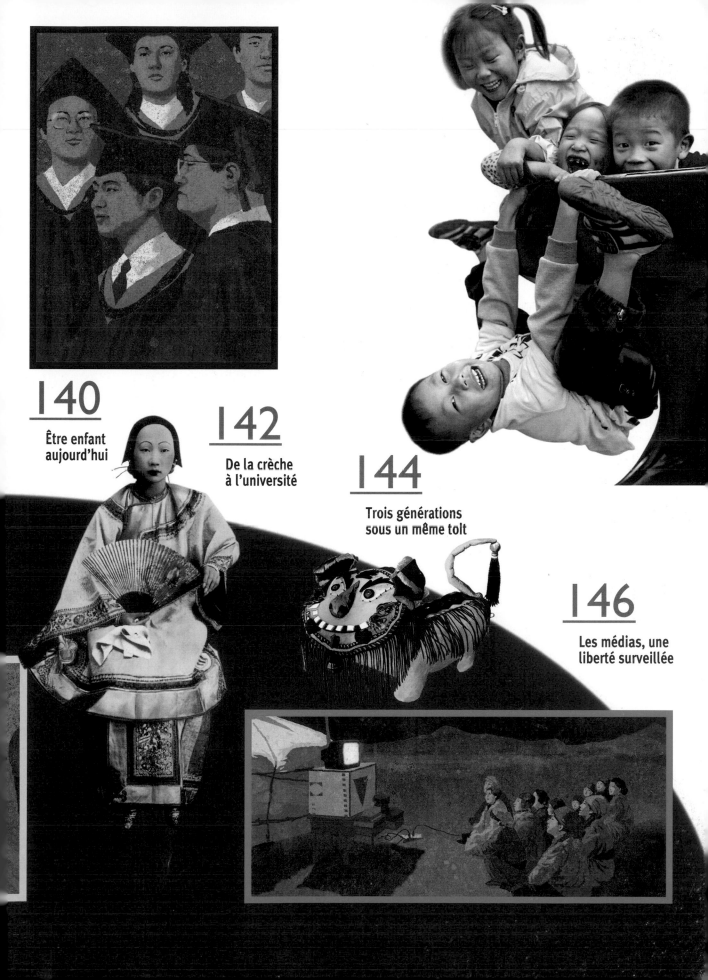

140

Être enfant
aujourd'hui

142

De la crèche
à l'université

144

Trois générations
sous un même toit

146

Les médias, une
liberté surveillée

La nouvelle société

Après sa prise de pouvoir en 1949, le parti communiste a tenté d'édifier une « société nouvelle » basée sur les grands principes du communisme : maintenir une égalité presque parfaite entre les citoyens, même au prix d'une pauvreté générale. Aujourd'hui, les écarts entre les conditions de vie des Chinois se creusent de plus en plus, selon les régions et la place dans la hiérarchie sociale.

Homme d'affaires dans une rue de Shanghai.

LA « PORTE DE DERRIÈRE » ET « SAUVER LA FACE »

Bénéficier d'un passe-droit, c'est « passer par la porte de derrière » (*zou houmen*). En France, on dit que l'on a bénéficié d'un « coup de piston ». Comme les Chinois détestent « perdre la face », ils sont obligés de rendre le service qu'ils ont demandé à autrui, ce qui les place dans un inextricable réseau de relations où chacun doit quelque chose à l'autre, et inversement.

Le business au pouvoir

En 1978, Deng Xiaoping incitait ses compatriotes à se moderniser et à s'enrichir. La course à la richesse était désormais le principal moteur de la société. L'égalité pour tous a fait place à une concurrence sauvage, qui a permis à une partie des Chinois de connaître un début de prospérité, tandis que les autres restent dans une situation difficile, voire dramatique.

Avoir des *guanxi*

Pour obtenir les autorisations officielles afin d'ouvrir une entreprise, pour permettre à son enfant de s'inscrire dans une bonne école, pour trouver une place dans un hôpital, pour acheter un billet d'avion, il faut avoir des « relations », les fameuses *guanxi*.

Marchande de poisson ambulante.

Cadeaux, pots-de-vin et « crimes économiques »

Pour obtenir une faveur, il est d'usage de faire un cadeau dont la valeur varie en fonction de l'importance de la demande. Du cadeau au pot-de-vin, la corruption se développe à tous les niveaux de l'échelle sociale, en ville comme à la campagne, et devient un véritable fléau. Le gouvernement organise périodiquement des campagnes pour lutter contre ce phénomène qui déstabilise l'ensemble de la société. De même, les détournements de fonds et les vols sont qualifiés de « crimes économiques » et très sévèrement réprimés. Pour montrer sa fermeté, l'État organise des procès médiatisés ; nombreux sont les cas de condamnations à mort, même parmi les représentants des plus hautes instances du gouvernement.

Manifestation dans les rues de Hong Kong pour la réhabilitation du mouvement en faveur de la démocratie de 1989.

La société civile

Malgré l'orientation « capitaliste » qu'a prise le pays, le parti communiste continue à diriger la Chine de manière très autoritaire : ceux qui gouvernent sont dans leur quasi-totalité membres du parti. Pour contrebalancer ce pouvoir, les citoyens s'organisent parfois en associations – pas toujours de manière légale –, par exemple pour les droits des consommateurs, la défense de l'environnement, le soutien aux victimes d'injustices… On assiste ainsi à la naissance d'une « société civile » qui tente d'échapper au contrôle du parti.

Une amélioration inégale

Cependant, grâce au développement économique, le niveau de vie du « citadin moyen » s'est amélioré : il peut devenir propriétaire de son logement, avoir des loisirs, faire du tourisme, s'occuper de son bien-être. À la campagne, les conditions de vie sont différentes selon les régions : elles se rapprochent de celles des villes dans les provinces riches ; dans les zones les plus pauvres, le retard est encore immense.

PLONGER DANS LA MER

Nombreux sont ceux qui se sont lancés dans les affaires. Cela s'appelle « plonger dans la mer » (*xiahai*). On a vu des enseignants, des écrivains, de petits fonctionnaires créer leur entreprise et s'enrichir rapidement, gagnant en un mois ce qu'ils gagnaient autrefois en un an, ou même en dix ans !

Le train à grande vitesse est loin d'avoir partout remplacé le buffle comme moyen de transport…

La moitié du ciel

Bien que Mao Zedong ait reconnu que les femmes « supportaient la moitié du ciel », hier comme aujourd'hui, une véritable égalité entre hommes et femmes n'a jamais existé, même si des progrès importants ont été enregistrés au cours du XXe siècle.

Jeune femme de bonne famille à la fin du XIXe siècle.

DE PETITS PIEDS

Au Xe siècle naquit la coutume qui consistait à bander les pieds des fillettes dès l'âge de 4 ou 5 ans. Ceux-ci restaient tout petits, ce qui était un critère de beauté ; on les appelait « lotus d'or ». Cette pratique causait de très vives souffrances, mais les familles devaient s'y résoudre, car elles risquaient de ne pas pouvoir marier leur fille. Le bandage des pieds a été interdit par le gouvernement républicain en 1911.

Fille, épouse, mère, concubine

Dans la société chinoise traditionnelle, la place de la femme était toujours envisagée par rapport à l'homme. Fillette et jeune fille, elle appartenait à son père ; femme, elle appartenait à son mari ; mère, elle se devait de mettre au monde un enfant de sexe masculin. Dans les familles riches, le chef de famille pouvait avoir une épouse principale et d'autres épouses, appelées concubines, qui vivaient toutes sous le même toit.

Chaussures pour pieds bandés.

Liberté pour les femmes

Les femmes avaient un statut très bas aussi bien dans la famille que dans la société. Le régime communiste a mis en place dès 1950 de nouvelles lois qui leur ont permis une certaine émancipation : la polygamie a été interdite, le divorce autorisé, et l'âge minimum pour le mariage fixé à 16 ans ; autrefois, il n'était pas rare qu'une fillette soit mariée dès sa naissance.

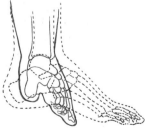

En pointillé noir : forme d'un pied s'étant développé normalement ; en rouge : déformation due au bandage.

Les dernières fillettes à avoir eu les pieds bandés ont à présent plus de 90 ans.

La Jeanne d'Arc chinoise

Malgré la situation inférieure dans laquelle les femmes étaient tenues, certaines se sont distinguées. Un très ancien poème raconte comment la jeune Mu Lan servit douze ans à la place de son père, déguisée en garçon, pour combattre les envahisseurs. La compagnie Disney en a fait l'héroïne de l'un de ses films.

Chinoises du XXIe siècle

Aujourd'hui, les Chinoises sont environ 600 millions et elles représentent 47 % du monde du travail. Elles peuvent en principe accéder aux plus hautes responsabilités et exercer tous les métiers. Mais dans la pratique, comme dans beaucoup de sociétés, l'égalité est encore loin d'être la réalité : elles ont beaucoup moins de chances d'obtenir une promotion, d'assumer des responsabilités de direction…

Représentation ancienne de l'héroïne Mu Lan.

Bravo les filles !

Cependant, depuis quelques années, elles bénéficient d'une meilleure protection en matière de santé et de droits, et elles sont plus nombreuses à recevoir une instruction supérieure. À l'université, 70 % des étudiants sont des filles. Et, selon les statistiques, elles réussissent mieux que les garçons !

Mme Wu Yi, ministre de la Santé, a mis en place des mesures très efficaces pour juguler l'épidémie de **SRAS** de 2003.

QUATRE VERTUS

Dans l'ancienne société, la vie de la femme était réglée par les « trois obéissances et quatre vertus » : obéissance au père, au mari, au fils aîné si elle était veuve ; les vertus exigées étaient : la chasteté, la modestie dans les paroles, la décence dans les manières, l'ardeur au travail.

Paysanne et ouvrière main dans la main sur une affiche de propagande.

Pas toujours facile d'être paysanne

La situation est plus difficile pour les jeunes filles des régions rurales, où le poids des habitudes et des traditions est très fort. Le taux de suicide chez les femmes en Chine est cinq fois plus élevé que la moyenne mondiale.

eux familles qui « négociaient » les conditions

Le mariage

Élément essentiel dans la vie des Chinois, le mariage était autrefois arrangé entre les familles. De nos jours, il est libre, et il a même le vent en poupe : le taux des mariages enregistre une belle croissance… mais celui des divorces aussi. S'il reste une institution importante, il a perdu le caractère sacré qu'il avait autrefois.

Arrangé ou libre ?

Traditionnellement, les mariages étaient « arrangés » entre les deux familles qui « négociaient » les conditions par l'intermédiaire d'une entremetteuse. Les sentiments n'occupaient aucune place dans la transaction et il était fréquent que le fiancé découvre sa femme le soir des noces. Si ce genre de mariage existe encore dans les régions reculées de Chine, il a aujourd'hui fait place à une union plus occidentalisée.

Un tampon rouge… et un grand banquet

L'entremetteuse est remplacée par un collègue de travail, un ami, un parent… ou une agence matrimoniale. Les rites qui jalonnaient le mariage (consultation des thèmes astraux des futurs époux et des devins pour déterminer la date de la cérémonie, échange de cadeaux) sont en principe abandonnés. Il suffit d'un tampon rouge apposé sur un livret. Mais les Chinois consacrent de plus en plus d'argent à la cérémonie : photographies, costumes, banquet, voyage de noces…

Lors d'un mariage traditionnel, la mariée est conduite chez son futur époux dans un palanquin escorté par la famille et les amis. Elle est vêtue de rouge et son visage dissimulé sous un voile.

DOUBLE BONHEUR

Pour symboliser un avenir plein de bonheur et de fortune, le caractère *xi* (喜), « joie, bonheur » est écrit deux fois pour composer ce motif :

DE NOUVEAUX COMPORTEMENTS

Pour célébrer un événement aussi important de la vie, les Chinois ont beaucoup d'imagination et recherchent les situations les plus originales : se marier à l'occidentale, ou même se marier à l'église sans être soi-même pratiquant… Des agences spécialisées dans le « prêt-à-marier » proposent des mariages pseudo-religieux célébrés par de « faux » prêtres dans des chapelles bâties pour l'occasion.

À quel âge ?

La loi sur le mariage de 1981 fixe l'âge légal du mariage à 22 ans pour l'homme et 20 ans pour la femme. Il est cependant recommandé de se marier plus tardivement pour repousser la naissance d'un enfant. Les nouveaux besoins de la société, les problèmes qui surgissent dans la famille, l'influence de l'Occident ont fait qu'une nouvelle « loi sur le mariage et le planning familial » a été promulguée en 2002. Elle prend en compte les problèmes de concubinage, de la bigamie et de la violence conjugale qui ont fait leur réapparition avec la libéralisation des mœurs…

Le rouge est de mise, mais le blanc s'impose

La couleur rouge symbolise la joie et le bonheur ; lors de la cérémonie, les accessoires, de la robe de la mariée aux lanternes, sont rouges. Pourtant, sous l'influence de l'Occident, le blanc occupe maintenant une place de plus en plus grande. Le jour dit, la mariée pourra revêtir deux robes selon le moment : la robe blanche à l'occidentale, puis la robe chinoise traditionnelle de couleur rouge.

Mariage à l'occidentale à Shanghai.

M. WANG ET MME LI

Après le mariage, mari et femme gardent chacun leur nom de famille. Ainsi, M. Wang peut très bien être le mari de Mme Li. Les enfants prennent en général le patronyme de leur père, mais parfois aussi celui de leur mère.

Couple de canards mandarins, symbole du mariage heureux.

CADEAUX DE MARIAGE

Dans les années 1990, les trois éléments principaux de la corbeille de mariage étaient : la télévision couleur, le réfrigérateur et la machine à laver ; aujourd'hui, à Shanghai, le marié doit fournir l'ordinateur, l'air conditionné et le home-vidéo.

Au rayon jouets d'un grand magasin de Pékin.

Être enfant aujourd'hui

Plus d'un quart de la population chinoise a moins de 14 ans. Tous ces enfants n'ont pas les mêmes chances, selon qu'ils habitent en ville ou à la campagne. Leurs jeux aussi sont très différents, depuis la console jusqu'au tigre en tissu.

« JE VEUX ALLER À L'ÉCOLE »

Fille de paysans très pauvres du Ningxia, Ma Yan écrit un journal où elle raconte sa vie quotidienne de Chinoise de 14 ans, qui connaît la faim et les privations ; surtout, elle apprend que ses parents n'ont plus les moyens de l'envoyer à l'école. Son récit tombe en 2001 entre les mains d'un journaliste français travaillant à Pékin. Ému par ce témoignage, il le fait publier, et le *Journal de Ma Yan* devient un best-seller en France. Une association sera créée pour recueillir des fonds afin de continuer à scolariser Ma Yan et d'autres jeunes filles de ce village du bout du monde.

Petits citadins riches

Dans les grandes villes, les rejetons des foyers de « nouveaux riches » sont en majorité des enfants uniques, choyés depuis leur naissance. Leur mode de vie ressemble à celui de petits Américains… Leurs parents leur offrent téléphone portable, jeux électroniques, et les inscrivent aussi à des cours de violon ou de piano, des clubs sportifs… En retour, ils exigent beaucoup d'eux, en les plaçant dans des écoles privées très chères, afin qu'ils puissent entrer dans de grandes universités et trouver un bon emploi.

Petits paysans pauvres

Dans des zones rurales reculées où les paysans sont abandonnés à leur sort, des enfants vivent dans la misère et travaillent aux champs comme des adultes. Ceux qui ont quitté la campagne avec leurs parents pour tenter leur chance en ville deviennent souvent des « enfants des rues » et mendient pour se nourrir. Les enfants de la campagne ont plus souvent des frères et des sœurs, car la politique de l'« enfant unique » n'y est pas appliquée avec rigueur.

Petit mendiant dans une rue de Shanghai.

Un tigre protecteur

Les jeux vidéo, les enfants des campagnes n'en voient pas souvent.

À la campagne, on continue à s'amuser avec les jouets traditionnels fabriqués en tissu, bois, bambou, papier mâché… ou mie de pain. Parfois, l'enfant n'aura comme seule poupée qu'un tigre de tissu très coloré : montrant une rangée de dents bien acérées, les yeux grands ouverts, il a le pouvoir de protéger son petit maître que l'on surnomme souvent par affection « petit tigre » ou « petite tigresse ».

L'empire du jouet

Entre ces extrêmes, il y a bien sûr des millions d'enfants chinois qui ont une vie normale, qui étudient et s'amusent comme toi. Les jouets et jeux des petits citadins ne sont pas très différents des tiens : la mode est aux jeux vidéo, aux jouets électroniques, etc. Quand tu joues avec une figurine, tu n'imagines sans doute pas qu'elle a été fabriquée en Chine. C'est en effet le premier producteur de jouets au monde : 70 % des jouets importés en Europe y sont fabriqués, surtout dans la province du Guangdong. Cependant, beaucoup de voix s'élèvent pour dénoncer les conditions de travail dans ces usines… où sont parfois employés des enfants.

De la crèche à l'université

L'une des grandes priorités du régime communiste a été de permettre à l'ensemble de la population d'apprendre à lire et à écrire. Mais, dans les années 1990, la nouvelle politique économique et l'ouverture d'écoles privées ont mis un frein au développement d'une éducation de base pour tous ; à la campagne, de nombreux enfants ne sont plus scolarisés.

Maths, politique, sport... et chinois

Le système scolaire est presque le même en Chine qu'en France : école primaire, pendant six ans ; premier cycle, l'équivalent du collège, pendant trois ans ; second cycle, l'équivalent du lycée, pendant trois ans. L'année scolaire est divisée en deux semestres, interrompus par un mois de vacances. Les cours commencent à 8 heures et se terminent à 17 heures. Aux matières habituelles : mathématiques, chinois, histoire, géographie, physique, chimie, etc., s'ajoutent des cours d'éducation morale et politique et un entraînement sportif très régulier.

Passe ton *gao kao* d'abord !

10 % seulement d'une classe d'âge accède à l'enseignement supérieur. Les élèves doivent passer un concours national, le *gao kao*, pour y être admis. Chaque année, début juillet, les parents retiennent leur souffle, les mères dorlotent le candidat et vont même brûler de l'encens au temple ! Elles mettent tous leurs espoirs dans la réussite de leur enfant, seule chance de gravir l'échelle sociale.

Lauréats du *gao kao* portant la toge et le couvre-chef des étudiants anglo-saxons.

PETITS CHINOIS

Les tout-petits sont accueillis au jardin d'enfants, où sont assurées à la fois la garde et des activités éducatives. Il existe aujourd'hui des écoles maternelles que fréquentent les enfants de 3 à 6 ans.

UN ORDINATEUR POUR 32 ÉLÈVES

En 2003, on comptait dans les écoles primaires et secondaires environ 6,63 millions d'ordinateurs, soit en moyenne un ordinateur pour 32 élèves.

Payer pour apprendre

Théoriquement, l'enseignement est gratuit et obligatoire
pendant neuf ans (primaire et premier cycle). Mais
comme l'État ne peut assumer toutes les charges,
les écoles privées se développent, de la maternelle
à l'université. Elles demandent aux parents d'énormes
frais de scolarité ; pour garantir l'avenir de leurs enfants,
nombreux sont ceux qui s'endettent.

**Repas de midi dans
une école pour enfants
de paysans migrants.**

Gratuité pour les meilleurs

Ceux qui ont obtenu le plus de points peuvent bénéficier de la gratuité des études
et d'une bourse ; les autres paient des frais de scolarité dont le montant est
inversement proportionnel à leur nombre de points. Quant aux recalés, certains
s'offrent une université privée, et beaucoup partent à leurs frais étudier à l'étranger.

À la campagne, les enfants participent aux travaux des champs.

Des écoles-entreprises

Plus de 40 % des familles rurales déboursent la moitié de leurs revenus pour que
leurs enfants restent dans le système scolaire. Souvent les écoles primaires rurales
se lancent dans des activités économiques pour s'autofinancer, faute d'une aide
de l'État. Les écoliers sont ainsi contraints de travailler pendant les pauses
des repas. Mais à la campagne, nombreux sont les enfants qui n'intègrent pas
l'enseignement secondaire, car l'école est loin de chez eux, ou tout simplement
parce qu'ils travaillent déjà avec leurs parents aux champs.

LES ENFANTS « FLOTTANTS »

Ce sont les enfants
des paysans venus
s'embaucher dans
les villes, parfois
clandestinement ; seuls
40 % des 5-12 ans vont
à l'école. Du fait qu'ils
n'ont pas obtenu de
permis de résidence
(*hukou*), leurs parents
ne peuvent les inscrire
dans les écoles
municipales. Certains
fréquentent des écoles
souvent organisées
par les migrants eux-
mêmes, et aujourd'hui
autorisées par le
gouvernement.

ANALPHABÈTES

En 1949, 20 %
seulement des enfants
en âge de fréquenter
l'école primaire étaient
scolarisés. La Chine
comptait alors 80 %
d'analphabètes. Leur
nombre est aujourd'hui
de près de 100 millions,
dont 92 % de ruraux et
plus de 70 % de femmes.

Trois générations sous un même toit

Vivre à trois ou quatre générations réunies sous le même toit était considéré comme un idéal dans la Chine ancienne et comme un gage de bonheur. Mais cette façon de penser est bouleversée par les changements de la société. Le cadre de vie a changé, un esprit plus individualiste se développe et, malgré sa piété filiale, on n'a plus toujours la possibilité ni le temps de veiller sur ses vieux parents.

GYMNASTIQUES DOUCES

On les voit tôt le matin dans les parcs et jardins publics, ils font des gestes en apparence lents, mais qui demandent une forte concentration. *Taijiquan* (nommé taï chi ou taï-chi-chuan en Occident) et *qigong* sont les gymnastiques pratiquées quotidiennement par les personnes âgées.

Quatre grands-parents, un petit-enfant !

Après 1949, la nouvelle politique familiale mise en place par le gouvernement a encouragé le modèle d'une famille réduite : les deux parents et leurs enfants. Mais ce changement ne s'est pas fait aussi vite que prévu. Avec la politique d'un enfant par couple mise en œuvre en 1979, le visage de la famille chinoise se transforme. On constate une augmentation des familles à trois générations : les grands-parents, un fils marié et sa femme, leur enfant.

Qui s'occupera des parents âgés ?

Comme peu de personnes âgées bénéficient d'une pension, lorsqu'elles sont dénuées de ressources, elles dépendent de leurs enfants. Quelle sera la situation dans cinquante ans ? Les enfants uniques d'aujourd'hui ne pourront à eux seuls assumer cette charge !

Le nid vide

Le cadre de la ville a changé : aux grandes maisons autour d'une cour où vivait toute la famille se sont substitués des immeubles avec appartements du type deux pièces-cuisine. Il n'est plus envisageable d'y faire cohabiter plusieurs générations. Les vieillards se retrouvent donc isolés. Le nombre des « nids vides », ces foyers sans jeunes, ne cesse de croître : un tiers des ménages de personnes âgées vivent dans la solitude et l'on prévoit que ce sera le cas de 90 % d'entre elles dans 50 ans.

Les « seniors », un marché prospère

La Chine est un pays vieillissant, avec 132 millions de personnes âgées. Au milieu du XXIᵉ siècle, on estime qu'il y en aura 400 millions. Les maisons de retraite fleurissent, ouvertes par des entrepreneurs privés ou par le gouvernement.

OISEAUX EN CAGE

Les vieux messieurs ont une passion pour les oiseaux. Ils les emmènent se promener dans leur cage, les dressent pour chanter et comparent leurs chants à ceux des oiseaux de leurs amis.

CURIEUX COMBATS

Les petits vieux les élèvent avec amour. Ils apprécient leur chant, mais surtout leur ardeur à se battre. Qui sont ces étranges combattants ? Des grillons. Le jour du combat, ils les transportent dans de petites boîtes en bois ou en céramique. Il existe même des balances pour les peser. On se presse autour d'un pot circulaire qui sert d'arène et l'on engage des paris.

Cages à grillons en bambou.

Kiosque à journaux
dans une rue de Pékin.

Les médias, une liberté surveillée

L'information circule de plus en plus vite. On recense en Chine plus de 2 000 journaux et 9 000 périodiques. Tout le territoire est couvert par la radio et la télévision grâce à divers moyens de transmission : satellite, câble, réseau hertzien. Mais les médias sont toujours contrôlés par les autorités. Internet, qui a connu un succès immédiat, fait l'objet d'une surveillance étroite.

Des tirages par milliards

La presse est un secteur très dynamique : en 2002, le tirage des journaux dans tout le pays s'est élevé à 36,9 milliards d'exemplaires. À part la presse officielle qui dépend du parti communiste, elle est désormais indépendante financièrement, et elle vit de ses lecteurs et de la publicité. La presse féminine notamment est en pleine expansion.

De la yourte au gratte-ciel

La télévision est partout : dans les tours des grandes villes comme dans les yourtes mongoles, grâce à des groupes électrogènes. La Télévision nationale (CCTV) est la plus importante. Il existe plus de 3 000 stations réparties dans tout le pays : c'est le plus grand réseau de télévision du monde. Depuis peu, les autorités accordent à des chaînes de télévision étrangères le droit de diffuser leurs programmes en Chine, à condition qu'elles respectent la législation en vigueur sur le contenu de l'information.

Sur les ondes

La Radiodiffusion populaire nationale, station de radio d'État, comporte huit programmes totalisant chaque jour 156 heures d'émission. Les provinces, régions autonomes et municipalités possèdent leur propre station de radio. Radio Chine internationale diffuse ses émissions en langue chinoise commune, dans quatre dialectes de la Chine et en 38 langues étrangères à destination des auditeurs du monde entier. C'est la troisième radio dans le monde par le nombre d'heures d'émission et celui de langues.

Perle de l'Orient, la tour de télévision de Shanghai.

Sur la Toile

La Chine comptait 26,5 millions d'internautes en 2004. Les estimations en prévoient 200 millions en 2005, pour 40 millions d'ordinateurs. Autorisé depuis 1995, le marché du Web connaît une progression fulgurante. Mais le coût d'un ordinateur et d'une connexion à Internet est bien trop élevé pour une bonne partie des habitants. L'accès à Internet est rendu possible par une multitude de cybercafés qui ont fleuri dans le pays, plus de 200 000, mais dont la moitié seulement ont une existence officielle.

Dans un club Internet à Pékin.

Le contrôle de l'État

Tous les médias sont au service de l'État, qui les contrôle avec vigilance. Mais Internet est beaucoup moins facile à surveiller. Le gouvernement pratique le blocage de nombreux sites, et met en place des systèmes de filtrage pour empêcher de chercher sur certains moteurs de recherche des informations trop brûlantes sur le plan de la politique ou celui des mœurs.

LE NET SOUS SURVEILLANCE

On peut être inquiété pour avoir exprimé son opinion sur Internet ou avoir téléchargé des informations jugées sensibles. Critiquer la politique du parti communiste à l'égard de Taiwan ou du Tibet peut conduire tout droit en prison si l'on est repéré par la police spécialisée dans la traque des « cyberdissidents ».

La vie quotidienne

Habillement, nourriture, métiers, activités commerciales sont en Chine comme ailleurs le reflet de l'évolution de la société. Les changements sont aujourd'hui rapides et profonds, même si certains aspects de la vie quotidienne, comme le calendrier, le choix des prénoms, les habitudes culinaires, l'habillement... continuent à obéir à des règles immuables, tout en s'ouvrant aux coutumes des sociétés occidentales.

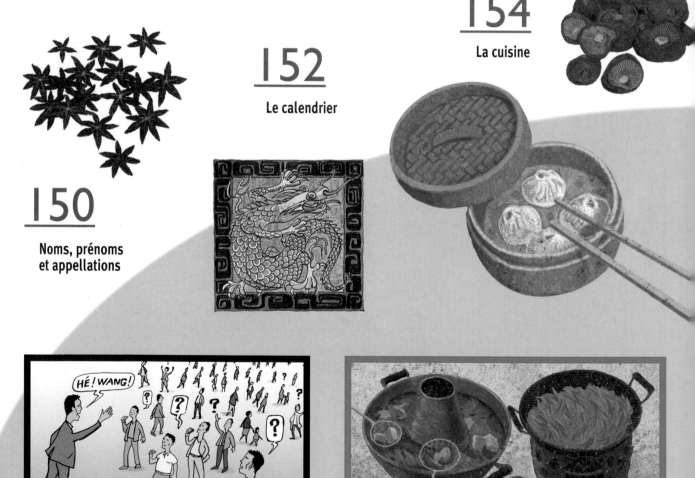

154
La cuisine

152
Le calendrier

150
Noms, prénoms
et appellations

HÉ ! WANG !

158

Au restaurant

160

Le thé

162

Marchands des rues
et grands magasins

164

Le costume

Noms, prénoms et appellations

Un classement graphique

Le classement d'une liste de noms de personnes n'est pas alphabétique, mais se fait selon le nombre de traits du caractère du patronyme. Ainsi, le nom Ding comporte 2 traits, le nom Yu 3, le nom Wang 4, etc. Il est parfois difficile de reconnaître, en lisant le nom et le prénom d'une personne, s'il s'agit d'un homme ou d'une femme. On précise donc entre parenthèses *nü* (女), « femme ».

Liste de noms :

丁建国
Ding Jianguo

于立中
Yu Lizhong

王敬之
Wang Jingzhi

王恒满
Wang Hengman

王丽萍（女）
Wang Liping

仲洁（女）
Zong Jie

李平
Li Ping

沈巍巍（女）
Shen Weiwei

周汉明
Zhou Hanming

谭雪（女）
Tan Xue

瞿永俊
Qu Yongjun

Contrairement aux sociétés occidentales où l'on compte une infinité de noms de famille et peu de prénoms, les patronymes chinois sont au nombre de 2 000 environ (dont 400 courants) et les prénoms, laissés au gré de l'imagination, illimités.

Des millions de Zhang, Zhao, Li, Wang...

Pour désigner la population chinoise, on utilise l'expression *laobaixing*, les « vieux cent noms » ; cela ne signifie pas qu'il n'existe que cent noms de famille : « cent », ici, a le sens de « nombreux ». Cependant, en raison du nombre très réduit de patronymes, beaucoup de Chinois portent le même nom et c'est le prénom qui différencie les millions de M. Zhang ou de Mme Zhao. Le nom de famille est toujours placé avant le prénom et comporte la plupart du temps un seul caractère. Les noms en deux caractères, comme Sima ou Ouyang, sont rares.

À la naissance, les parents composent eux-mêmes pour le bébé un prénom qui évoque souvent une qualité ou une image poétique.

HÉ ! WANG !

Surnoms et pseudonymes

Le prénom est peu utilisé pour s'adresser à un ami ou même à un membre de sa famille. On préfère employer un surnom qui met en valeur une caractéristique psychologique ou morale de la personne : Petit Trésor, le Grand, le Petit, le Bavard, le Noiraud… Les écrivains, quant à eux, sont souvent connus par leur pseudonyme : Lao She signifie la « vieille bicoque » ; le prénom de Shen Congwen veut dire « celui qui se consacre à la littérature » ; Mao Dun a choisi un pseudonyme qui se prononce comme le mot « contradiction ».

Pour s'adresser poliment…

On interpelle quelqu'un par son nom et son prénom, mais on peut aussi utiliser des termes de politesse tels que *xiansheng*, « monsieur », ou *taitai*, « madame ». Les enfants peuvent appeler les adultes *shushu*, « oncle », ou *ayi*, « tante », même s'ils n'ont pas de lien de parenté.

… ou familièrement à un Chinois

Entre amis, on appellera familièrement quelqu'un, homme ou femme, en faisant précéder son nom de l'adjectif *lao*, « vieux », ou *xiao*, « petit ». Il est également possible de s'adresser à une personne en utilisant son nom de famille accompagné du nom de son métier, par exemple, « secrétaire Zhao », « professeur Wang » ou « directeur Li ». Pour parler à un chauffeur de taxi ou au gardien d'un immeuble, on utilise le terme *shifu*, « maître », utilisé aussi par les élèves d'un maître de kungfu.

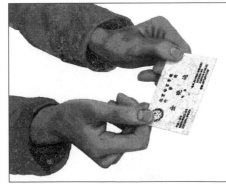

POLITESSE

L'échange des cartes de visite précède toute discussion. La politesse exige qu'on l'offre en la tenant à deux mains. Elle donne le nom et le prénom de la personne, l'adresse de son lieu de travail, mais surtout sa fonction, ce qui permettra de savoir quel titre donner à son interlocuteur. Elle est la plupart du temps bilingue : chinois sur une face, anglais, japonais, coréen, français, espagnol…, sur l'autre.

PRÉNOMS VARIÉS

Les prénoms sont formés d'un ou de deux caractères. On peut prénommer Ping, « paix », un garçon ou une fille, ou encore Guang, « lumière », ou Ying, « talent éminent ». Certains prénoms font référence à un événement politique, tel Jianguo, « édification du pays », très porté après la fondation de la république populaire de Chine. Le prénom de Mao Zedong signifie « bienfaiteur de l'Orient », celui de Deng Xiaoping, « petite paix ».

LES ÉTRANGERS

Pour transcrire les noms étrangers, on recourt à des caractères chinois utilisés uniquement pour leur valeur phonétique. Ainsi le nom du président de la République française, Chirac, est transcrit à l'aide des trois caractères : *xi la ke*, qui mis ensemble n'ont pas de signification particulière. Un étranger peut aussi adopter un nom chinois dont la prononciation rappelle un peu son nom d'origine.

Le calendrier

La Chine antique était une société basée sur l'agriculture. Comme la vie paysanne est réglée sur le rythme des saisons, la science du calendrier s'est développée très tôt et a eu un rôle important. Si le calendrier officiellement en usage est solaire, comme en Occident, le calendrier lunaire conserve une large place.

Zodiaque chinois en papier découpé.

Page d'un almanach chinois moderne.

Du premier au douzième mois...

Le calendrier solaire a été adopté en Chine à partir de 1912. Le 1er janvier de cette année-là fut appelé 1er janvier de l'an I de la république. Après 1949, la Chine a adopté le système international. On indique la date en donnant l'année, le mois, puis le jour. L'année est énoncée comme une suite de chiffres (2005 se lit « deux zéro zéro cinq », *er ling ling wu*) ; les mois sont désignés par un simple chiffre : *yi yue*, « premier mois », pour janvier ; *er yue*, « deuxième mois », pour février ; et ainsi de suite jusqu'à *shi'er yue*, « douzième mois », pour décembre.

Du premier au septième jour...

Les jours de la semaine n'ont pas de nom comme en français. On dit seulement *xingqi yi*, « un de la semaine » pour lundi ; *xingqi er*, « deux de la semaine » pour mardi... jusqu'à *xingqi tian*, le « jour de la semaine », pour dimanche.

Calendrier lunaire

Le calendrier lunaire continue à être utilisé en parallèle avec le calendrier solaire, mais il s'établit un certain décalage entre les deux, car douze mois lunaires ne font que 354 jours, au lieu des 365 jours un quart de l'année solaire. Il est donc nécessaire d'ajouter tous les trois ans un mois intercalaire. C'est aussi pour cela que le jour de la fête du Printemps (le Nouvel An lunaire) est situé à une date qui varie entre la fin janvier et la fin février de l'année solaire.

Le Rat, intelligent et honnête, est aussi inquiet et cupide.

Le Buffle, travailleur et silencieux, peut être têtu et autoritaire.

Le Tigre, généreux et courageux, est indiscipliné et vaniteux.

Le Lièvre, affectueux et sociable, tient à sa tranquillité.

Le Cochon, pacifique et consciencieux, est volontiers gourmand et indolent.

Du rat ou du cochon ?

L'horoscope chinois repose non pas sur douze périodes de l'année, mais sur douze années lunaires désignées par un animal. Selon son année de naissance, chacun appartient à l'un de ces signes, dans leur ordre de succession : Rat, Buffle (ou Bœuf), Tigre, Lièvre (ou Chat au Japon et au Vietnam), Dragon, Serpent, Cheval, Chèvre (ou Mouton), Singe, Coq, Chien et Cochon.

Le Dragon, enthousiaste et sentimental, est souvent impétueux et même irritable.

Le Chien, loyal et dévoué, est souvent inquiet et reste sur la défensive.

Quel est ton signe ?

Sachant que 1996 était une année du Rat, il est facile de calculer que l'an 2000 a été une année du Dragon, 2004 une année du Singe, et que 2005 est l'année du Coq. Si tu es né en 1992, tu es de l'année du Singe… On entre dans « son année » tous les douze ans. Selon la superstition, à chaque signe correspondent des traits de caractère particuliers.

Le Serpent, sage et séduisant, parvient toujours à ses fins, même par la ruse ou la traîtrise.

Le Coq, franc et débrouillard, mais vantard, aime séduire.

Le Singe, intelligent et plein de talents, n'est pas toujours honnête.

La Chèvre, sensible et sincère, est aussi capricieuse.

Le Cheval, beau parleur et aimable, peut être égoïste et rebelle.

Morceaux de fromage
de soja, *doufu* ou tofu.

LA « VACHE » DE CHINE

Dans un pays qui n'a pas de tradition laitière, le soja fait office de légume à tout faire. On en fait du lait, du fromage : le *doufu* (frais, sec, fermenté), des yaourts, de l'huile, de la farine, de la sauce… et on utilise ses germes.

Les condiments et herbes aromatiques, tels le gingembre et la coriandre, entrent dans la composition de nombreux plats.

La cuisine

On dit qu'avec la cuisine française, la cuisine chinoise est la meilleure du monde. Issue d'une longue tradition, elle compte autant de variantes régionales qu'il peut en exister en Europe entre les cuisines norvégienne, italienne, anglaise ou grecque. Quatre éléments sont toujours pris en compte : le goût, l'arôme, la couleur et la consistance.

Avec des baguettes

L'utilisation des baguettes est générale en Chine et elle conditionne l'art culinaire : les ingrédients sont coupés en petits morceaux avant d'être accommodés ; la cuisson, plus rapide, conserve aux aliments leur couleur, leur saveur et leur valeur nutritive. Les baguettes peuvent être en bambou, en ivoire, en métal ou en plastique. Leur maniement nécessite un certain temps d'apprentissage, et les enfants utilisent longtemps la cuillère…

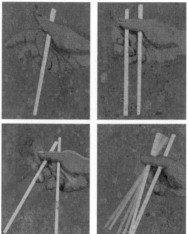

Glissées entre le pouce et l'index, les baguettes sont guidées par le majeur.

Et que ça saute !

Les méthodes de cuisson les plus communes sont le sauté et la cuisson à la vapeur, mais on fait aussi beaucoup de fritures, de plats braisés ou à l'étouffée. L'instrument universel, le wok (*guo* en mandarin), est une poêle en métal au fond arrondi. Alors que la cuisine française est basée sur une savante utilisation de sauces minutieusement dosées, la saveur d'un plat chinois tient davantage à l'harmonie entre le goût de l'aliment et le parfum des herbes et condiments qui l'accompagnent.

Symboles à toutes les sauces

Hormis leurs qualités gustatives, les aliments sont aussi chargés de symboles. Le poulet et le poisson sont annonciateurs de fortune et de chance. On déguste des écheveaux de nouilles pour souhaiter la longévité, des dattes et des châtaignes pour souhaiter la naissance d'un fils. Le gâteau de mariage contient de l'huile et du miel, qui symbolisent l'union harmonieuse des deux familles.

Riz, pâtes ou pain ?

Au petit déjeuner, il est commun de prendre une
bouillie de riz, des beignets, des plats salés. Le repas
de midi s'organise autour d'un aliment principal : riz,
pâtes ou pains cuits à la vapeur, et de plats secondaires :
légumes, viande et poisson. Plus le repas est simple, plus la proportion de céréales
est grande. La viande reste un luxe à la campagne. S'il y a plusieurs plats, ils sont
tous servis en même temps, et une soupe claire faite de légumes ou de racines
dans un bouillon sert de boisson. Pas de dessert (les sucreries sont consommées
en dehors des repas) mais des fruits. Le repas du soir est pris très tôt, vers 18 heures.

C'est bon pour la santé !

L'idée que les aliments sont bons pour la santé est vieille de plusieurs milliers
d'années. La distinction entre aliment et médicament n'est d'ailleurs pas nette :
on peut acheter certaines denrées chez l'herboriste, et parfois des substances
médicinales chez l'épicier. Ail, gingembre, cannelle, igname, vinaigre, soja ont
tous des propriétés thérapeutiques. Le melon éclaircit le sang. Le bouillon de
volaille est indiqué pour la circulation. Le jujube est tonifiant…

Alcools et bières

Les Chinois connaissent la vigne depuis la dynastie des Han, mais l'alcool le plus
prisé est le *maotai*, obtenu par distillation du millet. Il existe aussi de l'alcool de
gaoliang, une sorte de sorgho, et des alcools où marinent des serpents, du ginseng
ou des os de tigre. Le vin jaune est un vin
de riz, servi chaud dans
de petites tasses. Les
Chinois ont appris
auprès des Allemands
au début du siècle
à fabriquer des bières
de très bonne qualité.
La Qingdao, qui a fêté
en 2003 son centenaire,
est une des dix premières
marques de bières dans
le monde.

Les nouilles fraîches sont
mises à sécher au soleil.

OMNIVORES

Un proverbe dit que les
Cantonais mangent tout
ce qui a deux pattes,
sauf les hommes, tout
ce qui a quatre pattes,
sauf les tables et les
chaises, tout ce qui
a des ailes, sauf les
avions, et tout ce
qui vit dans l'eau,
sauf les bateaux !

LE COUVERT

À la maison, il se
résume à une paire
de baguettes, un bol et
une cuillère. Les plats
sont à la disposition
de tous et chacun
pioche dedans avec
ses baguettes.

La table est mise
pour cette mère miao
et ses fillettes.

156

Anis étoilé.

Champignons parfumés séchés.

Jujubes séchés.

Poivre du Sichuan.

Produits frais

La fraîcheur des ingrédients est primordiale. Beaucoup de produits de la mer sont achetés vivants, et le poisson saute souvent encore tout frétillant dans la poêle ! Les Chinois ont une prédilection pour ce qui vient de la mer, des lacs ou des rivières : poissons, crustacés, calamars, crevettes, huîtres, palourdes…Comme viande, le porc est le plus consommé, de la queue au museau, ainsi que les volailles. Le bœuf et l'agneau figurent de plus en plus au menu, mais on leur trouve souvent un goût trop prononcé.

Marché aux poissons à Chongqing (Sichuan).

Cuisson obligatoire

Les légumes sont rarement consommés crus, car on estime que ce n'est pas sain. Pendant longtemps, on a utilisé comme engrais des déchets humains ou animaux et il était nécessaire de détruire les parasites par la cuisson. Les légumes sont variés : navets, aubergines, châtaignes d'eau, racines de lotus, en passant par toutes sortes de choux, de courges et de champignons… L'éventail des fruits est aussi large : pêches, prunes, kakis, arbouses, agrumes, ananas, papayes, litchis…

Un quatuor obligé

Les cinq saveurs de base sont le salé, le sucré, l'acide, l'amer et le piquant. Un bon repas doit développer tous ces goûts et donner un aperçu de toutes les consistances : croustillant, glissant, croquant, fondant, sec. Les épices et les aromates sont utilisés pour atténuer les odeurs ou le goût trop prononcé de certains aliments, ou pour réveiller leur saveur. La sauce de soja, l'équivalent de notre sel, forme avec l'huile de sésame, la ciboule et le gingembre le quatuor obligé, mais il existe beaucoup d'autres condiments : piment, pâte de haricots rouges, cinq-épices (poivre du Sichuan, clou de girofle, cannelle, anis étoilé et fenouil)…

Marmite mongole. **Wok sur un brasero.**

Cuisson traditionnelle du canard laqué.

Cuisines régionales

La cuisine pékinoise a plus subi l'influence de ses voisines du Nord et de l'Ouest : porc, agneau et canard pour les viandes, chou comme légume principal, nouilles et galettes. Au Sichuan et au Hunan, la nourriture est pimentée, souvent acide et poivrée. Le canard fumé au thé est une des grandes spécialités sichuanaises. La cuisine de Shanghai et du Zhejiang est réputée pour scs savcurs sucrées, souvent associées au vinaigre.

Marché vivant

La cuisine cantonaise a la réputation d'être la plus riche de toute la Chine, et c'est la plus connue au monde, car les Cantonais ont émigré partout et ouvert des restaurants. Le climat doux et humide favorise la culture des fruits et des légumes. Les produits de mer et d'eau douce abondent. Les marchés de Canton proposent une incroyable diversité d'animaux, certains rares et exotiques : grenouilles, serpents, chiens, tortues, chats sauvages. La grande spécialité, ce sont les *dim sum*, de petites bouchées cuites à la vapeur, fourrées de légumes, de viande, de poisson, de crevettes…

LE CANARD LAQUÉ

Ce plat, originaire de Mongolie, a acquis sa réputation au milieu du XIXe siècle. La volaille enduite d'une préparation était traditionnellement rôtie dans un four chauffé avec un bois fruitier (pommier) à combustion lente, aujourd'hui remplacé par le gaz ou l'électricité. On consomme la peau croustillante, roulée dans une crêpe, accompagnée d'une sauce noire et sucrée à la prune et de brins d'oignon vert effilés. On déguste ensuite les abats et on termine par une soupe faite avec les os.

Dim sum, cuits à la vapeur.

TCHIN-TCHIN

L'expression que l'on utilise pour trinquer vient du chinois *qing qing*, « je vous en prie », par lequel le maître de maison invitait ses hôtes à boire.

Étal de viande et de légumes sur un marché de Canton.

Au restaurant

TABLES TOURNANTES

Dans beaucoup de restaurants, les tables rondes sont équipées d'un plateau tournant sur lequel les plats sont disposés tous en même temps : les convives font tourner le plateau pour goûter à chacun.

Toutes les occasions sont bonnes pour aller au restaurant : repas entre amis, mariages, anniversaires ou simple sortie familiale… De la gargote de plein air au restaurant luxueux où des cuisiniers expérimentés perpétuent les anciennes traditions culinaires ou au restaurant étranger, les Chinois n'ont aujourd'hui que l'embarras du choix.

Chinois ou occidental ?

Dans un restaurant du Sichuan, il faut s'attendre à avoir la bouche en feu, car cette cuisine fait un usage immodéré du piment. Dans un restaurant hui (musulman), reconnaissable aux versets du Coran peints en lettres arabes sur sa façade, on est sûr de ne pas manger de porc. Au restaurant cantonais, on pourra déguster du porcelet laqué, chez un Shanghaïen des fruits de mer, et chez un Pékinois le fameux canard laqué… Très nombreux sont aussi les restaurants étrangers : américains, français, italiens, ou encore japonais, coréens, thaïlandais, indiens ou vietnamiens…

Petit restaurant de rue à Pékin.

NOMS POÉTIQUES

Les plats sont souvent proposés sous des noms imagés. La « barbe du dragon » est un plat de nouilles très fines ; les « pattes de phénix » sont en fait des pattes de poule ! Le « canard aux huit trésors » est accompagné de marrons, châtaignes d'eau, noix de ginkgo, crevettes. La « marmite chrysanthème » est une sorte de fondue.

Quatre bruits autorisés

Contrairement aux habitudes françaises de ne pas faire de bruit en mangeant, claquer des lèvres, mastiquer et boire le thé bruyamment, aspirer la soupe chaude dans un grand bruit de succion, n'a rien d'inconvenant et montre que l'on apprécie le repas !

Mets étranges

Pour honorer ses invités, on commande parfois des plats exceptionnels : paumes d'ours, cigales grillées, tortue, serpent, chien, scorpions, ailerons de requin, nids d'hirondelles, concombres de mer, gibier… En entrée, on sert souvent des « œufs de cent ans ». Ils ont en fait été conservés une dizaine de semaines dans un mélange de thé, sel, cendres, aiguilles de pin et charbon de bois qui leur donne leur couleur brun-noir caractéristique.

Ganbei !

Dans la vie quotidienne, pendant le repas, les Chinois ne boivent en général pas autre chose que de la soupe. Au restaurant, en revanche, c'est l'occasion de goûter à différentes boissons, alcoolisées ou non, avec lesquelles on porte volontiers des toasts en poussant de sonores « *Ganbei !* », « *Cul sec !* ». Lorsqu'on y est invité, on doit en principe boire son verre jusqu'au bout et le retourner pour montrer qu'il est bien vide.

NIDS D'HIRONDELLES

Plat très recherché, la soupe aux nids d'hirondelles a toujours beaucoup frappé l'imagination des Occidentaux. On consomme la substance sécrétée par une hirondelle, la salangane, pour colmater son nid, que l'on débarrasse des déchets de bois et de plumes. Les Chinois pensent qu'elle est excellente pour la santé.

Les « œufs aux feuilles de thé », marinés dans du thé fort et de la sauce de soja.

COMPTEUR DE CANARDS

Au restaurant Quanjude, « Réunion de toutes les vertus », de Pékin, un compteur numérique indique combien de millions de canards laqués ont été mangés depuis l'ouverture du restaurant, en 1864 !

Le thé

Avant de devenir la boisson nationale, il fut utilisé comme un remède. Cultivé surtout dans les provinces du Sud, le thé chinois représente aujourd'hui le quart de la production mondiale. On le consomme tout au long de la journée, à la maison ou au bureau, au volant d'un bus, d'un taxi, ou sur sa bicyclette !

Théière et tasse à couvercle de Yixing.

Étal d'un marchand de thé au milieu du XIXe siècle.

LES THÉIÈRES DE YIXING

Depuis plus de 2 000 ans, la ville de Yixing, au sud de Shanghai, produit des théières en terre rouge qui sont très appréciées des amateurs. De toutes tailles et de toutes formes, elles ont la réputation de développer l'arôme du thé, surtout lorsqu'à l'usage leur paroi intérieure s'est recouverte d'un dépôt brun qui donne son parfum à la boisson.

Cueillette du thé dans une plantation de la province du Fujian.

Vert, rouge et noir

Il existe en Chine environ 260 espèces de thé, de l'arbuste de moins de un mètre à l'arbre de plus de quinze mètres. Les jeunes pousses de l'année, récoltées au sommet de la tige, sont les plus recherchées. Les variétés de thé cultivées se regroupent en plusieurs familles : les thés verts, dont les feuilles sont séchées aussitôt cueillies, puis torréfiées ; les thés wulong, semi-fermentés ; et les thés rouges ou noirs, fermentés. On a pris l'habitude de parfumer le thé vert en y ajoutant des pétales de fleurs : jasmin, rose, camélia ou chrysanthème.

Pour devenir immortel

Connu en Chine dès la plus haute Antiquité, le thé, sous sa forme sauvage, fut d'abord un médicament. Utilisé en emplâtre ou consommé en infusion, il chassait la fatigue et faisait office de fortifiant. Les taoïstes s'en servaient dans leur quête d'immortalité.

À toute heure du jour

Aujourd'hui, en ville comme à la campagne, on boit le thé à n'importe quel moment de la journée, en dehors des repas. Partout, le visiteur est accueilli avec une tasse de thé. Lorsqu'ils vont au travail, les Chinois emportent avec eux une petite bouteille thermos ou simplement un bocal où infusent des feuilles de thé et ils y rajoutent de l'eau chaude tout au long de la journée. En Europe, le thé a fait tout d'abord son apparition en France et en Angleterre vers le milieu du XVIIe siècle. Les Occidentaux en sont vite devenus amateurs et le commerce du thé a pris une grande ampleur. Les bateaux de la Compagnie des Indes orientales quittaient le port de Canton avec des cargaisons de thé, d'épices, de soieries et de porcelaines.

À la campagne, les anciens se réunissent volontiers dans la maison de thé du village.

Un gâteau

L'usage du thé est devenu courant à partir du IVe siècle. La façon de le préparer à cette époque s'est maintenue au Tibet ou en Mongolie. Les feuilles sont passées à la vapeur, puis écrasées au mortier. On en fait une sorte de gâteau que l'on met à bouillir avec d'autres ingrédients, comme du gingembre, des écorces de mandarine, des patates douces, des épices, du lait ou des oignons.

DE GRANDS CRUS

Comme pour les bons vins, il existe des thés célèbres. Le thé du Puits du Dragon (Longjing), cultivé à Hangzhou, dans la province du Zhejiang, est un des plus réputés.

Thé conditionné sous forme de galettes et de briques.

Pendant longtemps, le thé a été compressé sous forme de briques. Il était ainsi plus facile à transporter par les caravanes de chameaux qui partaient vers le Tibet ou la Russie.

La cérémonie du thé

Plus tard, on apprit à cultiver le thé et on commença à le préparer en recouvrant simplement les feuilles d'eau bouillante. Mais pas n'importe quelles feuilles, ni n'importe quelle eau… Des traités expliquaient les meilleures méthodes de culture et donnaient des conseils pour préparer la boisson, pour le choix de l'eau de source. À Taiwan et au Japon s'est perpétuée la tradition de la cérémonie du thé, qui est l'occasion de le déguster selon un rituel très précis dans une atmosphère de méditation.

Cérémonie du thé, au Yunnan.

Marchands des rues et grands magasins

Dans les parcs et les rues des villes, comme dans les bourgs et les bourgades, de petits marchands s'activent jour et nuit. Dans les grandes métropoles, les avenues sont bordées de magasins, souvent très luxueux, aussi richement approvisionnés que ceux d'Occident. Ces deux mondes se côtoient souvent au pied des immeubles modernes.

Hier comme aujourd'hui, à la campagne, les paysans transportent leurs produits dans des paniers accrochés à une palanche pour les vendre aux villageois.

Les « fast-foods » de la rue

Installés sur les trottoirs, équipés de quelques tables et tabourets, on les appelle *kuaicai*, littéralement « plats rapides », autrement dit « fast-foods ». Ce sont des étals de nourriture toute prête : beignets, nouilles, raviolis, brochettes, pâtés, soupes, grillades et même des insectes en brochettes… On se nourrit pour quelques yuans de ces préparations culinaires savoureuses.

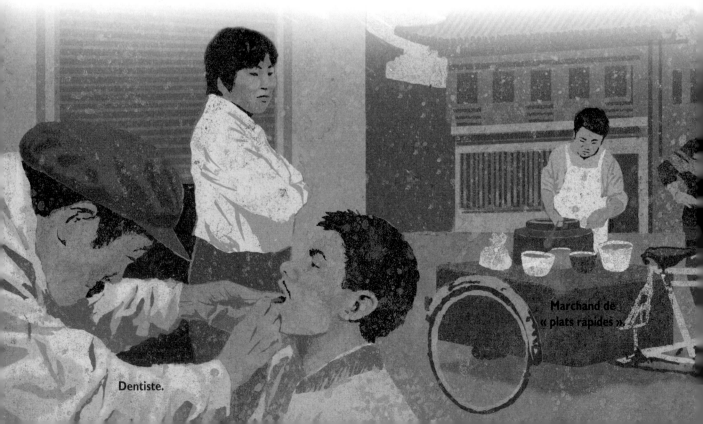

Dentiste.

Marchand de « plats rapides »

Friandises en tout genre

Les marchands de friandises proposent sur leurs étals mobiles des patates douces ou des marrons cuits sous la cendre, des brochettes d'azeroles (fruits de l'azerolier, sorte d'aubépine, qui ressemblent à de petites pommes), de noix et de pommes caramélisées – l'équivalent des « pommes d'amour » de nos fêtes foraines. L'été, les vendeurs de boissons fraîches et de glaces sont pris d'assaut.

Au travail dans la rue

Beaucoup de métiers s'installent à même les trottoirs ; au hasard des rues, on peut rencontrer un coiffeur en train de raser un client, un charbonnier, un réparateur de bicyclettes, un marchand de sifflets à pigeons, un vendeur de porcelaines ou même… un dentiste occupé à soigner une carie ! Un téléphone qui trône sur une table fait office de cabine téléphonique.

Du « magasin aux cent choses » à l'hypermarché

Dans les années 1980, les premiers supermarchés s'appelaient les *baihuo dalou*, « magasins aux cent choses ». À cette époque, la vie s'arrêtait tôt dans la soirée et les activités nocturnes étaient rares. Aujourd'hui, grands magasins et *shopping centers* (souvent baptisés « Plazza ») n'ont rien à envier à ceux d'Occident. On peut y faire ses courses et y manger parfois vingt-quatre heures sur vingt-quatre. Quant aux boutiques de luxe qui proposent les produits des grandes marques occidentales, elles se trouvent souvent à deux pas de magasins ou de marchés qui vendent à bas prix des contrefaçons !

DONNER UN NOUVEAU NOM

Les grandes firmes étrangères qui s'installent en Chine doivent se choisir un nom qui garde une ressemblance phonétique avec la marque originelle, mais sonne bien pour une oreille chinoise et soit facile à retenir. Ainsi, le nom chinois de Carrefour (qui a plus de 40 hypermarchés dans le pays) est Jialefu, « bonheur et joie de la famille » ; celui d'Ikea, Yi Jia, « la maison adéquate » ; Coca-Cola, Kekou Kele, « bonheur dans la bouche »…

Dentiste, cordonnier, coiffeur…, de nombreux petits métiers s'exercent dans la rue.

Cordonnier.

Marchand de brochettes d'azeroles.

Coiffeuse.

Jeunes filles en costume de soie vers 1870. Appartenant à la classe aisée, elles ont les pieds bandés.

Le costume

Dans l'ancienne Chine, la jupe et la robe ont longtemps constitué le costume à la fois des hommes et des femmes. Au début du XXᵉ siècle, le vêtement s'est occidentalisé. Pendant la période maoïste, tous les habitants du pays ont porté un costume bleu, gris ou vert qui était censé mettre tout le monde sur un pied d'égalité. Aujourd'hui, Chinois et Chinoises sont à la pointe de la mode internationale…

ÉVENTAILS EN TOUT GENRE

En ivoire, en bambou, en santal, en feuilles de palmier, en papier, orné d'une peinture de paysage ou d'une calligraphie, l'éventail est un accessoire indispensable, autant pour les hommes que pour les femmes, dès que la température nécessite de produire un peu de fraîcheur.

Mode Mao

La veste au col rond ras le cou a été mise à la mode au cours des années 1910-1920 par le président Sun Yat-sen, qui s'est inspiré du costume occidental.

Foule en « costume Mao » à Pékin, en 1975.

Après 1949, elle est devenue l'uniforme des cadres du Parti communiste chinois ; elle a été adoptée par l'ensemble de la population, masculine ou féminine, assortie à un pantalon à la coupe unisexe, sous le nom de « costume Mao », donné par les Occidentaux qui avaient vu au cinéma ou à la télévision des images du président saluant la foule.

Jeunes filles à la mode dans les rues de Shanghai, en 2001.

CHAUSSURES NOIRES

Très communes en Chine, les *buxie*, confortables petites sandales noires plates en coton, avec une bride sur le dessus du pied, sont devenues à la mode en Occident.

Finie, l'uniformité !

À la fin des années 1970, les austères costumes que portaient les Chinoises ont fait place à des vêtements plus seyants qui remettaient en valeur la féminité. Abandonnant leur casquette de toile et coupant leurs nattes, elles se sont fait friser ou teindre les cheveux et ont redécouvert maquillages et parfums. À présent, toutes les modes rivalisent, du style occidental le plus branché au style asiatique le plus rétro. De nombreuses marques étrangères ont fait leur apparition sur le marché chinois.

À la mode occidentale

Après des années de monotonie, la population chinoise a soif de connaître les modes du monde entier. Nombreux sont les grands magazines occidentaux à publier des éditions en chinois. *Elle* a lancé son édition chinoise dès 1988, suivi par *Marie Claire* en 2002, *Madame Figaro*, etc.

Retour de la robe fendue

Portée par toutes les femmes mandchoues sous la dynastie des Qing, la *qipao* était devenue le vêtement fétiche des Shanghaïennes des années 1930. Cette robe moulante, avec un col droit, boutonnée sur le côté de la poitrine et fendue sur la cuisse, fait un retour en force en Chine et ailleurs dans le monde. Désormais, de nombreux couturiers étrangers s'en inspirent pour créer leurs collections.

VESTE ET PANTALON OUATÉS

Confectionnés dans un coton bourré d'ouate, ils sont indispensables contre les grands froids de l'hiver… Ces « doudounes » donnent parfois à ceux qui les portent une allure de cosmonautes en apesanteur !

Couple de Tibétains en costume traditionnel. Leur robe ample à longues manches est souvent doublée de cuir ou de peau. Ils la portent de jour comme de nuit, mais dans la journée, lorsqu'il fait plus chaud, ils découvrent leur bras droit pour travailler avec plus d'aisance.

Le costume du paysan

À la campagne, la mode pénètre moins rapidement : les paysans, hommes ou femmes, continuent la plupart du temps à porter un pantalon large et court, une chemise ou une veste de coton, et sur la tête un chapeau de paille ou une serviette roulée pour se protéger du soleil. Mais le jean et le T-shirt orné des motifs les plus divers sont aussi présents dans tous les villages et ont la faveur des jeunes.

Ces *buxie* brodées sont une version de fête de la célèbre sandale noire ordinaire.

Mode ethnique

Chaque minorité nationale possède ses costumes, richement colorés et brodés, qui sont portés aussi bien dans la vie quotidienne que pour les fêtes. Les députés de l'Assemblée nationale siègent souvent vêtus de leur costume ethnique pour affirmer leur singularité.

École Jean...
4 avenue Champagne
Candiac, Qué.
J5R 4W3

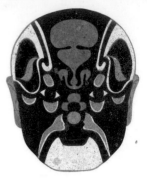

Loisirs et spectacles

Il existe en Chine une longue tradition de spectacles, distractions et jeux : opéra, cirque, marionnettes, cerfs-volants, échecs… Les nombreuses fêtes qui jalonnent l'année sont l'occasion de réjouissances. L'instauration de la semaine de travail de cinq jours et de trois semaines de congés payés a fait entrer la Chine dans l'ère des loisirs.

178
Théâtre et opéra

176
Marionnettes et acrobates

174
Jeux de mots et proverbes

172
Les jeux

168
Les fêtes

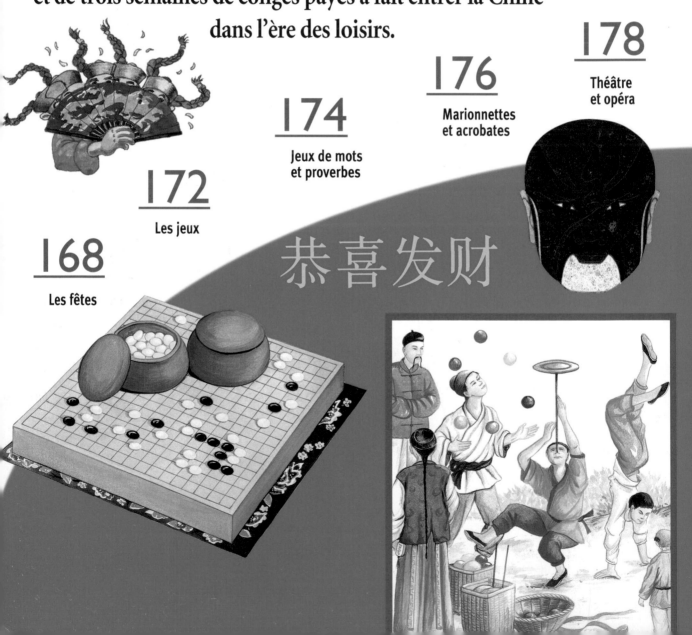

恭喜发财

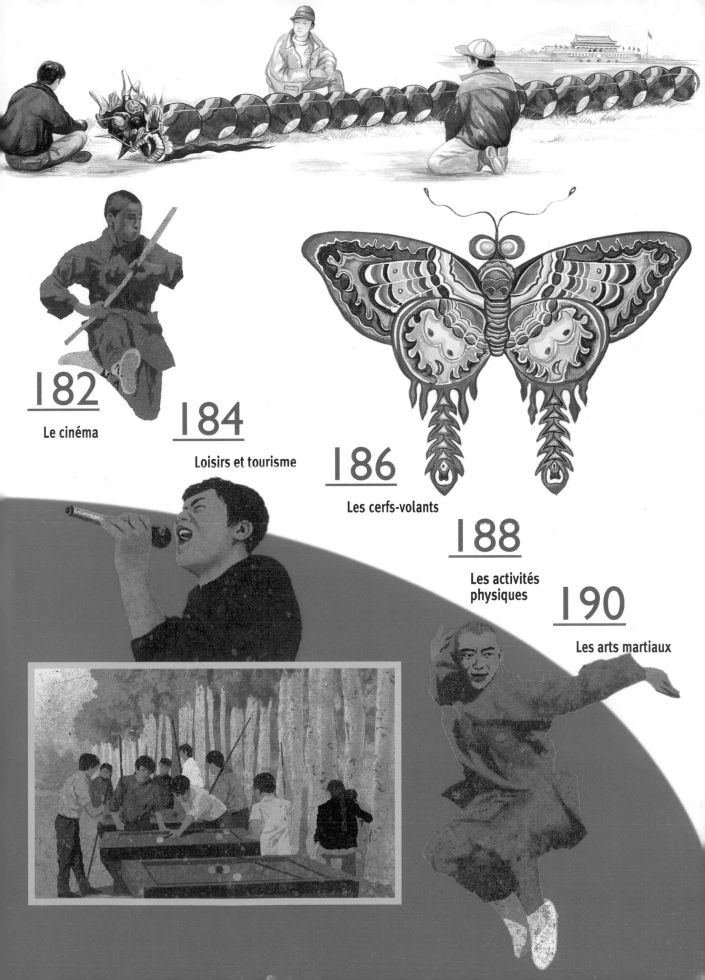

182
Le cinéma

184
Loisirs et tourisme

186
Les cerfs-volants

188
Les activités physiques

190
Les arts martiaux

Les fêtes

Les grandes fêtes traditionnelles sont liées au rythme des saisons et au calendrier des travaux agricoles. Certaines commémorent un événement historique ou un personnage, d'autres sont propres aux minorités nationales.

Le Nouvel An

Appelée aussi fête du Printemps, c'est la plus grande fête chinoise. Sa date change chaque année en fonction du calendrier lunaire : elle est fixée à la deuxième lune après le solstice d'hiver. C'est l'occasion de grands déplacements familiaux ; on traverse tout le pays pour rendre visite à ses proches. C'est aussi le moment où l'on dépense le plus en cadeaux pour la famille, les amis, et même son chef au travail. Les enfants reçoivent des enveloppes rouges contenant de l'argent.

Estampe du Nouvel An représentant une divinité.

Les porteurs de lion dansent et accomplissent des acrobaties pour faire fuir les mauvais esprits.

恭喜发财

Gongxi facai ! « Bonne année, bonne fortune ! »

Souhaits !

Gongxi facai ! « Bonne année, bonne fortune ! » Telle est la formule consacrée pour les souhaits de Nouvel An. Aujourd'hui, on dit également : *Xinnian kuaile !*, « Joyeuse année ! » ou bien : *Wanshi ruyi !*, « Dix mille choses selon vos souhaits ! ».

Dehors, les malheurs !

La fête du Printemps est le symbole du renouveau, elle chasse les influences néfastes ; quelques jours avant, on a procédé à un grand nettoyage. On formule des vœux porte-bonheur sur des bandes de papier rouge qui sont affichées de part et d'autre des portes des maisons. Ce jour-là, il est interdit de parler d'argent, de faire tomber ses baguettes (signe annonciateur de mort), de balayer ou de tenir un couteau…

La fête des Lanternes

Quinze jours après se tient la fête des Lanternes, qui célèbre la première pleine lune de l'année. Elle clôt les festivités du Nouvel An. Aux porches des maisons sont suspendues des lanternes. Processions, danses du lion et du dragon animent les festivités ; enfants et adultes parcourent les rues en tenant des lanternes au bout d'un bâton. On se réunit pour déguster des boulettes de riz gluant fourrées de pâte de haricots rouges, de jujubes, de sésame et de cacahuètes.

La fête des Morts

Célébrée le 4 avril, on la nomme aussi Qingming, « fête de la Pure Clarté », parce qu'on rallumait les foyers que l'on avait éteints pendant trois jours. C'est l'équivalent de notre Toussaint. On va balayer les tombes des ancêtres, leur faire des offrandes et brûler du papier-monnaie ou toutes sortes de représentations de biens matériels (ordinateurs, téléviseurs, ventilateurs, et même somptueuses limousines), façon symbolique d'offrir des présents aux défunts.

Les bateaux-dragons

Le cinquième jour du cinquième mois lunaire (Double Cinq), on célèbre le souvenir du poète Qu Yuan (340-278 av. J.-C.), qui, selon la légende, se serait suicidé en se jetant dans une rivière parce qu'il était tombé en disgrâce auprès de l'empereur, victime de calomnie. On organise des joutes de bateaux en forme de dragon, manœuvrés par des dizaines de rameurs, qui filent au rythme des tambours.

LANTERNES

L'usage de lanternes pour illuminer les fêtes remonte à la dynastie des Han. Grandes de quelques centimètres ou de plusieurs mètres, elles sont faites d'une armature de bois, de bambou ou de métal, recouverte de papier, de soie ou de verre. Décorées de personnages légendaires, d'animaux symboliques, de scènes diverses, elles adoptent les formes les plus variées.

NOURRIR LES POISSONS

La fête des bateaux-dragons est l'occasion de confectionner des gâteaux de riz en forme de triangle fourrés de jujubes, marrons, noix, porc... Ils rappellent les boulettes de riz que les pêcheurs jetèrent dans la rivière pour nourrir les poissons et ainsi éviter que ceux-ci ne dévorent le cadavre du poète Qu Yuan.

Célébration en famille de la fête de la Mi-Automne.

PÉTARDS INTERDITS

Pour la plupart des fêtes, partout résonnait le bruit des pétards, parfois réunis en chapelets de plusieurs centaines qui éclataient simultanément ; ils étaient censés chasser les démons. À la suite de graves accidents tant dans les usines de fabrication que lors des fêtes, ils ont été interdits en 1993. On peut se procurer des cassettes diffusant des explosions de pétards, mais elles ne sont pas au goût de la population, qui transgresse bien souvent l'interdiction.

La fête de la Mi-Automne

Fixée au quinzième jour du huitième mois lunaire, elle marque la fin des récoltes et le repos de la terre. On admire la pleine lune, particulièrement ronde et brillante, symbole de la réunion familiale. Surtout, il est de coutume de se régaler de « gâteaux de lune » (*yuebing*), ronds comme l'astre, en souvenir de Chang'e, épouse fidèle, qui vit dans la lune d'après la légende.

中秋节 *Zhongqiujie,* **la fête de la Mi-Automne.**

Le Double Neuf

Le neuvième jour de la neuvième lune (Double Neuf) a une valeur très symbolique, car le 9 est un chiffre particulièrement vénéré. Chiffre yang, à la fois il est l'emblème de l'empereur et il se prononce comme le mot « éternité ». Célébrant la longévité, cette fête est donc devenue celle des personnes âgées. Ce jour-là, la tradition veut que l'on boive de l'alcool de chrysanthème, que l'on cueille des fleurs pour s'en faire des couronnes et que l'on monte sur une hauteur, pour éviter les malheurs.

Fêtes diverses et variées

Les nombreuses minorités ethniques ont chacune leurs fêtes qui sont l'occasion de découvrir des costumes somptueux, d'entendre des chants et des instruments de musique très différents et d'admirer leurs danses : les Dai fêtent l'eau en avril ; les Yi ont une fête des Torches en août ; la fête Danu des Yao commémore d'anciennes batailles ; la Foire de mars chez les Bai est l'occasion de courses de chevaux, de concours de tir à l'arc, de chants et de danses…

1er Octobre et 10 Octobre

La fête nationale, le 1er Octobre, célèbre l'anniversaire de la fondation de la république populaire de Chine, en 1949. Elle donne lieu à une semaine de congé baptisée la « semaine d'or ». À Pékin, d'impressionnants défilés mobilisent des dizaines de milliers de personnes, tandis que le soir, de magnifiques feux d'artifice sont tirés dans chaque grande ville. À Taiwan, la fête nationale, célébrée le 10 octobre, commémore la fondation de la république de Chine, en 1911.

FÊTES CIVILES

La fête des Femmes est célébrée le 8 mars, celle du Travail le 1er mai, la fête de la Jeunesse le 4 mai, en souvenir du mouvement du 4 Mai 1919 déclenché par les étudiants. Le 1er juin, on fête les enfants. Et comme les fêtes sont de bons stimulants de la consommation, certaines sont empruntées, avec plus ou moins de succès, à d'autres traditions : Noël, Pâques, la Saint-Valentin…

Feu d'artifice sur la place Tian'anmen à Pékin pour fêter le 50e anniversaire de la république populaire.

Les jeux

Le jeu d'échecs faisait partie, avec le luth, la calligraphie et la peinture, des quatre occupations nobles auxquelles s'adonnaient les lettrés dans la Chine ancienne. Aujourd'hui, on y joue partout, comme aux cartes ou au mah-jong, dans les parcs, sur les trottoirs, dans le train…

Plateau
de jeu de go.

STRATÉGIE GUERRIÈRE

La première mention du jeu de go figure dans un texte du Ve siècle av. J.-C., mais son origine est sans doute plus ancienne. Ce jeu, qui s'apparente à l'art de la guerre, était le favori des lettrés et des généraux. D'abord réservé à l'élite, il est devenu de plus en plus populaire.

Comme les échecs, le *xiangqi* demande attention et réflexion.

Le *weiqi*, jeu de go

Le *weiqi* est connu en Occident sous son nom japonais de « jeu de go », mais il a été inventé en Chine d'où il a été introduit au Japon au VIIIe siècle. Ce jeu de stratégie se joue à deux sur un plateau quadrillé de dix-neuf lignes verticales et dix-neuf horizontales. En posant des pions blancs ou noirs aux intersections, il s'agit de former et conquérir des territoires en capturant des pièces à l'adversaire.

Le *xiangqi*, « échiquier de l'éléphant »

Dérivé d'un jeu indien ou persan, il est proche de notre jeu d'échecs. Il représente l'affrontement de deux armées, et la victoire s'obtient lorsque le roi adverse est mis échec et mat. Les pièces ne sont pas placées sur les soixante-quatre cases mais aux intersections de l'échiquier coupé en deux par une rivière. Comme aux échecs occidentaux, les pièces portent un nom : un général, des mandarins, des éléphants, des cavaliers, des chars, des bombardes et des soldats, et elles se déplacent selon des règles précises.

LA MOURRE

Très prisé, ce jeu de doigts se joue à la fin des repas : deux joueurs se font face, main droite fermée ; au signal, chacun désigne un nombre compris entre 1 et 5 avec ses doigts tendus ; l'autre doit deviner le total de ses doigts et de ceux de son adversaire. Celui qui perd est condamné à boire un verre…

Les cartes à jouer

On jouait aux cartes en Chine dès le
XIe siècle. Tirées à partir de bois gravés,
les premières cartes à jouer étaient colorées
à la main. D'un format allongé (environ
six centimètres sur trois de large), elles
représentaient des personnages légendaires
et populaires. Elles furent introduites en
Europe au XIVe siècle seulement grâce aux
marchands arabes ou aux voyageurs qui
visitèrent l'Empire mongol. C'était une
telle passion pour les Chinois qu'au
XVIIIe siècle, des décrets en limitèrent
l'usage et la fabrication. Aujourd'hui, leurs
figures s'inspirent de la poésie, du théâtre
ou de la littérature populaire.

Le mah-jong

C'est le jeu le plus populaire, en ville comme à la campagne, chez les jeunes
comme chez les plus âgés. Son origine remonte à la dynastie des Tang. Il se joue
à quatre joueurs avec cent quarante-quatre tuiles de plastique, de bambou ou
d'ivoire, disposées pour former quatre murailles. Y sont représentés cercles,
bambous, caractères, vents, dragons, fleurs et saisons. Le but du jeu est
de réunir une main de quatorze tuiles composée de brelans,
carrés, suites et d'une paire. Une partie de mah-jong
se doit d'être bruyante et animée. Ce jeu est
étroitement associé à l'argent et à l'argot : les
tuiles reçoivent des noms humoristiques qui
cachent souvent des critiques impertinentes
contre le régime.

RÉPARER LA GRANDE MURAILLE

C'est par cette expression familière que l'on désigne le fait de jouer au mah-jong. Avant de jouer, il faut dresser avec les tuiles quatre murs en carré qui évoquent la Grande Muraille.

Jeux de mots et proverbes

La « sagesse » chinoise s'exprime dans l'utilisation courante de proverbes, expressions toutes faites ou jeux de mots auxquels la langue se prête volontiers. Dans une conversation, les Chinois aiment placer ce genre d'expressions qui ne sont compréhensibles qu'en connaissant le contexte culturel et historique de l'anecdote à laquelle il est fait allusion.

Quatre caractères

Pour caractériser une situation, les Chinois raffolent des *chengyu*, expressions figées en quatre caractères. De même que nous disons : « Ne fais pas la mouche du coche » en faisant allusion à une fable bien connue de La Fontaine, un Chinois résume sa pensée en usant d'une expression qui se réfère à une légende ancienne.

« Surveiller la souche en attendant le lièvre. »

Surveiller la souche

S'il prononce les quatre mots : *Shou zhu dai tu*, « Surveiller la souche en attendant le lièvre », son interlocuteur comprend aussitôt qu'il parle de ce paysan de l'Antiquité qui avait vu un lièvre se tuer en se cognant contre la souche d'un arbre. Tout heureux, il le rapporta chez lui pour le manger. À partir de ce jour, il passa son temps à surveiller la souche en attendant qu'un autre lièvre vienne y mourir, et ses cultures dépérirent… Nous, nous dirions « Attendre que les alouettes vous tombent toutes rôties dans la bouche ».

Shou zhu dai tu.

Proverbes chinois

Très nombreux, ils représentent bien l'état d'esprit traditionnel des Chinois. Souvent, des maximes tirées des *Entretiens* de Confucius sont devenues des proverbes, par exemple *shen si you ming*, « Vie et mort dépendent du destin », qui signifie que l'homme reste impuissant face à sa destinée. Plus terre à terre, un proverbe comme *hu fu wu quan zi*, « Le tigre n'engendre pas un chiot », correspond aux expressions populaires françaises : « Les chiens ne font pas des chats » ou « Bon sang ne peut mentir ».

« Le tigre n'engendre pas un chiot. »

虎父无犬子

Hu fu wu quan zi.

Expressions à tiroirs

On y recourt volontiers pour caractériser une situation. Par exemple, si l'on veut signifier que deux choses sont quasiment identiques, on dit simplement : *Wang nainai Yu nainai*, « la mère Wang et la mère Yu ». À première vue, le sens de cette expression est totalement incompréhensible. Mais l'interlocuteur chinois, lui, mentalement ajoute aussitôt la deuxième partie, qui donne la clef : *cha yidian*, « il manque un point ». En effet, les deux caractères *wang* et *yu* sont semblables à un point près. C'est un peu comme si quelqu'un te déclarait : « Tant va la cruche à l'eau… », aussitôt tu ajouterais : « … qu'à la fin elle se casse. »

王 奶 奶
Wang nainai

玉 奶 奶
Yu nainai

« La mère Wang et la mère Yu…
… il manque un point. »

HISTOIRE DRÔLE :

On raconte qu'un avare préférait bouger la tête plutôt que son éventail pour éviter d'user celui-ci…

Marionnettes et acrobates

Silhouettes de théâtre d'ombres.

Acrobates, jongleurs, marionnettistes, conteurs et bateleurs se produisaient autrefois dans les villes et les villages. Ces spectacles, particulièrement appréciés par les gens du peuple, deviennent de plus en plus rares, victimes des changements de la société et des goûts du public.

Poupées de bois

C'est ainsi que l'on appelle les marionnettes (*mu'ou*). À tiges, à fils ou à gaine, leur répertoire est celui des opéras ; les personnages, les costumes et les maquillages sont les mêmes. Elles sont également accompagnées par un orchestre. Pour les communautés villageoises qui n'avaient pas les moyens de payer une troupe d'opéra, elles étaient beaucoup plus économiques.

Théâtre d'ombres

Ces silhouettes que nous appelons « ombres chinoises » sont manipulées entre un écran en toile blanche et une lampe. Elles sont découpées dans de la peau d'âne au nord du pays, dans de la peau de buffle au sud, finement ciselées et peintes. Si la troupe était trop pauvre, on utilisait papier, écorce ou feuilles de végétaux. Leur taille et leur qualité varient selon les régions : de 30 à 50 centimètres au nord, 80 centimètres au sud.

LE THÉÂTRE À LA PALANCHE

Un tissu, un piquet de bois pour le soutenir, cinq doigts pour manipuler de petites marionnettes à tige, un sifflet : le marionnettiste de rue était une troupe entière à lui tout seul. Il portait son matériel sur sa palanche et s'arrêtait à la demande.

Un monde fantastique

Entièrement articulés, les personnages ont un corps et une tête amovibles, ce qui permet de multiplier les combinaisons. La panoplie du théâtre d'ombres compte aussi de nombreux animaux réels (tigres, chevaux, renarde) ou fantastiques (dragons, phénix, licornes) ; des accessoires (armes, mobilier, nuages, véhicules) et des décors (palais, montagnes avec grottes, maisons, temples). Le marionnettiste actionne les baguettes attachées au cou et aux poignets des ombres, et crée des « effets spéciaux » en jouant avec la lumière : en s'approchant du faisceau lumineux, il agrandit l'ombre sur la toile ; en s'en éloignant vers l'écran, il rend les contours plus précis et les couleurs plus distinctes.

Le cirque

Pas de ménagerie, de chevaux ni de singes savants, mais des jongleurs qui font tenir sur un bambou des piles d'assiettes, des équilibristes qui montent à dix ou quinze sur une bicyclette. Des numéros qui utilisent des objets de la vie de tous les jours : assiettes, bols, chaises, tables…, avec lesquels les artistes réalisent des pyramides extraordinaires. Des contorsionnistes, dont les membres semblent de caoutchouc. Tel est le cirque en Chine, qui compte de nombreuses écoles où l'apprentissage, très intensif et très dur, commence dès l'âge de 7 ou 8 ans.

Au XIXe siècle, les bateleurs (marionnettistes, jongleurs, acrobates…), souvent accompagnés de musiciens, proposaient leurs attractions au public des rues.

Le cirque présente des numéros acrobatiques particulièrement impressionnants.

AVEC LES PIEDS

Sais-tu ce qu'est un antipodiste ? Un jongleur, allongé sur le dos, qui utilise ses pieds pour faire tourner ou lancer toutes sortes d'objets : ombrelles, potiches, ballons…

Les étendards fichés dans le dos du personnage indiquent un militaire.

Théâtre et opéra

UN LONG APPRENTISSAGE

Un acteur d'opéra doit être capable d'effectuer des pas et mouvements de danse, des acrobaties, des jongleries ; il doit travailler sa voix dans le registre grave propre aux personnages masculins ou dans le registre aigu des rôles féminins. Autant dire que l'apprentissage est difficile et long. Il commence en général dès l'enfance et ce n'est qu'une fois tous les principes de base acquis que l'acteur pourra se spécialiser dans un type de personnage.

Englobant chant, musique, danse, mime, acrobatie et art dramatique, l'opéra est un spectacle populaire qui était joué sur les places ou dans les rues. Il possède un répertoire de milliers de titres inspirés de l'histoire, de la mythologie et de la littérature.

Les disciples du « jardin des Poiriers »

Inspiré des spectacles de conteurs, chanteurs et bateleurs de la Chine ancienne, le théâtre chinois se forme lorsque l'empereur Xuanzong crée en 714 une sorte de conservatoire qui réunit une troupe de trois cents acteurs. Le lieu où ils se produisent, le « jardin des Poiriers », est toujours synonyme de « théâtre ».

De Suzhou à Pékin

Au XVIe siècle, à Suzhou, est mis au point le *kunqu*, qui sera le style dominant jusqu'au XIXe siècle : c'est un genre plus littéraire où la parole prime sur la musique. La révolte des Taiping qui se développe dans le sud du pays lui donnera le coup de grâce. Pendant ce temps, à Pékin s'étaient installées des troupes venues de l'Anhui et du Hubei, qui avaient la faveur de l'empereur Qianlong. La fusion de ces deux styles d'opéra locaux donna naissance vers 1850 au *jingju* ou « opéra de Pékin ».

Un art très populaire

Les représentations avaient lieu pour les fêtes de village, elles étaient une offrande aux divinités. On louait pour quelques jours une troupe et on dressait une estrade de fortune. Il arrivait même que l'on joue lors des enterrements, ou pour conjurer des désastres comme les invasions de sauterelles. Dans les villes, les maisons de thé, ou parfois les demeures de hauts dignitaires, accueillaient les représentations. Le répertoire s'enrichit avec la création de nombreuses pièces écrites par les acteurs eux-mêmes ou par des auteurs dont on n'a pas conservé les noms, car ce genre de divertissement était mal vu et ils préféraient garder l'anonymat.

Les costumes sont agrémentés de manches larges qui jouent un rôle dans la gestuelle.

À chacun son style

L'opéra de Pékin repose sur un système très codifié de conventions gestuelles, de maquillages et de costumes. Il compte quatre types de rôles : les personnages masculins, divisés en hommes d'âge mûr portant la barbe, jeunes gens et guerriers ; les femmes : vieilles femmes, femmes mûres, vertueuses et sérieuses, jeunes filles de bonne famille, guerrières, et jeunes femmes enjouées et coquettes ; les « visages peints » : bandits, aventuriers, mais aussi juges ; et les bouffons que l'on repère au disque blanc qui cerne leur nez et leurs yeux. Pour chacun de ces types, la voix et les gestes seront différents. Les rôles féminins sont indifféremment interprétés par des hommes ou des femmes.

THÉÂTRE PARLÉ ET THÉÂTRE CHANTÉ

Traditionnellement, on oppose le théâtre parlé au théâtre chanté, l'opéra. Le théâtre tel que nous le connaissons en Occident a été introduit en Chine au début du XXe siècle depuis le Japon par des étudiants chinois qui y avaient séjourné.

MEI LANFANG

C'est le plus célèbre acteur d'opéra de Pékin (1894-1961). Il a fait ses débuts sur scène à l'âge de 11 ans et, à 20 ans déjà, il se distinguait pour son interprétation de rôles féminins. Il a créé plusieurs danses qui font partie des plus belles scènes du répertoire et imposé des innovations dans la coiffure, le maquillage et le décor qui ont fait progresser l'art théâtral.

Maquillage en croix.

Poudrés ou peints

Le maquillage est un élément essentiel. Les personnages masculins et féminins sont simplement « poudrés » : poudre blanche sur les joues, fard rouge sur les paupières et les pommettes, fard noir qui souligne les yeux et les sourcils. En revanche, les « visages peints » et les bouffons portent un maquillage très élaboré qui forme comme un masque et représente leur caractère. Chaque couleur a un sens symbolique : rouge pour la loyauté, blanc pour la ruse, noir pour la droiture, bleu pour le courage, jaune pour l'intelligence, vert pour un être malfaisant… Combinées avec des dessins complexes, elles permettent de créer quantité de personnages.

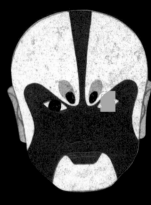

Maquillage en quartiers.

Une gestuelle codée

Les mouvements codés, en étroit rapport avec la musique, expriment des actions, des attitudes ou des émotions : joie, colère, plaisir, amour, haine… Le mime compense l'absence de décors et d'accessoires : par exemple, les mouvements de taille et de reins que fait un personnage donnent tout à fait le sentiment qu'il est sur une barque instable en train de traverser une rivière. Muni seulement d'une cravache, un autre peut simuler tous les mouvements du cavalier qui monte et descend de cheval, prend le trot ou le galop.

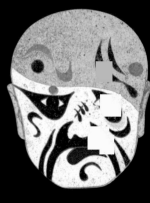

Maquillage asymétrique.

Musique d'accompagnement

Limité à sept ou huit musiciens, l'orchestre se tient sur le côté de la scène, parfois dissimulé derrière un rideau de gaze. Les exécutants jouent sans partition ; il n'y a pas de chef d'orchestre, ce sont les acteurs qui donnent le signal. Les instruments ne sont pas très nombreux : le *jinghu* (violon à deux cordes), le *yueqin* (luth en forme de lune), le *sanxian* (trois cordes pincées), le *suona* (sorte de hautbois), la flûte, le tambour, les cliquettes, les cymbales, les grand et petit gongs.

Maquillage blanc.

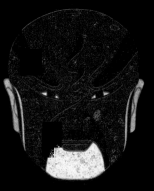

Maquillage de guerrier.

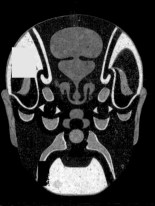

Maquillage bigarré.

Pas de décors, quelques accessoires

Une muraille peinte sur une toile, et le spectateur sait qu'il est devant l'enceinte d'une cité. Une tenture jaune, et il est transporté dans la salle du trône. En guise d'accessoires, une table et des chaises, quelques objets qui symbolisent le lieu : pinceaux et encrier pour la salle d'audience ; pot à vin pour l'auberge. Une roue peinte sur un morceau de toile figure un char ; des acteurs agitant des bannières noires évoquent l'orage ; si elles sont bleues, ils représentent l'eau. Épées, hallebardes, lances et bâtons sont utilisés lors des scènes de combat.

Un public de connaisseurs

Le texte est une alternance de monologues, dialogues, parties versifiées et passages chantés. Les amateurs le connaissent par cœur et apprécient la virtuosité de l'interprétation : ils marquent leur satisfaction devant une prouesse vocale ou acrobatique, mais sont impitoyables à la moindre défaillance des acteurs. De nos jours, ce sont surtout les personnes âgées – et les touristes étrangers – qui constituent le public de l'opéra (ci-dessous), délaissé par les jeunes.

Le maquillage, que l'acteur effectue lui-même, peut prendre plus d'une heure.

DE LA TÊTE...

Chaque élément du costume indique le rang du personnage. S'il porte un bonnet de velours noir à ailettes, c'est un haut fonctionnaire ; une toque carrée, c'est un lettré ; une coiffe agrémentée de plumes de faisan de 2 m de long, un guerrier...

... AUX PIEDS

Les manches de certains costumes féminins sont prolongées par un morceau de soie blanche qui permet des mouvements expressifs. Les femmes peuvent aussi porter des chaussures rehaussées par un piédestal qui leur donne la démarche des pieds bandés.

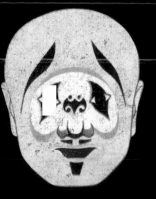

Maquillage de bouffon.

Maquillage hiéroglyphique.

Le cinéma

« SAN MAO, LE PETIT VAGABOND »

Tiré d'une BD célèbre, le film (1949) raconte l'histoire d'un petit garçon abandonné à Shanghai (ci-dessous), obligé de mendier pour survivre. Ses aventures, tour à tour comiques et tragiques, ont enthousiasmé jeunes et adultes.

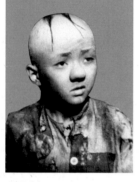

Quand cet art nouveau apparut il y a cent ans, il fallut lui trouver un nom. Ce fut *dianying*, « ombres électriques ». Relayé par la télévision, la vidéo et le DVD, le cinéma reste l'un des principaux moyens de distraction des Chinois.

Attention, on tourne !

La première projection de films eut lieu à Shanghai en 1896, un an après l'invention du cinématographe en France par les frères Lumière. Mais il faut attendre 1905 pour que soient filmés trois extraits d'un opéra traditionnel : le cinéma chinois était né ! Pendant les deux premières décennies du XXᵉ siècle, il connaît ses premières réalisations, passant du muet au parlant. Les années 1930 constituent son âge d'or. Désormais, ce n'est plus un simple divertissement, mais un moyen de propager des idées nouvelles et de procurer un véritable plaisir esthétique.

DEUX CHEFS-D'ŒUVRE

Parmi l'abondante production des années 1930 et 1940, le film *Les Anges du boulevard* (1937) montre de façon magnifique la solidarité des pauvres dans une Chine en plein marasme économique et menacée par le Japon. *Corbeaux et moineaux* (1949) évoque la crise profonde qui secoue Shanghai et annonce l'arrivée du communisme. Dans ces deux grands films, l'acteur Zhao Dan fait la preuve de son immense talent.

Des enfants assistent à une séance de cinéma ambulant en plein air au cours des années 1930. L'opérateur actionne une manivelle pour faire défiler les images sur l'écran.

Gong Li dans *Le Sorgho rouge*, de Zhang Yimou, 1987.

De la renaissance...

Dans les années 1980, le cinéma chinois connaît un nouvel essor. 1985 est marqué par le tournage de *La Terre jaune*, qui surprend par la puissance de son ton et la beauté de ses images. Chen Kaige y montre l'immense richesse culturelle des régions les plus déshéritées de Chine.

... à la consécration mondiale

En 1987, Zhang Yimou, avec *Le Sorgho rouge*, éblouit à son tour le public chinois et international. Il obtient l'Ours d'or au festival de Berlin, tandis que Chen Kaige remporte la Palme d'or à Cannes avec *Adieu ma concubine*, en 1993. Le cinéma chinois entre enfin dans les palmarès des festivals internationaux.

La sixième génération

Les jeunes cinéastes chinois d'aujourd'hui, dits de la « sixième génération », nés entre 1960 et 1970, s'attachent à refléter les problèmes de la société chinoise. Parfois confrontés à la censure, ils obtiennent des récompenses à l'étranger mais ne sont pas toujours bien diffusés dans leur propre pays. C'est le cas de Jia Zhangke, auteur de *Platform* (2000).

De cape et d'épée

C'est le genre cinématographique le plus populaire depuis les origines du cinéma chinois, plus connu en Occident sous le nom de « films de kungfu ». Les studios de Hong Kong ont longtemps dominé cette production, mettant en scène des stars comme Bruce Lee ou Jackie Chan. Ces films racontent des histoires très populaires de chevaliers errants redresseurs de torts, capables de manier l'épée avec une immense adresse et souvent dotés de capacités magiques.

CINÉMA DE PROPAGANDE

Comme les autres arts, après 1949, le cinéma est mis au service de la révolution et devient l'un des principaux outils de propagande du parti communiste au pouvoir. Pendant la Révolution culturelle, les Chinois sont contraints de voir et revoir les quelques rares films autorisés.

Affiche de film sur la vie de Mao Zedong.

Bruce Lee en pleine action dans *Big Boss*, 1972.

Loisirs et tourisme

Les touristes défilent en foule sur les escaliers du mausolée de Sun Yat-sen à Nankin (Jiangsu).

En 1995, la semaine de travail est passée à cinq jours, offrant deux jours de repos hebdomadaires. Et depuis 2000, les Chinois bénéficient de trois semaines de congés payés : au Nouvel An, au 1er Mai et pour la Fête nationale, le 1er Octobre. L'essor des loisirs et du tourisme est un phénomène nouveau et de grande ampleur.

Art de vivre

Le week-end, on aime flâner dans les parcs, canoter sur les lacs, disputer une partie de mah-jong ou d'échecs, se reposer dans les maisons de thé… ou flirter sur les bancs. Les Chinois sont aussi attirés par tout ce qui se rattache à leur passé et ils visitent en foule palais, temples et jardins, ou sites historiques réputés. Ils adorent se photographier devant les monuments, prenant parfois la pose revêtus de superbes costumes d'empereur ou de dame de la cour loués pour l'occasion.

Kara… OK

De nouveaux loisirs sont de plus en plus prisés : le golf, le billard, les jeux électroniques… Le disco et surtout le karaoké sont des divertissements de soirée très populaires. Bars et discothèques « OK » (ainsi est-il désigné sur les enseignes) font fureur. Disposer chez soi de son propre appareil pour le karaoké est le vœu de beaucoup de Chinois, jusqu'au fin fond des campagnes.

Soif de culture

Les bibliothèques sont très fréquentées, tout comme les musées, les cinémas et les salles de spectacle. On se bouscule dans les librairies où l'on passe parfois de longues heures à lire sur place ; les best-sellers se vendent à des millions d'exemplaires, mais on lit aussi des romans sur Internet. Reflet des temps, le secteur des livres liés au bien-être (mode, cuisine, voyages, loisirs, épanouissement personnel) est en hausse.

La semaine de cinq jours a ouvert des opportunités sur le marché des loisirs comme dans ce parc aquatique de Taiyuan.

À la plage

L'été, pour fuir la chaleur torride de la capitale, les Pékinois peuvent s'évader à Beidaihe, station balnéaire sur la côte de la mer de Chine, grâce à un train rapide qui les y emmène en deux heures et demie. Les plages de Dalian (Liaoning), Qingdao (Shandong), Xiamen, de l'île de Hainan, la plage d'Argent de Beihai (Guangxi), certainement la plus belle de Chine, sont les plus fréquentées.

Voyager

Le tourisme est, pour la moitié des Chinois, le premier choix pour occuper leurs congés. L'industrie touristique, jusque-là réservée aux étrangers, connaît un « boom » sans précédent : hôtels complets, trains et avions surchargés, multiplication des agences de voyages. De plus en plus nombreux sont les Chinois qui voyagent à l'étranger : des dizaines de millions de touristes ont pour destination une cinquantaine de pays en Asie du Sud-Est, Australie, Afrique et Union européenne.

Château médiéval dans le parc du Monde en miniature, à Pékin.

Les cerfs-volants

Inventé il y a 2 500 ans, le cerf-volant, avant d'être un jeu, fut utilisé à des fins militaires. Grand comme la main ou long de cent mètres, à ailes souples ou rigides, il adopte les formes les plus variées.

À Weifang, au Shandong, se tient un Festival du cerf-volant qui attire des dizaines de milliers de visiteurs et de concurrents venus du monde entier.

Certains cerfs-volants sont de véritables œuvres d'art.

L'« épervier de bois »

Les premiers cerfs-volants étaient des machines de bois ressemblant plutôt à des planeurs, capables de voler plusieurs jours, qui survolaient les champs de bataille pour effectuer des missions de reconnaissance. On ignore comment pouvaient planer ces engins gigantesques capables de porter des hommes, mais nombreux sont les récits de batailles où ils sont utilisés. D'autres, plus petits, en soie ou en papier, servaient à porter des messages dans les villes assiégées.

Ficelle coupée, bonheur assuré

Le cerf-volant devient ensuite un objet de distraction, mais on lui attribue aussi des pouvoirs bénéfiques. Pour la fête du Printemps, on en laisse partir librement dans le ciel, qui sont censés emporter avec eux les influences néfastes, de même que pour la fête des Morts, appelée aussi le « jour des ficelles coupées ». Mais quiconque, ce jour-là, ramasse un cerf-volant retombé à terre doit le détruire aussitôt, car sinon il risque de récolter le malheur.

Oiseaux de papier

Les cerfs-volants donnaient lieu à des combats : on enduisait leur ficelle de verre brisé et l'on s'efforçait de scier celle de l'adversaire. Ils faisaient l'objet de concours, et ils se sont ainsi dotés de toutes sortes de perfectionnements : on faisait remonter le long de la ficelle de petits oiseaux de papier qui voletaient à distance régulière. D'ingénieux systèmes permettaient, une fois le cerf-volant haut dans le ciel, de libérer des rubans ou des confettis. La nuit, on accrochait à la ficelle de minuscules lanternes et le ciel se couvrait d'étoiles multicolores.

Un jeu d'adultes

La place Tian'anmen à Pékin est le rendez-vous privilégié des cerfs-volistes. C'est surtout un jeu de grandes personnes ; les enfants regardent ou s'amusent avec de petits cerfs-volants en bambou et papier en forme de croix que les Pékinois appellent familièrement « cache-cul », car ils ont la forme du petit tablier dont on couvre les fesses des bébés. L'éventail des formes est immense : dragons, oiseaux, poissons, personnages légendaires, fruits, fleurs…

**Cerfs-volistes sur la place
Tian'anmen, à Pékin.**

On le fabrique soi-même

Nombreux sont les ateliers qui en produisent pour l'exportation, mais l'amateur préfère fabriquer lui-même son cerf-volant. L'armature se fait en fines lames de bambou que l'on courbe en les chauffant doucement au-dessus d'une flamme. Les différents éléments sont liés entre eux par des fils enduits de colle. On pose ensuite le papier qui est décoré de motifs peints à la gouache. Il reste à fixer quelques cordelettes dans la partie centrale et à les nouer ensemble à la ficelle de lancement. Les trois qualités d'un cerf-volant sont : résistance, légèreté et stabilité.

CERFS-VOLANTS MUSICAUX

Aux VIIᵉ-VIIIᵉ siècles, on fabrique des cerfs-volants auxquels on ajoute une plaque de bambou percée qui émet sous l'action du vent des sons semblable à ceux du *zheng*, une sorte de cithare. On les appelle « cithares à vent », nom que le cerf-volant porte aujourd'hui encore. Le « luth-faucon », lui, est équipé de sept cordes fixées sur un corps en forme de calebasse.

100 MÈTRES DE LONG !

Le plus grand est le dragon ou mille-pattes de 100 m de long, formé de 100 à 200 sections : il ne faut pas moins de 5 à 10 personnes pour le manœuvrer et tenir le bout de la corde grosse comme le pouce.

Match de ping-pong lors des Jeux olympiques d'Athènes, en 2004 : le Chinois Wang Hao affronte le Sud-Coréen Seung Min-Ryu.

Les activités physiques

LE PING-PONG

La Chine est le premier pays où l'on pratique le ping-pong. En 2005, les championnats du monde ont lieu à Shanghai. As-tu remarqué la façon dont les pongistes chinois tiennent leur raquette ?

À l'époque du maoïsme, l'activité physique était une pratique obligatoire et très encadrée pour assurer la santé physique et mentale des individus. Aujourd'hui, les Chinois s'adonnent à des sports de plein air pour le plaisir, et l'éventail des disciplines, inspiré de l'Occident, est de plus en plus varié.

Supporteurs déchaînés lors de la première sélection de la Chine pour la Coupe du monde de football, en 2002.

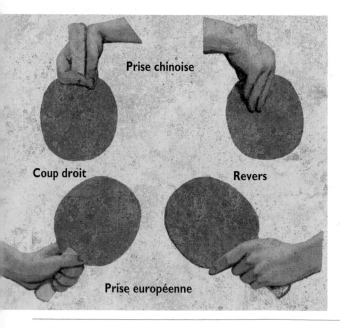

Prise chinoise

Coup droit

Revers

Prise européenne

Sports classiques...

Dans les entreprises, dans les écoles ou dans les quartiers, des associations proposent des activités physiques. Les Chinois s'adonnent au tennis de table, au badminton, au football, volley-ball, basket-ball, à l'athlétisme, à la natation, au patinage, à la gymnastique.

... et nouveaux

Depuis quelques années s'y ajoutent de nouvelles pratiques, comme la randonnée, l'escalade, le saut à l'élastique, le rafting, la planche à voile ou le roller. La Chine multiplie les coopérations avec les pays étrangers pour créer des infrastructures adaptées et former des personnels pour encadrer ces activités empruntées à l'Occident.

Gymnastiques traditionnelles

Parmi les exercices que pratiquent les Chinois pour entretenir leur santé et favoriser leur longévité, le *taijiquan* occupe une place de choix. Née il y a 400 ans, la « boxe du faîte suprême » s'inspire du taoïsme, de la théorie du yin et du yang et des méridiens. Elle se caractérise par des mouvements souples et continus, qui visent au contrôle de l'énergie vitale. Au lever du jour et à la tombée de la nuit, sur les trottoirs ou dans les parcs, on assiste à l'étrange ballet d'hommes et de femmes, souvent âgés, effectuant leurs mouvements lents parfois au rythme d'une musique traditionnelle.

Skis et patins

Les hivers sont très froids en Chine du Nord, les lacs restent gelés longtemps, occasion de pratiquer le patinage. Dans l'extrême Nord-Est, au Jilin et au Heilongjiang, des stations de sports d'hiver proposent ski de fond et ski de piste… si l'on supporte des températures entre – 20 °C et – 30 °C ! La station de Yabuli, à 200 kilomètres de Harbin, a accueilli en 1996 les épreuves des Jeux asiatiques d'hiver.

Démonstration de *taijiquan* au temple du Ciel, à Pékin.

Rafting dans les monts Wuyi (Fujian).

FANS DE FOOTBALL

Les athlètes chinois sont de plus en plus présents dans les tournois internationaux où ils remportent de nombreux prix. En 2002, pour la première fois, une équipe chinoise a été qualifiée pour la Coupe du monde de football. Aujourd'hui, tous les matches sont retransmis à la télévision.

MARCHE ARRIÈRE

Il n'est pas rare de croiser dans un parc des Chinois ou des Chinoises marchant à reculons. Cet exercice de gymnastique est, paraît-il, excellent pour la santé. Et si tu essayais !

Les arts martiaux

Immortalisé à l'écran par Bruce Lee, Jackie Chan ou Jet Li, le kungfu regroupe les dix-huit styles de boxe pratiqués en Chine depuis 2 000 ans. Que ce soient les exercices à mains nues, avec des armes ou les exercices de combat, tous sont destinés à la défense et non à l'attaque.

L'enseignement de Bodhidharma

En 527, un moine bouddhiste venu d'Inde, Bodhidharma, arriva au monastère de Shaolin au Henan, où il créa l'école chan (connue au Japon sous le nom de zen). Pour parvenir au nirvâna, il prônait la méditation et la concentration plutôt que la récitation des soûtras et la vie austère.

Entraînement à la méditation

Pour que ses disciples ne s'ankylosent pas pendant les longues heures passées à méditer (on dit que lui-même resta neuf ans assis face à la paroi d'une grotte), il leur enseigna des techniques respiratoires et des exercices destinés à se détendre. Cet entraînement du corps et de l'esprit donna naissance au *wushu*, la boxe chinoise.

La boxe de Shaolin

À cette époque, des bandes de pillards rançonnaient les monastères isolés dans les montagnes. Les moines, qui n'avaient pas le droit de se servir d'armes, utilisèrent ces mouvements pour se défendre avec leurs seuls moyens naturels. Le but était de neutraliser l'adversaire, non de le tuer.

Le « pilier planté dans le sol », figure de kungfu.

Partout en Asie

Une fois la paix revenue, ces techniques se sont développées ; elles ont donné naissance à de nombreuses écoles, et se sont répandues en Corée, au Japon et en Asie du Sud-Est. Sous la dynastie des Tang, le monastère de Shaolin compta jusqu'à 1 500 moines combattants. Ils sont aujourd'hui une centaine, dont la moitié pratiquent le *wushu*.

Maîtrise du corps et de l'esprit

La boxe chinoise (*wushu*) est plus connue en France sous le nom de kungfu. La méditation, qui permet le contrôle du corps, est la base de tous les exercices. Ainsi, avec le *qigong*, méthode méditative, gymnique et respiratoire, qui permet de concentrer son énergie en un point précis du corps pour résister à la douleur, il est possible de casser des briques d'un seul coup du tranchant de la main.

Ce moine de Shaolin simule un spectaculaire combat avec un bâton de bambou.

18 ARMES

Parmi les armes traditionnelles de combat, le bâton, le sabre, l'épée, l'épieu (aussi long qu'un homme debout, bras levé), le tribâton (à trois sections) sont les plus classiques. Il en est de plus surprenantes comme les anneaux de feu, les doubles haches, le trident, la lance en dent de lune…

À l'imitation des animaux

Bodhidharma avait observé les animaux qui se battaient dans les forêts avoisinant le monastère et c'est sur leurs mouvements de défense qu'il a calqué les gestes du *wushu*. L'escargot (lenteur dans les attaques), le serpent (ruse), le singe (astuce), l'ours (puissance), la mante religieuse (rapidité et force foudroyante)… ont donné leur nom à des styles de boxe chinoise.

Les moines combattants de Shaolin se produisent au cours de tournées internationales où ils accomplissent de remarquables performances.

Sciences
et techniques

Pendant tout le Ier millénaire et jusqu'au XVIe siècle, la Chine
a un niveau de vie plus élevé que l'Europe et possède
une avance technologique et scientifique considérable sur elle.
Les Chinois sont à l'origine de quantité d'inventions et de découvertes
dont certaines vont bouleverser l'Occident : la poudre, l'imprimerie,
la boussole, le papier…

202
Les mathématiques

200
L'astronomie

198
À la conquête
des mers

194
Les grandes
inventions

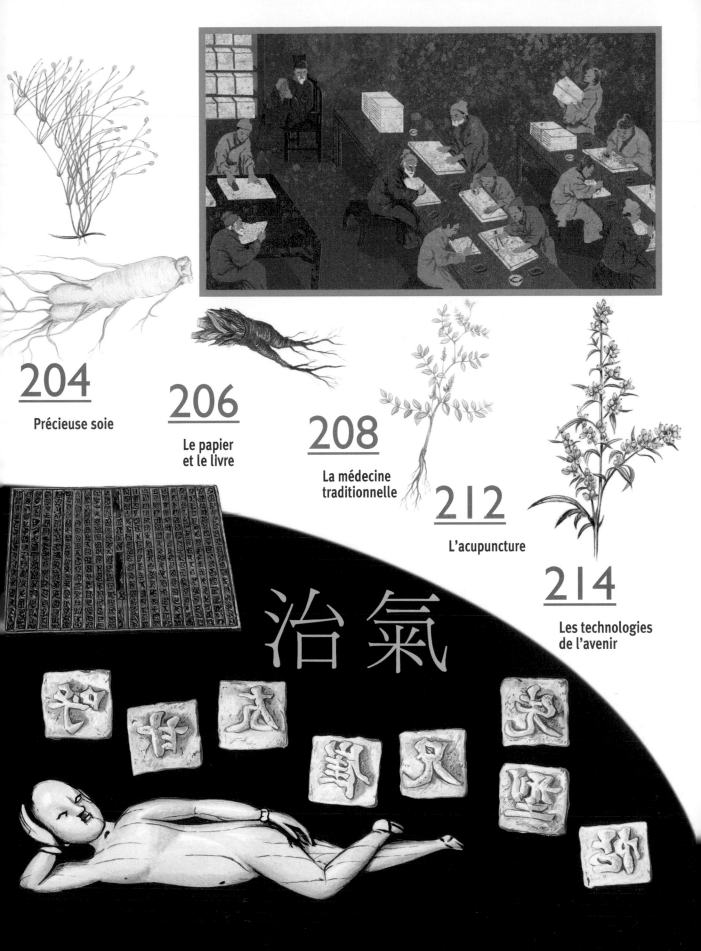

204

Précieuse soie

206

Le papier
et le livre

208

La médecine
traditionnelle

212

L'acupuncture

214

Les technologies
de l'avenir

治 氣

Les grandes inventions

Jusqu'au XVIe siècle, l'avance technologique de la Chine a été considérable. Plus de vingt-cinq inventions, dans les domaines de l'agriculture, de la technologie, de la vie quotidienne, ont été introduites en Europe. Comment les hommes de science, ingénieurs et artisans chinois ont-ils pu être aussi inventifs ? Grâce à un esprit pratique très concret et à un sens aigu de l'observation.

LA MÉDECINE DE FEU

En chinois, la poudre se dit *huoyao* : de *huo*, « feu », car la préparation brûle facilement ; et *yao*, « médecine », car ce sont les alchimistes qui ont mis au point cette substance qu'ils croyaient être un remède.

LA « NEIGE DE CHINE »

Ainsi appelée par les Persans, la poudre sera transmise à l'Europe au XIIIe siècle. Elle allait mettre les États à feu et à sang et entraîner la fin de la féodalité médiévale, alors qu'en Chine elle n'avait fait que s'ajouter à la liste des autres armes en usage, mais n'avait en rien affecté la structure de la société.

Ils ont inventé la poudre !

Née des expériences des taoïstes qui cherchaient l'élixir d'immortalité en explorant toutes les propriétés chimiques et pharmaceutiques des différentes substances, elle fait son apparition au IXe siècle. C'est un mélange de salpêtre, de charbon de bois et de soufre. Ses effets sont connus : un ouvrage ancien recommande de ne pas mélanger ces substances, faute de quoi ceux qui le tenteraient verraient « leurs barbes noircir et le feu détruire la maison où ils travaillent » !

Armes explosives

Utilisée d'abord pour des feux d'artifice, la poudre sert à des fins militaires à partir du Xe siècle. Les explosifs chinois ont surtout un pouvoir incendiaire ou fumigène, mais une étape est franchie lorsqu'on utilise la poudre comme propulseur à l'intérieur d'un tube : ce sont les premières fusées, qui seront suivies de l'invention du lance-flammes, une arme terrible pour l'époque, des grenades, des flèches incendiaires, des mines…

Cette pièce d'artillerie, appelée « lanceur de feu ardent », tirait des fusées fumigènes.

Cette statuette équestre datant de la dynastie des Tang (618-907) montre que les cavaliers chinois utilisaient déjà les étriers.

Des étriers pour monter à cheval

Les jambes des cavaliers antiques, qu'ils soient égyptiens, assyriens, grecs ou romains, battaient les flancs de l'animal. Les Chinois imaginèrent, dès le IIIe siècle, de fondre dans le métal des étriers qui servaient non seulement à monter mais à se maintenir en selle. En libérant les mains du cavalier et en assurant sa stabilité, ils permirent le combat à cheval. Sans les étriers adoptés au XIe siècle, il n'y aurait pas eu au Moyen Âge en Europe de chevaliers en armure sur leurs fiers destriers !

Le harnais de poitrail

Il figure sur des briques de la dynastie des Han. Un trait retenu par une courroie-garrot entoure l'animal dont la force de traction porte sur le sternum. Il libère le cheval de la pression du joug qui tend à l'étouffer et rend la traction plus aisée. Un cheval suffit là où il en fallait deux ou quatre. S'il n'a pas eu un fort impact en Chine, où l'animal de labour est le buffle, en Europe le harnais fera du cheval un véritable capital économique et militaire.

DE LA FONTE À L'ACIER

Dès le VIe siècle avant notre ère, on maîtrise la fonte du fer, et au IIe siècle, on produit des aciers, soit 18 siècles avant l'Occident. Cette avance s'explique par l'utilisation de minerais riches en phosphore, qui permettent une fusion du fer à une température plus basse, et du charbon que l'on trouve en abondance. Des inventions comme le soufflet à piston et l'utilisation de la force hydraulique y ont également contribué.

Pont suspendu à une travée, fait de planches de bois arrimées sur des chaînes métalliques.

Ponts suspendus

Indispensables pour franchir les vallées escarpées, les premiers ponts suspendus furent tressés en cordes ou en bambou, avant que ne soient utilisées des chaînes de fer au VIIIe siècle. Le plus célèbre, celui d'Anlan au Sichuan, est long de 320 mètres et composé de huit travées. Fait de planches de bois et de cordes, on dit qu'il fut construit par Li Bing au IIIe siècle av. J.-C. Le plus long pont d'une seule travée, d'une portée de 110 mètres, enjambe la rivière Dadu à Luding ; il date de 1705, mais a remplacé un pont plus ancien. En Europe, le premier pont suspendu à chaînes de fer ne sera réalisé qu'en 1741, en s'inspirant des ponts chinois.

Tirée ou poussée, la brouette fait son apparition en Chine bien plus tôt qu'en Europe.

Billet du XIXe siècle.

LE PAPIER-MONNAIE

Dès les années 800, les marchands de thé utilisaient les premiers billets de change connus sous le nom de « monnaie volante », car ils étaient si légers que le moindre souffle d'air les faisait s'échapper de la main. Ils donneront naissance aux billets de banque imprimés pour la première fois au Sichuan au Xe siècle. La Chine connaissait alors une pénurie de minerais pour fabriquer sa monnaie, d'autant que les pièces de cuivre percées d'un trou carré, les sapèques, étaient réunies par ligatures de 1 000. Quand ils prendront le pouvoir, les Mongols créeront une monnaie qui aura cours dans tout l'Empire, les « billets de soie », qui seront utilisés jusqu'en Perse.

Le « buffle de bois »

On la trouve dans tous les jardins, sur tous les chantiers, elle permet de transporter sans effort de lourdes charges ; pourtant, avant le XIe ou le XIIe siècle, elle était inconnue en Europe ! La brouette apparaît pour la première fois sur un vitrail de la cathédrale de Chartres daté de 1220. Dès les débuts de notre ère, les Chinois en avaient eu l'idée. Il en existait de deux sortes : le « buffle de bois », qui se tirait, et le « cheval glissant », qui se poussait. Certaines étaient équipées d'une voile qui permettait de bénéficier de la force du vent.

Une horlogerie de pointe

Entre les VIIIe et XIVe siècles, les ingénieurs chinois ont mis au point différentes machines d'horlogerie de précision qui forment le chaînon manquant entre les clepsydres (horloges à eau) antiques et les horloges mécaniques modernes de l'Occident. L'horloge hydromécanique inventée par le moine Yixing en 725 disposait déjà d'un système d'échappement qui ne sera connu en Europe qu'au XVIe siècle.

Le mécanisme à poids moteur et échappement de cette horloge chinoise du XVIIIe siècle était déjà utilisé depuis environ 1 000 ans en Chine.

Des derricks... pour le sel et le gaz naturel

Au Sichuan, région très éloignée de la mer, comme le sel marin coûtait très cher, on eut l'idée d'exploiter le sel de mine. Au Ier siècle de notre ère, on était capable de forer des puits de 600 mètres de profondeur. Le plus profond ira jusqu'à 1 450 mètres. Le même procédé fut utilisé pour extraire le gaz naturel. Un foret de fonte suspendu à des câbles en bambou creusait le puits, tandis que les détritus étaient dégagés par succion grâce à des tubes en bambou également. Il fallait sans doute plusieurs années pour forer un trou profond.

La machine cosmique

Conçue vers 1090 par Su Song, un fonctionnaire de la cité de Kaifeng, cette horloge astronomique de dix mètres de haut (ci-contre) donnait l'heure en carillonnant, tandis que de petits personnages apparaissaient aux différents étages de la tour en présentant une plaque annonçant l'heure. Son mécanisme était actionné par une roue hydraulique. Elle était surmontée d'une sphère armillaire pour l'observation des étoiles.

Le sismographe

Célèbre pour son catalogue d'étoiles et les divers instruments de mesure qu'il dessina, le grand savant Zhang Heng mit au point en l'an 132 un étrange appareil capable de détecter les tremblements de terre. Sous l'effet des vibrations, un mécanisme interne à cette grosse machine de bronze haute de deux mètres libérait une bille dans la direction opposée à celle de l'épicentre : un des dragons lâchait la boule qui tombait dans la bouche d'une grenouille, informant de la direction. En 138, il a détecté un séisme situé à 500 kilomètres.

Un Chinois à Hyde Park, à Londres, pendant une belle journée ensoleillée de 1939.

ET ENCORE...

À toutes ces inventions chinoises, on peut ajouter : le soc de charrue en fer, l'arbalète, la manivelle, la lanterne magique, le cerf-volant, le parachute, les cartes à jouer...

À la conquête des mers

L'Europe est fière de ses grands navigateurs et explorateurs, mais ces voyages et explorations ont été rendus possibles en partie grâce à des inventions chinoises : la boussole, le gouvernail d'étambot, la cartographie « quantitative ». Elles ont fait des marins chinois les plus habiles de l'histoire.

Boussole chinoise de navigation du XVIIIe siècle.

L'ancêtre de la boussole est une cuillère aimantée en magnétite posée sur un socle de bronze. Le cercle central représente le Ciel, et le carré qui l'entoure, la Terre. Les caractères indiquent les quatre points cardinaux et les quatre directions intermédiaires (nord-est, sud-ouest, etc.). Le manche de la cuillère indique le sud.

INDISPENSABLE BOUSSOLE

La boussole entrera en usage en Europe après 1280, transmise par les pays arabes. Elle rendra possibles les voyages maritimes autour de l'Afrique et même la découverte du continent américain.

Pour ne pas perdre… le sud !

La boussole apparaît au Ier siècle, douze siècles avant l'Europe. Afin de déterminer l'orientation favorable d'une maison ou d'un tombeau, les géomanciens utilisaient une cuillère aimantée en magnétite posée sur un socle de bronze. Elle indiquait… le sud. Ce fut ensuite un poisson aimanté flottant sur l'eau. La boussole sert pour la première fois en navigation sur des bateaux cantonais à la fin du Xe siècle.

L'art de dresser des cartes

Le recours à des cartes exactes et précises favorisa la navigation en haute mer. Apparues au IIe siècle grâce aux travaux de l'astronome Zhang Heng, les cartes quantitatives sont formées d'une grille quadrillée où chaque position est repérée en fonction de ses coordonnées. Sous les Song, ce procédé de cartographie parvient à un degré de précision inégalé jusque-là. Tenues secrètes, les cartes étaient réservées aux fonctionnaires, civils et militaires. En Europe, il faudra attendre les portulans de la Renaissance pour avoir des données assez précises.

Une aide précieuse pour les marins

Les textes du XIIe siècle indiquent que les marins s'orientent à l'aide d'un « compas » : le montage d'une aiguille aimantée sur un pivot, indiquant la longitude et la latitude, est une pratique courante. On imagine le progrès que cela représente : jusque-là, les marins se dirigeaient en fonction de la position du soleil, le jour, et de l'étoile Polaire, la nuit. Mais quels dangers en cas de mauvais temps !

Compas portatif du XVIe siècle, dynastie des Ming.

La jonque de haute mer

Ses premières descriptions datent du XIIIe siècle, mais elle existait déjà trois siècles plus tôt. La forme de sa carène est très spécifique : le fond est arrondi ou plat, la coque se termine à la proue non pas en pointe mais en forme de rectangle ; la poupe aussi, mais elle est plus relevée. La jonque est plus large à la proue qu'à la poupe. Son squelette est simple : des poutres relient les bordés. Certaines jonques, longues de plus de 100 mètres, pouvaient embarquer jusqu'à mille personnes.

Mâts et voiles

Aux Chinois revient l'audace d'avoir multiplié le nombre de mâts sur leurs bateaux. Ils étaient souvent au nombre de trois, mais les plus grandes jonques, surnommées « bateaux surnaturels », pouvaient en compter jusqu'à cinq. Les voiles à lattes permettaient de répartir sur tout le mât la pression du vent. Faites de lamelles de bambou tressées ou de toile, elles étaient renforcées horizontalement de tiges de bambou qui permettaient de les rouler aisément.

UNE INNOVATION CAPITALE : LE GOUVERNAIL

Deux inventions font de la flotte chinoise la plus avancée du monde jusqu'en 1450 : les caissons étanches et le gouvernail d'étambot. Cet instrument placé dans l'axe de la quille, qui remplace la simple pagaie-gouvernail, est apparu au Ier siècle de notre ère : il figure sur un modèle de bateau en terre cuite découvert dans une tombe de la région de Canton. Il ne sera utilisé en Europe qu'à partir de 1180.

COMPARTIMENTS ÉTANCHES

Depuis le IIe siècle, la cale des navires était divisée par des cloisons verticales ménageant des compartiments étanches, salutaires en cas de brèche. Une voie d'eau pouvait noyer une section, mais les autres maintenaient le bateau à flot. Cette technique ne sera appliquée en Europe qu'à la fin du XVIIIe siècle.

En 10 siècles, la silhouette générale de la jonque a peu changé, comme en témoigne cette embarcation du XXe siècle.

L'astronomie

Cet objet rituel tibétain est une représentation symbolique de l'univers qui évoque l'ensemble de la création, la terre et le cosmos.

LA SPHÈRE ARMILLAIRE

Inventé sous les Han, cet instrument astronomique comportait un ensemble d'anneaux figurant les lignes imaginaires qui divisent le ciel : équateur, écliptique, méridien, horizon. Grâce à un tube qui servait à observer et au système de graduation des anneaux, on pouvait déterminer des positions, établir des mesures et des cartes. Les grands télescopes modernes sont toujours conçus suivant ce principe.

La sphère armillaire du grand observatoire de Pékin est ornée de sculptures symboliques, tels des dragons et des serpents en bronze.

Dans la Chine ancienne, l'astronomie était entre les mains de spécialistes rattachés à la cour. Leur tâche était d'établir le calendrier et d'examiner les phénomènes célestes, annonciateurs de catastrophes, pour les interpréter à l'usage du souverain. Leurs observations méticuleusement consignées offrent aux astronomes d'aujourd'hui de précieuses références.

Les maisons lunaires

Les calculs astronomiques se fondaient sur l'étoile Polaire, seule immobile dans le ciel. Le ciel était divisé, comme des quartiers d'orange, en vingt-huit « maisons lunaires » contenant les différentes constellations, chacune correspondant à une station de la Lune dans sa course à travers le ciel, et à un jour. Tout le système était centré sur le pôle et l'équateur. Ce que l'on appelle le « système équatorial » est aujourd'hui à la base des observatoires modernes.

De mystérieuses taches

Au IVe siècle av. J.-C., l'astronome Gan De signale l'existence de zones sombres sur la surface du Soleil, appelées « taches solaires », alors que les savants occidentaux considéreront jusqu'au XVIIe siècle qu'il ne s'agit que de traces du passage de Vénus et Mercure devant le Soleil (comme il s'en est produit un le 8 juin 2004). En se basant sur la centaine de mentions précises de ces taches dans les textes chinois entre 28 av. J.-C. et 1638, les astronomes d'aujourd'hui tentent de déterminer leurs cycles d'apparition et de disparition, qui ont une grande influence sur le climat.

La comète de Halley en 240 av. J.-C. !

Les Chinois ont été les premiers à observer le passage des comètes. Ils ont ainsi consigné le passage de la comète de Halley en 240 av. J.-C. Quarante trajectoires de comètes ont été décrites avec précision avant 1500. Depuis le VIe siècle, les astronomes avaient remarqué que la queue de la comète indiquait toujours la direction opposée au Soleil : c'est la force du « vent solaire » qui la repousse.

Les plus anciennes cartes célestes

Cinq siècles avant que le géographe et mathématicien flamand Mercator mette au point une carte qui est une projection cylindrique, une carte chinoise datée de 940 représentait le globe céleste mis à plat selon ce procédé.

La nébuleuse du Crabe.

Explosions d'étoiles

Les Chinois ont été fascinés par les supernovae, ces explosions d'étoiles qui dégagent une énergie immense, et ne se produisent que deux ou trois fois par siècle. Au XIe siècle, ils avaient ainsi repéré avec précision la supernova qui a laissé la nébuleuse du Crabe, un objet d'étude privilégié de l'astrophysique moderne.

Le grand observatoire de Pékin fut construit avec l'aide des jésuites en 1660. On y trouvait deux grandes sphères armillaires, un globe céleste, un cercle azimutal gradué, un quart de cercle et un sextant.

UN MONOPOLE

L'astronomie était un monopole royal, puis impérial. Sous la dynastie des Qin, l'observatoire employait 300 personnes. Jusqu'au VIIIe siècle, quiconque possédait des cartes ou des instruments astronomiques encourait une peine sévère.

DES ÉVÉNEMENTS FUNESTES

En 1360 av. J.-C., les inscriptions divinatoires des Shang mentionnent déjà une éclipse de Lune, et en 1216 av. J.-C., une éclipse de Soleil. Il était important pour les astronomes de prédire ces événements considérés comme maléfiques et annonciateurs de grands bouleversements.

Les mathématiques

On a longtemps considéré que les mathématiques chinoises ne s'intéressaient qu'à des applications pratiques. Des études récentes montrent que les mathématiciens chinois de l'Antiquité ont réfléchi à des problèmes dont on pensait que seuls les Grecs s'y étaient confrontés. Négligeant la géométrie, ils ont été des précurseurs pour de nombreux calculs algébriques : équations, nombres négatifs, la valeur du nombre pi.

Une calculatrice très ancienne

Déjà mentionné en 190 av. J.-C., le boulier s'est largement répandu sous la dynastie des Song. Jusqu'à l'apparition de l'ordinateur, il était utilisé dans tous les magasins et dans tous les bureaux, où l'on entendait résonner le clic-clac des boules qui s'entrechoquaient. Des essais ont montré que, pour les opérations d'addition et de soustraction, le boulier peut être plus rapide que la calculatrice électronique.

Système décimal

La numération décimale à base 10 fut utilisée en Chine plus de 2 000 ans avant l'Occident. Pour compter, on disposait des bâtonnets dans un panneau de comptage. Les Chinois avaient saisi l'importance du zéro, marqué simplement par une place vide (pas encore par un symbole), alors qu'on situe généralement sa naissance en Inde. Ils effectuaient ainsi tous les calculs : addition, soustraction, multiplication, division, extraction de la racine carrée et cubique.

Sur cette gravure datée de 1593, un maître et ses élèves discutent d'un problème de mathématiques devant un panneau de comptage.

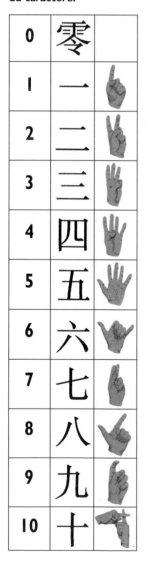

Compte sur tes doigts !
La manière de désigner les chiffres avec les doigts est différente en Chine. La position des doigts évoque parfois la forme du caractère.

0	零	
1	一	
2	二	
3	三	
4	四	
5	五	
6	六	
7	七	
8	八	
9	九	
10	十	

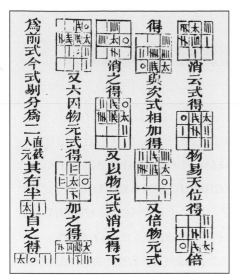

Cette page d'algèbre du *Précieux Miroir des quatre éléments*, de 1303, comporte des zéros et des nombres négatifs.

Nombres négatifs

Dès le IIe siècle av. J.-C., on avait reconnu l'utilité des nombres négatifs, qui ne seront connus en Occident qu'à la Renaissance. Dans les tableaux de comptage, ils figuraient sous forme de bâtonnets noirs, alors que le rouge était réservé aux nombres positifs, ou bien c'était leur section (carrée au lieu de triangulaire) ou leur position (oblique au lieu de verticale) qui les distinguaient.

Démonstration et algorithmes

On pensait que le concept de démonstration mathématique n'avait été développé que par les mathématiciens grecs de l'Antiquité. Or, une étude récente d'un « classique » chinois des mathématiques vieux de 2 000 ans, *Les Neuf Chapitres*, montre que ce n'était pas une préoccupation uniquement occidentale. Par ailleurs, dans cet ouvrage, les connaissances sont exposées sous forme d'algorithmes très sophistiqués, une procédure de calcul que le développement de l'informatique a placé au centre de l'intérêt des mathématiciens d'aujourd'hui.

Résoudre des équations

Le même ouvrage donne une formulation du théorème de Pythagore, ainsi qu'une méthode de résolution des équations numériques qui s'apparente à la méthode dite de Horner, mise au point au XIXe siècle en Europe. Son auteur va jusqu'à résoudre une équation numérique du dixième degré…

Les Chinois utilisent les chiffres arabes en arithmétique.

PI = 3,1415929203

Vers 250 av. J.-C., Archimède calcula le nombre pi jusqu'à la troisième décimale ; puis, vers 150, Ptolémée jusqu'à la quatrième. Au IIIe siècle, le mathématicien Li Hui détermina pour pi une valeur de 3,14159, dépassant ainsi les calculs des Grecs. Et, au Ve siècle, deux mathématiciens, le père et le fils, parvinrent à obtenir une valeur jusqu'à la dixième décimale : 3,1415929203. Aujourd'hui, grâce à l'ordinateur, on connaît plus de 1 200 milliards de décimales au nombre pi…

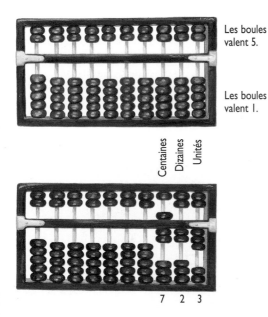

Les boules valent 5.

Les boules valent 1.

Centaines Dizaines Unités

7 2 3

Chaque tige du boulier comporte sept boules réparties en deux sections (5 + 2).

Pour écrire le nombre 723, on déplace les boules en partant de la droite : 3 boules sur la première tige, 2 boules sur la deuxième. Pour le chiffre 7, on remonte 2 boules de valeur 1 et on abaisse 1 boule de valeur 5. Le compte est bon…

Précieuse soie

Malgré son aspect modeste, le bombyx du mûrier est le plus célèbre des papillons : il produit ce fil merveilleux nommé soie, dont les Romains étaient très envieux, mais dont ils ignoraient tout. Pourtant, l'élevage des vers à soie, la sériciculture, existait en Chine depuis le IIe millénaire avant notre ère.

Larves et chrysalides de bombyx du mûrier.

Vorace !

Le ver à soie est la chenille d'un papillon, le bombyx du mûrier. Sa femelle a une vie très courte : elle pond de 300 à 500 œufs, appelés graines, puis meurt peu après. Les larves qui émergent après hibernation, longues de quatre millimètres, passent les quatre à cinq semaines de leur vie à manger ; elles engloutissent chaque jour plusieurs fois leur poids de leur nourriture préférée : la feuille de mûrier. Pendant cette période, leur poids est multiplié par 10 000 et elles subissent quatre mues.

Une bave inestimable

Aux derniers jours de sa vie, la larve sécrète une sorte de bave visqueuse et filamenteuse. Elle se contorsionne sur elle-même et le fil à deux brins qu'elle régurgite s'enroule autour d'elle pour former un cocon à l'intérieur duquel elle se transforme en chrysalide. Le cocon se compose d'une trentaine de couches de fil qui, une fois dévidé, peut aller jusqu'à 1 500 mètres de long.

VER CONTRE ARAIGNÉE

La principale qualité du fil de ver à soie est sa solidité : il résisterait à une traction de plus de 10 tonnes par centimètre carré. Mais il est aujourd'hui concurrencé par le fil de l'araignée, qui est 5 fois plus résistant que l'acier.

Un pensionnaire exigeant !

Le ver à soie est une créature très exigeante : il n'aime ni le bruit, ni les courants d'air, ni les vibrations ; il n'accepte de manger que des feuilles fraîches. Les éleveurs contrôlaient la température et la luminosité de la pièce où étaient élevés les cocons, et surtout cultivaient différentes variétés de mûrier de façon à avoir toujours une nourriture fraîche.

Dévidage, filage et décreusage

Pour éviter que les chrysalides ne sortent et déchirent leur précieuse enveloppe, elles étaient détruites à la chaleur. Une fois les cocons triés, ils étaient placés dans de l'eau chaude pour trouver le bout du fil et procéder au dévidage. Ensuite, au filage, on pouvait tordre jusqu'à trente fils ensemble. La soie grège ainsi obtenue passait l'étape du décreusage, qui consistait à éliminer le « grès », la substance qui entoure le fil : elle était dissoute dans de l'eau bouillante. La soie pouvait alors être teinte.

Le traitement des cocons et la fabrication de la soie se font de nos jours industriellement.

Du fil au tissu

Le tissage permettait d'obtenir toutes sortes d'étoffes : gaze, taffetas, brocart, damas, satin, velours… La lustrine comptait en moyenne 110 fils de chaîne et 50 fils de trame au centimètre. La plus serrée pouvait en compter 150 au centimètre : on imagine la finesse du fil ! Le fil de soie servait aussi à réaliser de magnifiques broderies.

Dragon brodé sur une robe de soie du XIXe siècle.

Un produit de luxe

D'abord réservé à la cour, l'usage de la soie s'est répandu à l'époque des Royaumes combattants : elle servait à payer les fonctionnaires et était utilisée comme monnaie d'échange avec l'extérieur. La sériciculture prit une place très importante dans la vie économique et sociale : les paysans étaient contraints de cultiver une part de leurs terres en mûriers et de payer les taxes en pièces de soie. Mais eux-mêmes n'en portaient pas !

LA LÉGENDE…

Il y a près de 5 000 ans, une princesse chinoise buvait son thé sous un mûrier lorsqu'une petite chose blanche tomba dans sa tasse. En l'examinant, elle découvrit qu'on pouvait en tirer un fil d'une extrême finesse qu'elle dévida sur une incroyable longueur. La sériciculture était née.

… ET L'HISTOIRE

Plusieurs sites néolithiques ont livré des cocons. Au début, on recueillait sans doute des cocons sauvages, mais on se mit assez vite à pratiquer l'élevage des vers à soie. Les inscriptions de la dynastie des Shang mentionnent souvent les mots « soie », « ver à soie », « mûrier ». Sur certains bronzes demeurent imprimées les traces de tissus de soie qui auraient servi à les envelopper.

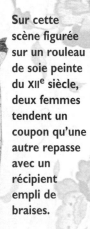

Sur cette scène figurée sur un rouleau de soie peinte du XIIe siècle, deux femmes tendent un coupon qu'une autre repasse avec un récipient empli de braises.

Les plus anciens livres étaient faits de lamelles de bambou reliées entre elles.

Les étapes de la fabrication du papier : on broie les fibres végétales qui sont mises à tremper (au fond) ; on recueille de la pâte obtenue, très diluée, sur un tamis (à droite) ; lorsqu'elle est sèche, on libère la feuille (au centre, au premier plan).

Le papier et le livre

Depuis vingt-trois siècles, les Chinois savent fabriquer le papier. Quatre cents ans avant Gutenberg, ils ont inventé le principe d'impression par caractères mobiles, mais le procédé restera presque inutilisé jusqu'au XIXe siècle, en raison de la multiplicité des caractères.

Les premiers papiers

L'invention du papier est attribuée à Cai Lun, ministre de l'Agriculture en 105 de notre ère. Mais la découverte de fragments datés du IIe siècle av. J.-C. fait remonter son origine plus haut dans le temps. Les plus anciens spécimens sont faits de fibres de chanvre mélangées à du lin.

Planche xylographique.

Fibres végétales

Pour faire la pâte à papier, on utilisait divers matériaux : chanvre, lin, écorce de mûrier, pulpe de bambou, paille de riz, mousses, algues, que l'on mettait à macérer dans de l'eau. On faisait ensuite bouillir cette matière première et on la broyait. Puis on y trempait un tamis à la taille de la feuille et l'on retirait une fine pellicule qui était pressée pour en ôter l'eau et mise à sécher. On pouvait alors détacher la feuille, que l'on enduisait d'amidon de riz, pour éviter qu'elle n'absorbe l'encre comme un buvard.

Une grande diffusion

D'abord utilisé surtout pour l'emballage, l'habillement (chapeaux, sandales, doublures de vêtements) ou… comme papier hygiénique, le papier fut employé pour les documents administratifs et privés, et pour les livres, qui connurent une large diffusion. L'apparition de la xylographie, « impression sur planche », au VIIe siècle permit de les produire en grand nombre.

Livre relié en accordéon.

La xylographie

Le texte à imprimer était tracé sur une feuille de papier translucide. On collait celle-ci à l'envers sur une planche (de poirier ou de jujubier), puis on gravait les caractères à travers le papier en creusant tout autour. La planche était encrée, on y étalait une feuille de papier, et le texte s'y imprimait. Ce procédé commode permit de tirer des encyclopédies à 5 000 exemplaires.

Caractères mobiles en argile.

Les caractères mobiles

Au milieu du XIe siècle fut mise au point l'imprimerie par caractères mobiles. Modelés dans l'argile, les caractères étaient disposés sur une plaque, encollés d'une matière gluante à base de cire, puis pressés dans un cadre de bois pour former une page de texte. Ce procédé ne remplaça cependant pas la xylographie et ne connut pas une grande diffusion, car il nécessitait un nombre considérable de caractères.

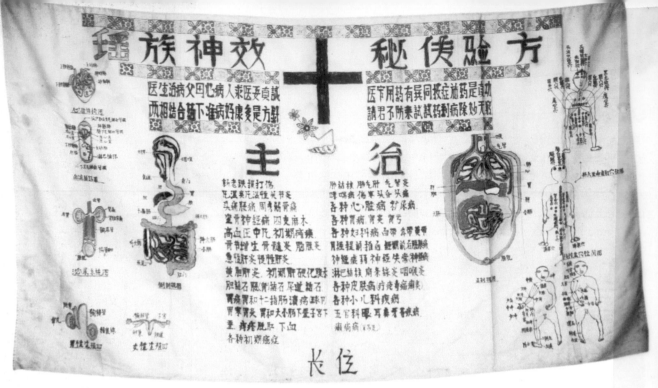

La médecine traditionnelle

Zhi, « soigner ».

Aussi préventive que curative, la médecine traditionnelle vise à faire fonctionner le corps dans l'harmonie. Le corps humain est un microcosme, dont le mécanisme est mis en correspondance avec celui du macrocosme, l'univers. Le même mot, *zhi*, désigne d'ailleurs le fait de soigner et l'acte de gouverner.

Qi, « le souffle ».

INTERDITE, PUIS OFFICIELLE

Après l'instauration de la république, en 1911, la médecine traditionnelle fut officiellement interdite, mais elle resta vivace dans les campagnes. Après 1949, le gouvernement communiste lui a redonné sa place, en parallèle avec la médecine occidentale.

Le souffle et le sang

Dans le corps circulent le *qi*, souffle ou énergie, qui surgit des poumons, et le sang, propulsé par le cœur. Le sang est yin, le *qi* est yang ; ils sont en constant échange. On tombe malade quand les deux flux, le yin et le yang, sont en déséquilibre. La vie est due à la concentration du *qi* ; la mort, à sa dispersion. Il faut donc en préserver l'intégrité et le stimuler, par un mode de vie harmonieux, une bonne alimentation, des exercices gymniques, respiratoires et mentaux, comme le *qigong*.

La consultation d'un médecin ambulant au XIIe siècle.

Pourquoi on tombe malade

Six causes externes peuvent provoquer les maladies ; ce sont des énergies
perverses qui résultent d'éléments climatiques déplacés : le chaud, le froid, le vent,
la sécheresse, l'humidité et le feu. Sept causes internes sont liées aux émotions :
excès de joie, de tristesse, de peur, de mélancolie, de réflexion, d'angoisse ou
de colère. Elles sont en relation avec un des cinq viscères : l'excès de joie nuira
au cœur ; l'excès de colère, au foie ; l'excès de tristesse, aux poumons ; l'excès
de peur, aux reins ; l'excès de réflexion, à la rate…

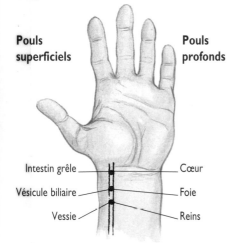

Pouls
superficiels

Pouls
profonds

Intestin grêle ———— Cœur

Vésicule biliaire ———— Foie

Vessie ———— Reins

L'importance des pouls

En médecine traditionnelle, tout
diagnostic commence par l'auscultation
du pouls. Celui-ci permet d'estimer l'état
de santé d'un patient et de savoir quel est
l'état de son *qi*. Alors qu'en Occident,
seule la fréquence du pouls est examinée,
la médecine chinoise reconnaît vingt-huit
qualités de pouls, qui prennent en compte
sa localisation, sa vitesse, son épaisseur,
son aspect, sa taille, sa force et son rythme.

L'horloge biologique

Dans le *Livre de médecine de l'empereur jaune*, daté du IIe siècle av. J.-C.,
on mettait déjà en rapport les phénomènes biologiques avec les moments
de la journée. Et l'on avait compris que les effets des remèdes variaient au cours
de la journée et de la nuit. Cette notion de rythmes circadiens (journaliers)
dans le corps humain n'a pourtant été reconnue que très récemment
par la médecine occidentale.

Comme la pudeur
interdisait aux femmes
de se montrer
dévêtues au médecin,
elles désignaient
sur une figurine
d'ivoire ou d'albâtre
l'endroit où elles
avaient mal.

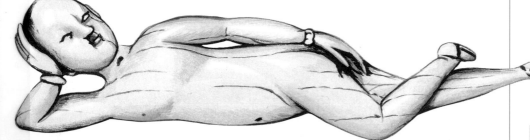

Les premiers diététiciens

Le fait d'avoir une alimentation saine est un gage de santé. Dans le *Trésor
de la médecine*, composé vers l'an 200, sont déjà décrites des maladies provoquées
par une carence en vitamines (le béribéri, le scorbut, le rachitisme), que l'Europe
ne découvrira qu'au XIXe siècle. Pour y remédier, les médecins chinois
préconisaient des régimes alimentaires appropriés.

LE SANG CIRCULE

Les Chinois ont été
les premiers à
découvrir la circulation
du sang, 2 000 ans
avant l'Anglais William
Harvey, qui la trouva
en 1628.

Le ginseng.

Le gingembre :
tonique et stimulant.

La réglisse : neutre, elle sert
à harmoniser les ingrédients
des préparations.

La rhubarbe : ses racines
ont un pouvoir laxatif.
On dit que c'est Marco Polo
qui l'introduisit en Europe.

L'HOMME-RACINE

On a dénommé ainsi cette curieuse plante à cause de la ressemblance de sa racine avec une silhouette humaine. Le ginseng est une plante herbacée de 15 à 20 cm de haut. Les forêts du massif du Changbai, dans la province du Jilin, sont son habitat naturel. Devenu très rare à l'état sauvage, il est cultivé et récolté au bout de 5 à 7 ans. Produit le plus recherché de la pharmacopée chinoise, c'est le remède à tous les maux, et en plus il est censé assurer la longévité !

Manger pour se soigner

Médicaments et aliments ne se distinguent guère. Les livres de cuisine donnent souvent les avantages des aliments en matière de santé. Le plus ancien ouvrage de pharmacologie, vieux de 2 000 ans, cite comme médicaments de la classe supérieure des aliments ordinaires tels que le riz, le blé, le jujube, l'igname de Chine, le lis, le gingembre, l'ail…

La pharmacopée

Branche de la médecine aussi importante que l'acupuncture, la pharmacopée consiste en l'utilisation de substances issues des règnes minéral, végétal et animal, sous différentes formes : décoctions, poudres, pilules, extraits, emplâtres, alcools…
Les produits peuvent être utilisés tels quels ou subir des préparations : macérés, séchés, grillés, cuits, bouillis, distillés…

L'éphèdre :
ses tiges ont des
propriétés anti-
inflammatoires
et antiallergiques ;
elle sert à traiter
l'asthme.

Divers ingrédients
de la pharmacopée
traditionnelle.

L'élaboration des remèdes s'effectue par des mélanges d'ingrédients minutieusement dosés.

Dans une pharmacie traditionnelle

Une pharmacie chinoise ressemble plutôt à un muséum d'histoire naturelle : on y trouve du fer pour traiter les anémies, de l'arsenic sous forme de sulfure rouge (réalgar) pour les affections cutanées ou de sulfure jaune (orpiment) comme expectorant ; des noyaux de pêches pour améliorer la circulation du sang ; du bois de mûrier contre les douleurs rhumatismales ; du ginseng pour tonifier l'activité cardiaque ; de la corne de cerf pour ses propriétés diurétiques et stimulantes ; des algues contre les goitres ; du rhizome d'aconit contre le mal de tête, le rhume et la rougeole ; de l'éphèdre contre l'asthme…

Une industrie en plein essor

La Chine compte plus de douze mille espèces de plantes, animaux et minéraux servant aux médicaments traditionnels. Les plantes représentent la majorité. Une centaine sont cultivées, quatre mille proviennent de la cueillette. Trois instituts de l'Académie des sciences médicales de Chine sont dédiés à l'étude et à la protection des plantes médicinales afin de développer de nouveaux médicaments. L'industrie pharmaceutique des médicaments traditionnels est aujourd'hui en pleine expansion : la Chine compte plus de mille entreprises de ce type.

Pharmacie traditionnelle à Hong Kong.

L'acupuncture

Apparue 2 700 ans av. J.-C., elle consiste à piquer de fines aiguilles à travers la peau à certains points précis du corps humain. Elle est censée libérer les flux d'énergie, soulager la douleur, mais aussi prévenir les déséquilibres.

Pour obtenir un résultat complet et durable, la localisation du point à piquer doit être très précise. On apprend avec ce genre de modèle.

Les méridiens

Selon la médecine chinoise, le corps est divisé en secteurs par douze lignes, les « méridiens », en relation avec les cinq « viscères » et les six « entrailles ». De ces méridiens partent des ramifications, les canaux collatéraux. Le souffle vital, le *qi*, circule dans le corps en empruntant ces trajets. Les points d'acupuncture sont situés le long de ces réseaux de circulation de l'énergie vitale. L'insertion des aiguilles est censée faire circuler le sang et l'énergie, régulariser le yin et le yang, disperser les énergies perverses, désobstruer les méridiens.

Cinq viscères et six entrailles

Les viscères sont : le cœur, le foie, la rate, le poumon et les reins. Les entrailles sont : la vésicule biliaire, l'estomac, le gros intestin, l'intestin grêle, la vessie et le triple réchauffeur (les orifices de l'estomac). À chacun correspond un méridien. Remarque que le cerveau n'est pas cité : c'est le cœur qui est censé abriter l'activité mentale. Et il existe un douzième méridien : celui du maître cœur (le péricarde).

LE MARTEAU « FLEUR DE PRUNIER »

Pour ceux qui ne supportent pas l'acupuncture, ou pour les enfants, on peut utiliser le « marteau fleur de prunier », un petit ustensile muni d'un manche souple, dont la tête est hérissée d'aiguilles, avec lequel on tapote la surface de la peau.

Les « cavités du souffle »

Les points d'acupuncture sont considérés comme des lieux d'entrée et de sortie du souffle. On en connaît près de sept cent cinquante, dont quelques dizaines seulement sont utilisés. Chacun porte un nom en chinois et un numéro correspondant au méridien sur lequel il est situé. Par exemple, en piquant un point au pied sur le méridien de l'estomac, on peut agir sur l'organe interne.

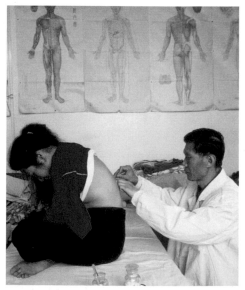

Séance d'acupuncture : le temps de pose et la qualité des aiguilles varient selon l'affection à traiter.

Cette gravure de l'époque des Ming indique les points d'acupuncture le long du méridien du péricarde.

La chaleur de l'armoise

D'autres procédés sont associés à l'acupuncture pour accroître les effets du traitement : les ventouses ou les moxas. La moxibustion consiste à chauffer les points d'acupuncture avec de l'armoise incandescente : on garnit l'extrémité des aiguilles avec de la laine d'armoise qui brûle, et la chaleur se propage le long de l'aiguille. Parfois, la poudre d'armoise incandescente est posée directement sur une rondelle de gingembre ou d'ail qui protège la peau, ou bien elle est appliquée sous forme de bâtons brûlants que l'on tient à distance de la peau. Les premières références à la moxibustion se trouvent dans des traités d'acupuncture datant de plus de 2 500 ans. Dans l'Antiquité, des médecins étaient spécialisés dans la moxibustion. Aujourd'hui elle est le plus souvent combinée avec l'acupuncture.

Armoise.

L'ARMOISE, UN REMÈDE UNIVERSEL

Ses feuilles ont des propriétés toniques ; desséchées et réduites en poudre, elles servent à la confection des moxas ; les cendres d'armoise arrêtent les hémorragies nasales. Aujourd'hui, on en tire une substance pour traiter le paludisme.

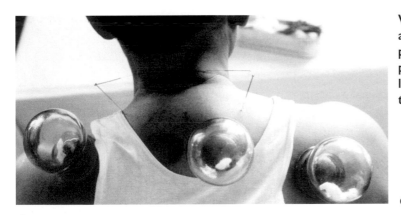

Ventouses et aiguilles sont parfois associées pour augmenter l'efficacité du traitement.

Mannequin servant à repérer les points d'acupuncture.

À la « pointe » de l'acupuncture

Le champ d'action de l'acupuncture s'élargit avec de nouvelles méthodes : l'électropuncture, qui se sert de plaquettes conductrices et d'impulsions électriques ; l'acupuncture au laser, qui utilise de légers rayons laser dirigés avec précision. Quant à l'anesthésie par acupuncture, elle a suscité beaucoup de tapage. En fait, cela concerne un très faible pourcentage d'interventions, après une sélection très serrée des patients. Les scientifiques pensent que les aiguilles agissent en libérant au niveau du système nerveux central des neuro-médiateurs ayant un effet analgésique : les endorphines.

Les technologies de l'avenir

Dans les provinces reculées, mal desservies en électricité, les énergies renouvelables sont privilégiées. Ainsi, cette vieille femme habitant un village à 200 km de Lhassa, au Tibet, capte les rayons du soleil pour faire bouillir de l'eau.

Si la Chine, après avoir devancé l'Europe jusqu'au Moyen Âge, s'est refermée sur elle-même à partir du XIXᵉ siècle et a raté sa « révolution industrielle », elle mobilise aujourd'hui de gros moyens pour développer les sciences et les technologies. Après la Russie et les États-Unis, elle est le troisième pays à avoir envoyé un homme en orbite autour de la Terre.

La Silicon Valley chinoise

À Pékin, le quartier de Zhongguancun est devenu le centre des hautes et nouvelles technologies ; ses « parcs » des sciences et technologies accueillent des universités, des centres de recherche et plus de dix mille entreprises, consacrés à l'informatique, aux technologies de l'information et de la communication : réseau haut débit, télécoms, optique, composants et circuits intégrés… Il va s'agrandir de « parcs » consacrés aux logiciels et aux sciences de la vie.

D'après les scientifiques, les légumes issus de graines ayant été envoyées dans l'espace seraient plus beaux et plus vitaminés que les autres.

Les plantes du futur

On sait l'importance de l'agriculture en Chine. La recherche agronomique s'intéresse aux technologies pouvant améliorer le rendement et la qualité des aliments. Les secteurs de la génomique (détermination du génome d'un modèle végétal) et des biotechnologies sont en pointe, avec notamment le développement de nouvelles variétés et hybrides. À Pékin, à l'Académie des sciences agricoles de Chine, une banque de semences abrite le plus important stock de matériel génétique de végétaux cultivés au monde : trois cent mille échantillons de variétés différentes de plantes cultivées.

Premier vol habité chinois

Le 15 octobre 2003, Yang Liwei est devenu un héros national. À bord du vaisseau *Shenzhou-V* (Vaisseau divin) lancé par une fusée *Longue Marche*,

il a fait quatorze tours de la Terre, à 340 kilomètres au-dessus du sol, pendant vingt et une heures de vol. La Chine travaille à la conception de *Shenzhou VI*, qui doit permettre en 2005 un deuxième vol habité, avec deux personnes et pendant cinq à sept jours.

L'astronaute Yang Liwei a effectué le premier vol habité chinois.

LES AVENTURIERS DE L'ESPACE

Les Américains disent « spationaute », les Européens « astronaute », les Russes « cosmonaute », et les Chinois « taikonaute », de *taikong*, qui signifie « cosmos ».

Ils veulent aller sur la Lune

Le programme lunaire, nommé « Chang'e », vise à placer plusieurs orbiteurs autour de la Lune à partir de 2006, avant d'effectuer à l'horizon 2020 une mission de retour d'échantillons.

Technologies spatiales

En coopération avec l'Agence spatiale européenne, la Chine a participé à la fabrication du premier satellite du programme Double Star, destiné à l'exploration de la magnétosphère terrestre. Lancé en décembre 2003, il analyse actuellement la queue magnétique terrestre. Par ailleurs, les scientifiques chinois cherchent à développer les technologies spatiales pour la surveillance, la protection de l'environnement et la prévention des risques naturels. Ils sont partenaires du programme européen Galileo, le système mondial de navigation par satellites.

Le lancement de *Shenzhou V* s'est effectué avec succès depuis une base spatiale située au Gansu, dans le nord-ouest de la Chine.

La Chine et l'Occident

Pendant des siècles, un réseau de routes commerciales, terrestres et maritimes, a fait le lien entre la Chine et l'Occident. Elles ont permis l'échange d'idées de part et d'autre du monde. Chinois et Occidentaux ont ainsi appris à se connaître. Hormis les marchands et les missionnaires, des voyageurs, des explorateurs, des archéologues, des diplomates les ont parcourues, attirés par le goût de l'aventure et la soif de connaissance.

222

Trésors en mer de Chine

218

Les routes de la Soie

224

**Des Occidentaux
en Chine**

226

**Une découverte
mutuelle**

Les routes de la Soie

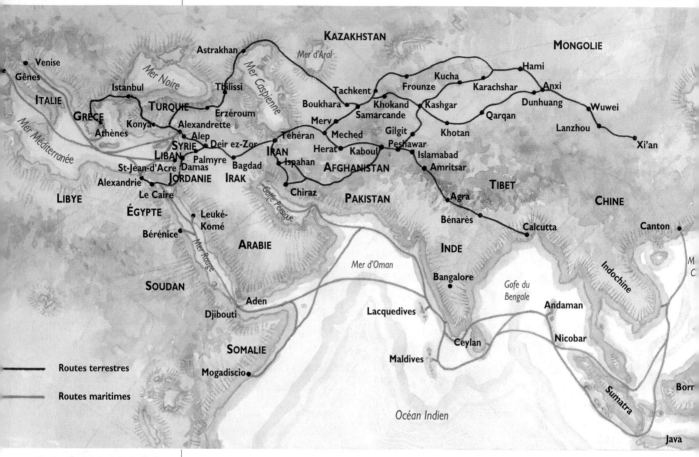

Carte des routes de la Soie.

TOUS UNIS DANS LE COMMERCE

Au Iᵉʳ siècle, d'est en ouest, au long des 7 000 km qui séparent Chang'an, la capitale chinoise, d'Antioche, sur la Méditerranée, se succèdent l'Empire chinois des Han, l'Empire kouchan, l'Empire parthe et l'Empire romain. Chacun a le souci d'assurer la bonne marche du commerce sur son territoire, et ils s'envoient des ambassades pour négocier.

Depuis le Iᵉʳ millénaire avant notre ère, plusieurs voies ont relié la Chine aux pays de l'Ouest malgré les montagnes, les déserts et les océans qui séparent l'Orient et l'Occident. En dépit de la diversité des itinéraires, on les réunit souvent sous le nom de « route de la Soie », pour les voies terrestres, et « route des Épices », pour les voies maritimes.

La longue route

De Chang'an (l'actuelle Xi'an), la capitale chinoise, une voie obliquait vers le nord-ouest jusqu'à l'oasis de Dunhuang, à la porte de Jade. Devant les voyageurs s'ouvrait le redoutable désert du Taklamakan, entouré de trois côtés par les montagnes les plus hautes du monde. Ils le contournaient en suivant la ligne d'oasis qui le longeaient au nord comme au sud. Il fallait ensuite franchir le Pamir, pour gagner les cités de Khokand, Samarcande, Boukhara et Merv. À travers la Perse et l'Irak, la route rejoignait la Méditerranée où les marchandises étaient embarquées pour Rome et Alexandrie.

À chaque bout du monde

Lorsque le général Zhang Qian, envoyé en mission diplomatique vers l'ouest, fait son rapport à l'empereur Wudi en 126 av. J.-C., il lui annonce que, au-delà des steppes et des montagnes, il existe des contrées puissantes et prospères. D'autres voyageurs, poussant plus loin, rapportent des informations précises : à l'extrémité de l'univers existe un puissant État que les Chinois nomment Daqin, le « grand Qin ». C'est Rome.

La passe de Jiayuguan, à l'extrémité ouest de la Grande Muraille, ouvre sur le désert du Taklamakan.

Des intermédiaires habiles

Des objets comme cette pièce d'or romaine découverte en Chine témoignent de l'ancienneté des échanges entre l'Asie et l'Occident.

En 115 (ou 105) av. J.-C. a lieu la première ambassade chinoise en Perse, qui est alors sous la domination des Parthes. C'est le début de l'histoire des relations commerciales entre les deux empires. Les Parthes tirent profit de leur position intermédiaire : ils empêchent toute communication directe entre la Chine et Rome pour avoir le monopole du commerce. La soie est bien sûr la principale marchandise. Les Chinois savent la produire depuis la dynastie des Shang (XVIIᵉ-XIᵉ siècle).

Une voie commerciale sûre

La route de la Soie connaîtra une nouvelle heure de gloire sous la dynastie des Mongols qui créent, depuis la mer de Chine jusqu'à la mer Noire, le plus grand empire que la terre ait connu. Les commerçants peuvent circuler librement, les échanges reprennent. La chute de la dynastie, au XIVᵉ siècle, marquera son déclin. Grâce aux progrès de la navigation maritime, la voie par mer est désormais privilégiée. Mais ce sont les Occidentaux qui seront les maîtres du commerce international.

LA VOIE MARITIME

Chacun de son côté, la Chine et Rome essaient de contourner les intermédiaires parthes et de nouer un contact direct. Un navigateur grec, Hippale, découvre les possibilités offertes par les vents de mousson : d'avril à octobre, les bateaux peuvent gagner l'Inde en profitant des vents du sud-ouest, et ils en reviennent la même année, d'octobre à avril, poussés par les vents du nord-est. Les marchandises chinoises arrivent jusqu'aux ports indiens par la voie terrestre.

La caravane des Polo, marchands vénitiens, en route vers la Chine, telle qu'elle est représentée sur l'*Atlas catalan*, une carte sur parchemin exécutée en 1375.

Dès l'Antiquité, la soie est une matière convoitée. Très vite, elle devient un symbole de luxe et de richesse.

La coutume voulait que l'on offre une grenade pour souhaiter la naissance de garçons, car ce fruit est plein de grains et, en chinois, « grain » est homophone de « garçon ».

Serica

Les Romains auraient découvert la soie en 53 av. J.-C., lors d'une bataille qui a été pour eux un désastre militaire. Les cavaliers parthes emportent la victoire en déployant des bannières de soie qui claquent au vent : terrorisés, les soldats romains croient voir des langues de feu ! Il faut peu de temps aux vaincus pour prendre goût à la nouvelle étoffe bien qu'ils en ignorent les procédés de fabrication et la provenance. Ils savent seulement qu'elle est produite à la limite du monde connu, dans un pays qu'ils nomment *Serica*, le « pays de la soie », du mot grec *ser*, dérivé du chinois *si*. La soie est nommée « voile sérique ».

Robe traditionnelle en soie brodée du XIXᵉ siècle.

La soie en Occident

Une fois que les procédés de fabrication furent découverts et développés en Europe, plusieurs grandes cités italiennes ont eu le monopole du travail de la soie au Moyen Âge et à la Renaissance : Florence, Venise, Gênes et Milan. Au XVIᵉ siècle, un nouveau centre se crée au-delà des Alpes : Lyon, qui deviendra la capitale des soyeux.

Récipients en jade, sculpté ou poli.

Précieuses marchandises

Hormis la soie, les Chinois exportaient des céramiques, des fourrures, des laques, des miroirs… D'Asie centrale, ils faisaient venir du jade, des tissus de laine et des chevaux ; d'Inde, des épices. D'Occident, ils recevaient le verre de Rome et d'Alexandrie, l'or et l'argent, des bijoux, des produits de teinture. Grâce à ces échanges, ils ont aussi découvert et adopté certains fruits et légumes, comme le raisin, les noix, les grenades (ci-contre), les concombres.

De caravansérail en caravansérail

Jamais personne à l'époque n'a parcouru la route de la Soie de bout en bout. Le transport se faisait par relais et la sécurité des caravanes était assurée par des garnisons placées tout au long des voies. Des marchands d'Asie centrale prenaient en charge les produits chinois à la porte de Jade et leur faisaient traverser le désert du Taklamakan par les oasis. Ils les revendaient ensuite aux Kouchans, chez qui les Perses venaient s'approvisionner pour fournir les Romains.

Le chameau, véhicule tout-terrain

Le chameau de Bactriane, particulièrement endurant et capable de résister au froid grâce à son épaisse toison, était le véhicule privilégié. Les marchandises, enfermées dans des jarres en terre cuite ou enveloppées dans des tissus, étaient aussi transportées par des bœufs, des mulets et des ânes.

Cette statue funéraire en terre cuite du Ve ou VIe siècle représente un chamelier et sa monture.

La route des religions

Dans le sillage des marchands, des missionnaires ont favorisé l'introduction du bouddhisme, né en Inde, dans les cités prospères d'Asie centrale, puis en Chine au milieu du Ier siècle. Les relais caravaniers se sont dotés de monastères et de grottes ornés de peintures et de sculptures. D'autres religions ont pénétré par la route de la Soie, dont l'islam, au VIIe siècle.

Les caravanes qui empruntaient l'ancienne route de la Soie traversaient la chaîne montagneuse du Pamir entre le Tadjikistan, l'Afghanistan et la Chine. Elles pouvaient autrefois compter plus de 1 000 bêtes.

LA CITÉ ENGLOUTIE

Là où l'on imaginait un désert s'étalait il y a 2 500 ans une ville prospère, au bord du fleuve Keriya. Les fouilles franco-chinoises menées depuis 1991 au cœur du Taklamakan ont mis au jour une cité, nommée Djoumboulak Koum, « Sables ronds », dont parlaient les légendes et qui avait été engloutie dans les dunes. Cette découverte laisse penser qu'il a pu y avoir d'autres voies de franchissement du désert.

Après avoir franchi la chaîne du Pamir, les caravanes faisaient halte à Samarcande, en Ouzbékistan.

Trésors en mer de Chine

Depuis quelques années, les découvertes sous-marines d'épaves chargées de magnifiques cargaisons de céramiques se multiplient en mer de Chine. Ces jonques témoignent de l'intensité des échanges sur la « route de la Céramique », équivalent maritime de la route de la Soie. Prisées au Moyen-Orient et en Europe, les grès et porcelaines chinois ont fait l'objet d'un commerce planétaire.

Céramiques « bleu et blanc » retrouvées dans l'épave de la jonque de Brunei.

Des ports-entrepôts

Produites dans plusieurs ateliers du Guangdong, du Jiangxi, du Zhejiang, et à Jingdezhen, la capitale impériale de la porcelaine, les céramiques étaient stockées dans des ports-entrepôts en Chine du Sud où venaient s'approvisionner les commerçants qui les diffusaient vers l'Asie du Sud-Est, les pays de l'océan Indien, le Moyen-Orient et l'Europe.

Géants des mers

À partir du Xe siècle, la Chine se dote d'une véritable flotte marchande. Les jonques de haute mer, qui peuvent accueillir deux cents hommes d'équipage et ont une capacité de 600 à 1 250 tonnes, permettent aux Chinois de prendre le contrôle du trafic dans les eaux d'Asie orientale.

La plus grande expédition maritime de l'histoire

Entre 1405 et 1433, sous le règne de l'empereur Yongle, l'eunuque Zheng He conduit sept expéditions maritimes dans l'océan Indien et les îles d'Asie du Sud ; la sixième le mène jusqu'en Afrique. La flotte chinoise est forte de 62 navires, peuvant transporter plus de 1 250 tonnes, et de 27 800 hommes.

QUINZE MOIS DE NAVIGATION

Au Ier millénaire, les Malais et les Javanais savaient fabriquer des bateaux assez grands pour transporter les cargaisons de céramiques. De leur côté, des navires arabes et persans reliaient le golfe Persique à la mer de Chine : le voyage durait quinze mois, durant lesquels il fallait affronter tempêtes, pirates et récifs.

Les Occidentaux maîtres des mers

Pourtant, ces expéditions n'auront pas de suites commerciales. Lorsque les Portugais atteignent en 1498 l'Inde puis la Chine, ils ne rencontrent aucun rival sur les mers. Ils établissent rapidement des bases qui font d'eux les maîtres du commerce. En 1564, les Espagnols s'installent aux Philippines, d'où leurs galions sillonnent la mer de Chine, jusqu'à ce que Hollandais et Anglais veuillent aussi leur part du gâteau. Tous se livrent de violentes batailles pour s'assurer la suprématie.

Galions en partance
dans le port de Lisbonne.

La jonque de Brunei

Découverte en 1997 par 63 mètres de fond face au sultanat de Brunei, sur la côte nord de l'île de Bornéo, elle est, avec ses 10 000 céramiques de la fin du XVe siècle, la plus importante cargaison jamais découverte en mer de Chine.

Le *San Diego*

Coulé par un vaisseau hollandais lors d'un affrontement au large de Manille en 1600, ce galion d'Espagne avait dans ses cales un chargement de 800 jarres et 1 200 « bleu et blanc ».

Le vaisseau amiral
de la flotte de Zheng He
mesurait 150 m de long
et 60 m de large.

POUR TOUS LES GOÛTS

Les potiers produisaient à la fois pour le marché chinois, celui du Sud-Est asiatique et la clientèle étrangère. À partir du IXe siècle, on fabrique massivement une céramique dite d'exportation, pour répondre aux commandes japonaises, portugaises, néerlandaises et françaises, ainsi que pour le Moyen et le Proche-Orient.

BLEU ET BLANC

Parmi les céramiques qui ont connu une grande fortune en Occident : les « bleu et blanc », produits de façon quasiment industrielle à partir du XIVe siècle.

Des Occidentaux en Chine

Paul Pelliot dans la cache aux manuscrits.

LA CACHE AUX MANUSCRITS

Dans une cache déjà explorée par l'Anglais Aurel Stein, à Dunhuang, Pelliot découvre des milliers de manuscrits et de peintures conservés depuis le XIe siècle. Il en fait l'inventaire en trois semaines, à la lueur d'une chandelle. C'est le plus important ensemble de textes sacrés, essentiellement bouddhiques, en chinois, tibétain, sanskrit, sogdien, koutchéen, khotanais et ouïgour. L'expédition rapporte à Paris les plus précieux, qui enrichissent les fonds de la Bibliothèque nationale.

Ils étaient aventureux et curieux ces écrivains, explorateurs, scientifiques et diplomates qui, au début du XXe siècle, sont partis à la découverte de la Chine à dos de cheval, en charrette ou en autochenille. Leurs écrits ou les trésors qu'ils ont rapportés ont contribué à faire connaître une Chine encore mystérieuse.

Sur la route de la Soie

Une mission menée par le sinologue Paul Pelliot quitte Paris en juin 1906 pour aller à la découverte de l'Asie centrale. En février 1908, elle est dans l'oasis de Dunhuang (Gansu), halte où se reposaient pèlerins et marchands, et explore les centaines de grottes aménagées en oratoires bouddhiques ornés de riches peintures.

Danseur représenté sur une fresque murale de Dunhuang.

Victor Segalen et Paul Claudel

Fasciné par la Chine ancienne, le jeune médecin et écrivain Victor Segalen s'embarque en 1909 pour Pékin. Il rencontre à Tianjin le consul de France alors en poste, l'écrivain Paul Claudel. En 1914, Segalen met sur pied une grande mission archéologique qui lui permet notamment de localiser le tombeau du Premier Empereur.

Le raid Citroën, dirigé par G. M. Haardt et L. Audouin-Dubreuil.

La « croisière jaune »

Quatorze autochenilles et une quarantaine d'hommes : entre avril 1931 et février 1932, la « croisière jaune », financée par le constructeur automobile André Citroën, tente de rallier la Méditerranée à la mer de Chine. Deux convois sont organisés, qui vont à la rencontre l'un de l'autre : le groupe Pamir, qui part de Beyrouth le 4 avril 1931, fait sa jonction le 8 octobre avec le groupe Chine passé à travers le désert de Gobi au départ de Tianjin.

Les autochenilles Citroën dans la cour d'un temple.

À l'assaut de l'Himalaya

Deux obstacles majeurs se présentent sur le parcours : l'Himalaya et le désert de Gobi. Les membres de l'expédition se retrouvent quelques mois plus tard pour la seconde partie du voyage. Après mille ennuis mécaniques, toutes sortes de tracasseries politiques, une prise d'otages par les seigneurs de la guerre, un hiver par − 30 °C, ils atteindront triomphalement Pékin le 12 février 1932, au terme d'un périple de 12 000 kilomètres.

Une découverte mutuelle

Le Jardin chinois de François Boucher (1703-1770) est caractéristique de l'attrait qu'exerce l'Asie sur l'esprit des Occidentaux au XVIIIe siècle.

Du XVIe au XVIIIe siècle, des milliers d'Européens se sont rendus en Chine : marchands, marins, missionnaires. En revanche, le nombre de Chinois débarquant en Europe pendant cette période n'a pas dépassé la cinquantaine. Découvrant un monde très différent, les uns et les autres ont rapporté des récits extraordinaires. L'éloignement entre les deux civilisations a fait naître préjugés et malentendus, mais aussi une attirance réciproque.

Tout le contraire !

Vers 1884, le Chinois Yuan Zuzhi compare les us et coutumes des Chinois et des Occidentaux : en Chine, on ne boit pas d'eau froide, pour éviter les maux de ventre ; en Occident, c'est un moyen de lutter contre la chaleur. En Chine, on sert d'abord les plats, puis la soupe ; en Occident, c'est par elle que l'on commence. En Chine, le blanc est la couleur du deuil, et le rouge celle du mariage ; en Occident, c'est le blanc, tandis que le noir est la couleur du deuil…

Chinoiseries

On appelle ainsi les objets d'art ou bibelots venant de Chine ou simplement de style chinois (peintures, porcelaines, paravents…). Au XVIIIe siècle, tout ce qui se rapporte à la Chine fait fureur. En 1700, des fêtes « à la chinoise » sont

Des bains chinois, aujourd'hui démolis, étaient situés à Paris sur le boulevard des Italiens.

organisées au palais de Versailles. L'influence de la Chine se manifeste aussi dans l'art des jardins, la décoration intérieure des maisons. Des « bains chinois » sont même construits à Paris en 1792.

POUR MOI, C'EST DU CHINOIS !

Lorsque les jésuites découvrent la Chine au XVIIe siècle, ils sont frappés par la complexité de la langue chinoise et du système administratif de l'Empire. Par la suite, on qualifiera de « chinoiserie » toute demande compliquée ou extravagante.

Enseigne d'un restaurant McDonald's sur un immeuble moderne à Pékin.

Le « péril jaune »

Après la révolte des Boxeurs en 1900, les Occidentaux prennent conscience que les Chinois sont capables de s'unir pour les chasser de leur pays. Les journaux de l'époque décrivent avec beaucoup de détails sensationnels les combats et les massacres de chrétiens. Aux États-Unis, après 1900, c'est l'arrivée de vagues successives d'immigrants asiatiques qui inquiète la population. La crainte du « péril jaune » était née !

Questions de mode

Depuis la fin des années 1970, les Occidentaux, attirés par l'Orient, aiment aller au restaurant chinois, même si parfois il s'agit plutôt de restaurants vietnamiens ou thaïlandais ! Ils aiment les meubles de style chinois et les vêtements inspirés par la Chine. De leur côté, les Chinois apprécient le McDo (un des plus grands se trouve à Pékin), la mode occidentale, les parfums et les alcools français…

La tendance chinoise est très présente dans la haute couture internationale comme dans ce modèle de Jean-Louis Scherrer.

Longs nez… et yeux bridés

Les Chinois ont longtemps appelé les Occidentaux les « longs nez ». Aujourd'hui, quand un Chinois s'adresse à un Occidental, il utilise un terme mi-familier, mi-poli : *laowai*, « l'étranger ». Pour les jeunes Chinoises de Shanghai ou de Pékin, la mode est de se faire débrider les yeux par une petite intervention de chirurgie esthétique, pour ressembler aux Occidentales…

L'actrice Gong Li est le type même de la beauté chinoise appréciée en Occident.

Le monde chinois

La civilisation chinoise a rayonné partout en Asie. Le système de gouvernement de la Chine a fasciné par son efficacité ses plus proches voisins, le Vietnam, la Corée et le Japon, qui l'ont adopté en même temps que son écriture. L'influence chinoise s'est aussi fait sentir dans la vie quotidienne, les arts et la religion. En période de crise, nombreux furent les Chinois qui durent s'exiler : au fil des migrations, ils ont formé des communautés dans le monde entier.

232
Hong Kong
et Macao

230
Taiwan,
la « belle île »

234

L'Asie chinoise

236

Des Chinois en France

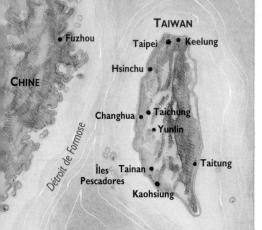

Taiwan, la « belle île »

Avec ses 36 000 km^2, l'île de Taiwan semble minuscule face à la Chine continentale. Habitée à l'origine par des populations aborigènes, elle a été découverte en 1583 par des navigateurs portugais qui l'ont baptisée Formose, la « Belle ». Puis elle a connu une suite d'occupations : par les Hollandais en 1624, par les Chinois à partir de 1662, et de 1895 à 1945 par les Japonais.

Une petite Chine démocratique

Lorsque les communistes ont pris le pouvoir à Pékin, en 1949, le gouvernement nationaliste s'est replié à Taiwan, suivi d'environ deux millions de personnes. Il y a dominé la vie politique jusqu'à nos jours et a permis à la démocratie de s'installer à partir de 1987. Un président de la République a été élu en 1996 au suffrage universel.

Un des pays les plus riches !

L'île compte aujourd'hui une population de près de 23 millions d'habitants. Malgré ses faibles ressources naturelles, en une cinquantaine d'années, Taiwan a réussi à se hisser dans les premiers rangs de l'économie mondiale. Ce sont notamment les secteurs technologiques de l'électronique et de l'informatique – plus de 30 % de la production industrielle – qui ont permis cette accumulation de richesses.

LES ABORIGÈNES

Au nombre de 430 000, les aborigènes se répartissent en dix tribus principales : Ami, Atayal, Bunun, Paiwan, Puyuma, Rukai, Saisiyat, Shao, Tsou et Yami. Ils ont conservé leurs langues et leurs coutumes, très éloignées de celles des Chinois. Longtemps méprisés et maltraités, ils sont maintenant aidés et protégés.

Femmes de la minorité bunun préparant de l'alcool de riz selon des méthodes traditionnelles.

Une ou deux Chine ?

À Pékin, on affirme que Taiwan est une « province » chinoise et non pas un État indépendant. Seuls 27 pays au monde ont des relations officielles avec Taipei, la capitale. De nombreux Taiwanais souhaiteraient que leur pays soit considéré comme un État à part entière, mais Pékin a proféré des menaces militaires au cas où Taiwan proclamerait son indépendance.

Manifestation pour l'indépendance dans les rues de Taipei, en 2003.

L'AN 94 DE LA RÉPUBLIQUE

À Taiwan, on continue à compter les années à partir de la date de fondation de la république, en 1911. L'an 2005 correspond donc à l'an 94 (2005 − 1911 = 94).

Manœuvres dans le détroit

Le détroit de Taiwan est un des points chauds de la planète. Taiwan se trouve à 150 kilomètres des côtes chinoises, mais l'îlot de Quemoy, qui lui appartient, n'est qu'à une dizaine de kilomètres du continent. Des deux côtés du détroit, on est sur le pied de guerre. Les échanges commerciaux et culturels de plus en plus intenses favoriseront peut-être le rapprochement et la paix.

Toujours plus haut !

Les grandes villes d'Asie entretiennent une compétition permanente pour avoir la tour la plus haute du monde. À Taipei a été inaugurée en 2003 la tour 101 (du nombre de ses étages), qui culmine à 508 mètres : 56 mètres de plus que les tours jumelles de Kuala Lumpur, en Malaisie, qui détenaient le record jusque-là ! Qui dit mieux ?

La tour 101 est conçue pour résister aux tremblements de terre.

Hong Kong et Macao

Ces deux colonies, l'une britannique, l'autre portugaise, ont été « rétrocédées » à la Chine en 1997 et 1999. Cette restitution met un point final à l'emprise coloniale de l'Occident qui avait commencé avec les guerres de l'Opium, au XIXe siècle.

Le « Port parfumé »

Avec une superficie de 1 077 km^2 et une population de 6,8 millions d'habitants, Hong Kong, le « Port parfumé » en chinois, est un confetti sur la carte de Chine. Pourtant, la ville a été pendant des années un géant économique, plaque tournante des échanges en Asie, grande place boursière mondiale. Aujourd'hui, sa suprématie menace d'être détrônée par Shanghai.

Rendue à la Chine

Le territoire de Hong Kong avait été cédé aux Britanniques après la première guerre de l'Opium, en 1842. Au terme de plusieurs années de négociations, la Grande-Bretagne l'a restitué le 1er juillet 1997 à la Chine, qui en a fait une « région administrative spéciale ». Pékin a célébré avec faste le « retour au bercail » de l'ancienne colonie.

Cérémonie de rétrocession de Hong Kong à la Chine, le 1er juillet 1997.

UNE FORÊT DE GRATTE-CIEL

La superficie du territoire de Hong Kong étant réduite et la densité de population très forte, l'architecture s'est adaptée. La ville est couverte de tours construites sur le flanc de Victoria Peak, qui culmine à 550 m.

La très portugaise place Leal Senado à Macao.

La voisine portugaise

Non loin de Hong Kong, le territoire de Macao a une superficie de 24 km² seulement. Donnée au XVIᵉ siècle au Portugal par la Chine pour le remercier d'avoir débarrassé la mer des pirates qui y sévissaient, la petite île de Macao est redevenue chinoise en décembre 1999. Partout, la présence portugaise a laissé sa trace : églises baroques, magnifiques demeures ornées de revêtements de faïence typiquement portugais, les azulejos. Les plaques des noms de rue, inscrits en chinois et en portugais, sont également faites dans cette belle céramique.

Les poules aux œufs d'or

Le gouvernement chinois n'a pas tenté d'imposer à ses nouvelles possessions son système politique. Il a appliqué le principe « un pays, deux systèmes », qui prévoit que le régime économique et politique en vigueur dans ces deux villes pourra se maintenir durant quarante ans. Ces deux territoires étant très riches, Pékin n'a pas voulu prendre le risque de créer des troubles et de « tuer la poule aux œufs d'or ».

Les habitations flottantes du port d'Aberdeen, à Hong contrastent avec le gigantisme des tours.

L'Asie chinoise

L'influence de la Chine sur les pays voisins a toujours été très forte. La Corée, le Japon et le Vietnam ont dès une époque ancienne adopté les caractères chinois pour écrire leur langue. À travers le bouddhisme et le confucianisme, la civilisation chinoise a donné une forte cohésion à ce monde « sinisé ».

La ville chinoise de Singapour en 1924.

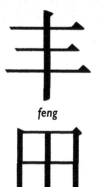

feng

tian

Les caractères ci-dessus sont ceux de la marque japonaise Toyota, mais ils se prononcent *fengtian* en chinois.

Des langues très différentes

Même si elles recourent aux caractères chinois pour l'écriture, la langue coréenne et la langue japonaise diffèrent complètement du chinois par leur prononciation et leur grammaire. Autant que l'allemand du français ou de l'espagnol. Le caractère « montagne », par exemple, se prononce *shan* en chinois, *yama* en japonais et *san* en coréen.

Shan, « montagne ».

Des caractères qui résistent

Sous l'influence des colonisateurs français, le Vietnam a abandonné les caractères chinois dès 1919 pour l'écriture en lettres latines. La Corée du Sud les délaisse progressivement, tandis que la Corée du Nord n'utilise plus que l'alphabet coréen. Au Japon, ils sont utilisés en parallèle avec l'écriture japonaise. De nos jours, si un Chinois, un Coréen ou un Japonais ne se comprennent pas à l'oral, ils peuvent tenter de communiquer en écrivant les caractères dans le creux de leur main…

Fascination

Outre l'écriture, la Corée, le Japon et le Vietnam ont adopté le mode de gouvernement de la Chine, ainsi que le confucianisme et le bouddhisme. Dès le VIe siècle, des moines bouddhistes chinois allaient en Corée, tandis que des moines japonais et coréens visitaient Chang'an, la capitale de la dynastie des Tang. En architecture, peinture, littérature, ainsi que dans la vie quotidienne, la marque de la Chine a été très forte.

PARTOUT LES BAGUETTES

Un des points communs des pays de l'Asie « sinisée » (Japon, Corée, Vietnam) est l'utilisation des baguettes pour se nourrir. Ailleurs en Asie, en Thaïlande par exemple, on utilise couteaux, cuillères et fourchettes.

À DOS DE DRAGON

À partir de la Chine, la doctrine bouddhique s'est répandue en Corée grâce au moine Gisho (624-702), qui, selon la légende, l'a rapportée monté sur le dos d'un dragon. Ce dragon était à l'origine une jeune fille qui était tombée amoureuse du moine ; mais, apprenant le but de sa mission, elle ne voulut pas l'en détourner et se métamorphosa ainsi pour l'aider à rentrer dans son pays !

236

Des Chinois en France

Chinois enrôlés dans l'armée française pendant la Première Guerre mondiale.

Depuis le XIXe siècle, les Chinois ont essaimé partout dans le monde. Aux États-Unis, ils ont occupé dans certaines villes des quartiers entiers, surnommés Chinatown. En France, l'immigration chinoise a connu plusieurs vagues depuis le début du XXe siècle.

Dans les tranchées

Pendant la Première Guerre mondiale, la France, qui avait besoin de main-d'œuvre pour remplacer les hommes partis ou morts au combat, a vu dans la Chine une immense réserve. Ainsi, 140 000 Chinois furent « importés » pour creuser les tranchées, évacuer les corps sur les champs de bataille et travailler à bas prix dans les usines d'armement. Environ 3 000 resteront après la guerre, formant le début de la communauté chinoise de France.

Immigrants chinois débarquant au port de Marseille au début du XXe siècle.

Les Chinois du XIIIe arrondissement

À Paris, les réfugiés chinois ayant fui le Vietnam et le Cambodge se sont installés dans des tours du XIIIe arrondissement qui ont vite formé un véritable « quartier chinois » au cœur de la capitale. Une dernière vague d'immigration a eu lieu avec l'ouverture de la Chine, vers 1980, et après les événements de la place Tian'anmen, en 1989. La communauté chinoise s'est plutôt bien intégrée à la société française. Elle compte de nombreux réseaux d'entraide et des associations qui assurent sa cohésion.

Défilé du Nouvel An chinois sur les Champs-Élysées, à Paris, le 26 janvier 2004.

Des Chinois français

Parmi les Chinois installés en France depuis un demi-siècle, certains se sont distingués par leur œuvre empreinte à la fois de culture française et chinoise : le peintre Zao Wou-ki, l'académicien François Cheng, le prix Nobel de littérature Gao Xingjian, le cinéaste et romancier Dai Sijie…

François Cheng est membre de l'Académie française depuis 2002.

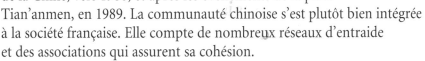

DES ÉTUDIANTS-OUVRIERS DEVENUS CÉLÈBRES

Au cours des années 1920 et 1930, de nombreux Chinois viennent en France faire leurs études. Ils sont souvent ouvriers pour financer leurs frais de scolarité. Rentrés dans leur pays, certains ont connu une destinée célèbre, comme le Premier ministre Zhou Enlai, ou Deng Xiaoping, maître de la Chine de 1978 à 1993.

La pensée et la religion

Confucianisme, taoïsme et bouddhisme ont marqué la culture chinoise. Philosophies ou religions ? La distinction n'est pas aussi marquée qu'en Occident. À plusieurs reprises, elles ont fait l'objet de répression de la part du pouvoir. Aujourd'hui, elles ne sont plus considérées comme nuisibles, mais tolérées et surveillées par l'État, et les Chinois ont retrouvé le chemin des temples.

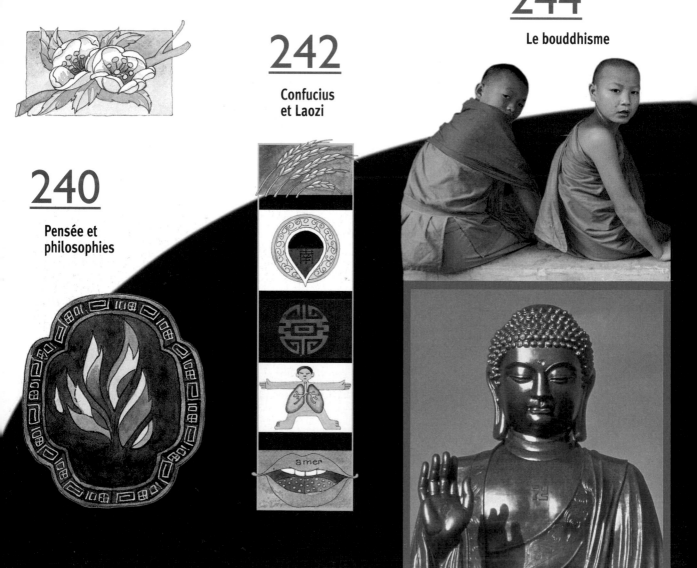

244
Le bouddhisme

242
Confucius et Laozi

240
Pensée et philosophies

246
Des grottes
pour sanctuaires

248
Chrétiens
et musulmans

250
Les croyances
populaires

252
Temples et pagodes

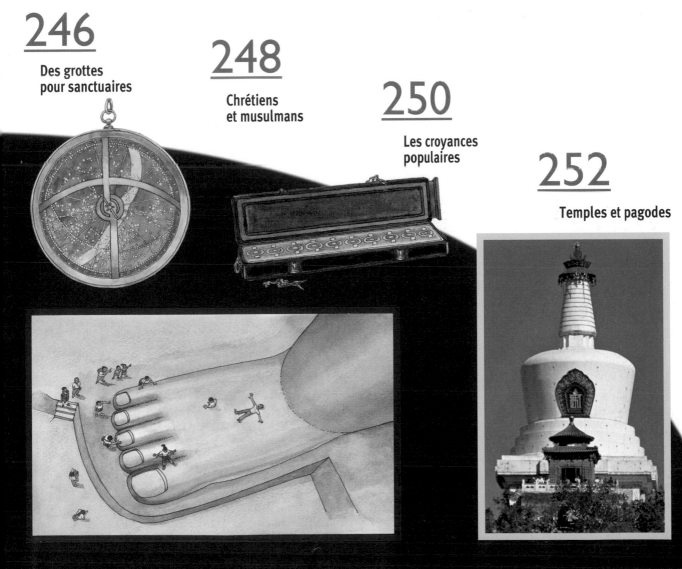

Pensée et philosophies

乾 *qian*

兌 *dui*

巽 *xun*

離 *li*

坎 *kan*

震 *zhen*

艮 *gen*

坤 *kun*

Motif du yin, du yang et des 8 trigrammes.

Entre le VIe et le IIIe siècle avant notre ère se sont développées plusieurs écoles de pensée qui ont expliqué leur vision du monde en s'appuyant sur des notions qui existaient depuis les temps les plus anciens.

Bois   **Feu**

TRIGRAMMES ET HEXAGRAMMES

Le système de divination du *Livre des mutations* fonctionne ainsi : le principe yin est représenté par un trait brisé ; le principe yang, par un trait plein.
À partir de ces deux principes de base, on peut créer 4 figures qui, elles-mêmes, engendrent les 8 trigrammes. En se combinant deux par deux, les 8 trigrammes donnent les 64 hexagrammes. La succession et le mouvement des 64 hexagrammes symbolisent l'ensemble des phénomènes naturels qui animent l'univers.

Yin et yang

Dans l'Antiquité chinoise, on considérait que le monde reposait sur l'alternance de deux principes complémentaires : le yin et le yang. Le yang représente le principe mâle, le soleil, le jour, le dessus ; le yin représente le principe femelle, la lune, la nuit, le dessous. C'est l'alternance de ces principes qui fait naître le « souffle vital » que l'on appelle le *qi*.

Les cinq éléments

Au IIIe siècle avant notre ère, un système de correspondances a été établi entre les cinq éléments (*wuxing* : le bois, le feu, la terre, le métal et l'eau, qui se succèdent de façon cyclique) et les saisons, les directions, les couleurs, les organes, les saveurs (ci-contre), etc.

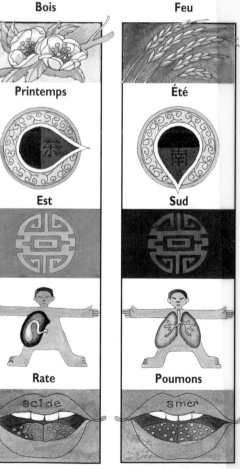

Printemps   **Été**

Est   **Sud**

Rate   **Poumons**

acide   amer

Le *Yijing*

La vision de l'univers et de la place de l'homme à l'intérieur de celui-ci est développée dans le *Yijing*, ou *Livre des mutations*, un très ancien ouvrage qui a d'abord servi à la divination. Celle-ci consistait en un système complexe de tirage au sort de figures symboliques. Tous les penseurs et philosophes de Chine se sont référés au *Yijing*, lequel a beaucoup fasciné les Occidentaux.

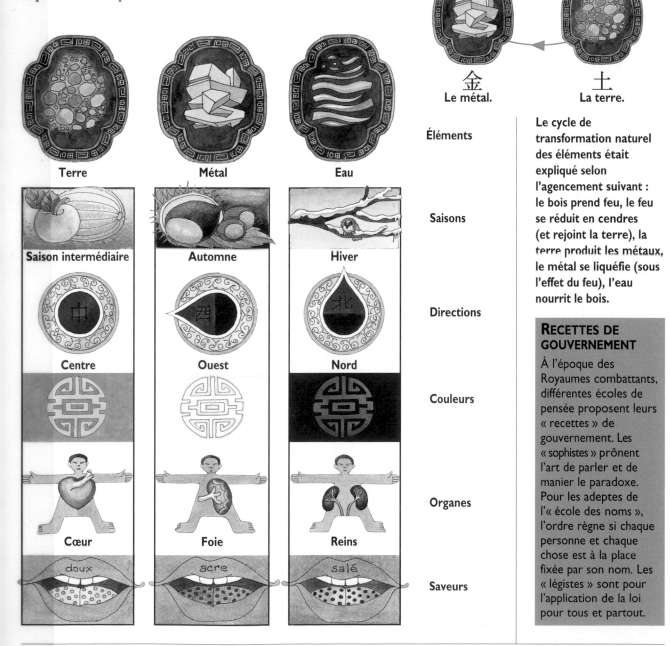

木 Le bois.

Les cinq éléments.

五行 *wuxing*

水 L'eau.

火 Le feu.

金 Le métal.

土 La terre.

Terre

Métal

Eau

Saison intermédiaire

Automne

Hiver

Centre

Ouest

Nord

Cœur

Foie

Reins

doux

acre

salé

Éléments

Saisons

Directions

Couleurs

Organes

Saveurs

Le cycle de transformation naturel des éléments était expliqué selon l'agencement suivant : le bois prend feu, le feu se réduit en cendres (et rejoint la terre), la terre produit les métaux, le métal se liquéfie (sous l'effet du feu), l'eau nourrit le bois.

RECETTES DE GOUVERNEMENT

À l'époque des Royaumes combattants, différentes écoles de pensée proposent leurs « recettes » de gouvernement. Les « sophistes » prônent l'art de parler et de manier le paradoxe. Pour les adeptes de l'« école des noms », l'ordre règne si chaque personne et chaque chose est à la place fixée par son nom. Les « légistes » sont pour l'application de la loi pour tous et partout.

Confucius et Laozi

Angle de toit du pavillon des Stèles, situé dans l'enceinte du temple dédié à Confucius à Qufu (Shandong), lieu de naissance et d'inhumation du philosophe.

« MAÎTRE KONG »

Quand les Occidentaux découvrent l'existence de Kong fuzi (« maître Kong ») à la fin du XVIe siècle, ils « latinisent » son nom pour mieux le retenir : Confucius. Il en sera de même pour son disciple Mengzi, nommé Mencius.

Confucius et des disciples en train de méditer face à la mer.

Ils auraient tous deux vécu à la même époque et se seraient même rencontrés. Ils comptent parmi les plus grands penseurs de la Chine. Avec le temps, les Chinois en ont fait des saints ; leurs doctrines, le confucianisme et le taoïsme, sont même devenues des religions, avec des temples et des fidèles.

Le temple de Confucius à Qufu (Shandong).

Un sage errant

Confucius serait né en 551 avant notre ère, près de Qufu (Shandong), dans le pays de Lu. Régisseur d'un grand domaine, il est ensuite admis à la cour des rois Zhou. À son retour chez lui, on commence à venir écouter ses propos. Puis il mènera une vie d'errance, espérant convertir à ses idées les princes des pays qu'il parcourt. Il passe les dernières années de son existence à enseigner à ses disciples.

L'homme de bien

Ses paroles ont été consignées par ses disciples dans les *Entretiens*. Il y développe sa conception d'un homme généreux et modeste, l'« homme de bien », qui sait se comporter en société. « Que le souverain agisse en souverain, le ministre en ministre, le père en père, et le fils en fils » signifie que chacun doit savoir se conduire en fonction de son rang et de sa place.

Toujours se perfectionner

Respecter les rites et avoir l'étude comme activité principale sont les bases de l'existence. Les « six arts » à étudier pour devenir un homme de bien sont : les rites, la musique, l'écriture, la science des nombres, la conduite du char et le tir à l'arc. Au cours des siècles, l'enseignement de Confucius a constitué la doctrine officielle de l'Empire et une sorte de morale sociale.

復道大同

Le « vieux maître »

Laozi, le « vieux maître », aurait, selon la légende, vécu à la même époque que Confucius, mais on ne sait pas s'il a vraiment existé. Dégoûté par la corruption et le déclin de la dynastie des Zhou, il serait parti vers l'ouest ; au moment de franchir la dernière passe avant la steppe, le gardien lui aurait dit : « Puisque vous êtes sur le point de vous retirer du monde, je vous prie de bien vouloir écrire un livre pour moi. »

Ne pas agir

Avant de disparaître, il rédigea les cinq mille mots du *Livre de la voie et de la vertu*, composé de poèmes rythmés et rimés, qui est à la base de la doctrine taoïste. Pour Laozi, contrairement à Confucius, l'harmonie dans le monde découle de l'équilibre intérieur de chaque individu. Le *dao*, la « voie », qu'il propose, est un style de vie fait de simplicité, d'humilité, d'harmonie. Il préconise le « non-agir » (*wuwei*) qui n'est pas la passivité, mais une attitude qui exclut toute agressivité dans les relations entre les hommes, et entre les hommes et la nature.

Le faible triomphe du fort

Pour expliquer ce principe, Laozi utilise la métaphore de l'eau : rien au monde n'est plus faible qu'elle, et pourtant, elle peut entamer le plus dur et le plus fort.

Le rêve du papillon

Zhuangzi, un des grands maîtres du taoïsme, vécut vers 370-300. Un de ses aphorismes poétiques montre les limites de la connaissance de l'homme : un jour, il rêvait qu'il était un papillon. Très heureux, il en oublia même qu'il était Zhuangzi. Soudain il se réveilla et se retrouva dans la peau de Zhuangzi. Mais il ne savait plus si c'était Zhuangzi qui avait rêvé qu'il était papillon, ou si c'était un papillon qui avait rêvé qu'il était Zhuangzi.

Aujourd'hui encore on révère Laozi, comme ici, dans un temple du Henan.

Selon la légende, Laozi effectua son périple à dos de buffle.

Le bouddhisme

Alors qu'il a déjà une longue histoire en Inde, le bouddhisme apparaît en Chine vers le début de notre ère. À partir du IVᵉ siècle, il se répand largement pour devenir la principale religion de la Chine jusqu'à nos jours.

Le bouddhisme suscite une grande ferveur chez ses fidèles. D'innombrables bâtons d'encens sont brûlés pour accompagner prières et offrandes, ici pour le Nouvel An.

LE PÉRIPLE DE XUANZANG

Sous la dynastie des Tang, le moine Xuanzang effectue un voyage de 16 ans (629-645). Il visite toute l'Inde pour s'instruire auprès des maîtres les plus renommés et rapporte, au terme d'un périple de 25 000 km, 520 livres saints. Une fois rentré à la capitale Chang'an, comme il maîtrise parfaitement le sanskrit, langue dans laquelle ces livres sont rédigés, il dirige des équipes de spécialistes chargés de les traduire.

Le fondateur : Sâkyamuni

Gautama Sâkyamuni (560-480) est un contemporain de Confucius. Prince d'un petit royaume du nord-est de l'Inde, il est élevé dans le luxe, sans contact avec le monde extérieur. Ayant réussi un jour à s'échapper du palais, il a la révélation que « tout n'est qu'illusion ». Devenu mendiant, à 35 ans, il atteint l'illumination sous l'arbre de l'Éveil ; de ce moment, on le nomme Bouddha, l'Éveillé. Il passa le reste de sa vie à dispenser son enseignement.

À la recherche des textes sacrés

Le bouddhisme suscite une grande ferveur à partir de la fin du Vᵉ siècle et se transforme en une religion animée par des moines regroupés dans des monastères. On prend conscience de son immense diversité et, pour établir la vraie doctrine, nombreux sont les pèlerins qui partent en Inde chercher les textes sacrés à la source.

La gigantesque statue de Bouddha du monastère de Po Lin, sur l'île de Lantau, à Hong Kong.

Méditation et piété

La doctrine bouddhiste enseigne que le monde n'est qu'illusion. La seule réalité est la douleur que ressent l'homme, générée par le désir de vivre. La douleur peut être réduite en limitant les désirs, ce qui conduit à la paix intérieure, le nirvâna. Pour y parvenir, il faut pratiquer la méditation et faire preuve d'une profonde piété. Chacun peut devenir un saint s'il acquiert la maîtrise de soi et le détachement de la mort.

Comme des cathédrales

La ferveur des empereurs et des fidèles s'est manifestée dans la création de sanctuaires grandioses, comme le furent les cathédrales de l'époque gothique en Europe. On a creusé dans le roc des grottes où se dressent des statues colossales et où sont sculptées et peintes des milliers de représentations de Bouddha. La Chine s'est couverte de monastères et de pagodes.

Le lamaïsme

Le lamaïsme, une des branches du bouddhisme chinois, s'est répandu au Tibet et en Mongolie-Intérieure. On l'appelle ainsi, car les moines pratiquant le culte sont des lamas, ou « maîtres ». Il se caractérise par sa succession de réincarnations de bouddhas : les dalaï-lamas et les panchen-lamas.

LA DENT DE BOUDDHA

Comme les chrétiens, les bouddhistes vénèrent des reliques. À Famen (Shaanxi), une dent de Bouddha fait l'objet d'un culte fervent qui attire des pratiquants de toute l'Asie.

Haut dignitaire du clergé tibétain.

UNE RELIGION PORTÉE PAR UN RÊVE

D'après la légende, en l'an 68, un empereur de la dynastie des Han aurait vu en rêve un homme en or voler devant son palais. Il envoya vers l'ouest des émissaires rechercher une image de cette divinité identifiée comme Bouddha. Ils revinrent avec un cheval blanc chargé de soutras, et l'empereur fit construire à Luoyang le temple du Cheval blanc.

Les fresques peintes sur les parois des grottes de Dunhuang illustrent des scènes de la vie de **Bouddha**.

Des grottes pour sanctuaires

À Yungang, la pénombre des grottes dissimule une foule de sculptures.

TOUT SOURIRE

Les corps aux formes rondes et harmonieuses, les plis des vêtements qui retombent avec naturel, les visages doux et sereins, les commissures des lèvres qui se relèvent en un sourire paisible : tout concourt à donner à ces figures sacrées un air de bienveillance.

Avec celles de Longmen (Henan) et de Dunhuang (Gansu), les grottes de Yungang sont un des trois hauts lieux du bouddhisme en Chine. Elles témoignent de l'immense ferveur dont jouissait le culte de Bouddha.

Des empereurs bouddhistes

L'usage de placer des statues dans des grottes est venu d'Inde. Les grottes de Yungang, près de Datong (Shanxi), furent creusées entre 460 et 494 dans une falaise de grès. Les empereurs d'origine turque qui avaient alors conquis le nord de la Chine adoptèrent le bouddhisme comme religion officielle et leur territoire compta jusqu'à trente mille monastères.

Des sculptures par milliers

L'ensemble se compose d'une cinquantaine de grottes, dont plusieurs comportent un vestibule et une chambre centrale. Dans les parois sont creusées des niches peuplées de milliers d'images sacrées. Une bonne partie des 50 000 statues sont peintes de couleurs vives. Plusieurs bouddhas géants sont taillés à même la roche.

Le plus grand bouddha de Yungang, assis en méditation, mesure 13,70 m de haut.

La vie de Bouddha en images

Comme les artistes du Moyen Âge en Europe avaient sculpté les chapiteaux et les portails des églises romanes, les artisans ont taillé la pierre des grottes de Yungang en ne laissant pas un seul espace libre de décor. Sur ces images foisonnantes, on peut lire tous les épisodes de la vie de Bouddha. Il est accompagné d'une foule de bodhisattvas semi-divins, d'apsaras volantes, de musiciens et autres personnages célestes.

La falaise aux mille bouddhas

Les grottes de Mogao, dans l'oasis de Dunhuang (Gansu), figurent sur la liste du patrimoine mondial de l'Unesco.

Les grottes de Mogao, dans l'oasis de Dunhuang.

À partir de 366 et pendant dix siècles, on a creusé là près de cinq cents grottes sur cinq niveaux et 1,6 kilomètre de long. Comme la roche était très friable, la plupart des deux mille quatre cents statues ont été modelées dans l'argile et peintes. Les fresques qui recouvrent murs et plafonds décrivent à la fois des scènes religieuses et des moments de la vie quotidienne.

SACRILÈGE À BAMIYAN

L'un mesurait 38 m de haut, l'autre 55 m. Les deux bouddhas taillés au Ve siècle dans la falaise de grès de Bamiyan, en Afghanistan, ont été dynamités par les talibans en mars 2001 et réduits en tas de gravats. Ils avaient inspiré la réalisation des grandes sculptures de Yungang.

UN ORTEIL DE 1,60 M

Le bouddha géant de Leshan (Sichuan) est, avec ses 71 m, la plus grande statue de Bouddha au monde.

Le gigantesque pied droit du bouddha de Leshan.

Chrétiens et musulmans

La mosquée de la rue du Bœuf, à Pékin.

Contrairement au bouddhisme, qui s'est rapidement « sinisé », le christianisme et l'islam sont restés en Chine des religions « étrangères ». Considérés comme des superstitions, ils ont parfois été violemment combattus par les autorités.

Disciples de Mahomet

Parmi les commerçants arabes et persans qui empruntèrent la route de la Soie sous la dynastie des Tang, certains s'installèrent en Chine, apportant avec eux leur religion. On dit que des disciples de Mahomet sont venus, de son vivant, prêcher à Canton, faisant construire en 627 le premier minaret, qui servait aussi de phare pour les bateaux.

Les musulmans portent une coiffe blanche.

30 000 MOSQUÉES

Les musulmans sont aujourd'hui au moins 50 millions en Chine, où l'on compte plus de 30 000 mosquées. Chaque grande ville a sa communauté islamique, mais les musulmans se concentrent surtout dans les provinces du Ningxia et du Xinjiang.

Protégés par les Mongols

Mais l'arrivée officielle de l'islam date de 651. En 760, on compte quatre mille familles arabes à la capitale. On les appelle les Huihui. Sous les Mongols, la présence des musulmans est encouragée et la religion se répand alors partout. Elle subira cependant plusieurs périodes de persécutions.

Mosquée dans la province du Xinjiang.

Missionnaires en Chine

Le christianisme fut introduit pour la première fois en Chine au XIIIᵉ siècle : les rois et les papes firent plusieurs tentatives pour convertir les Mongols en envoyant des missionnaires franciscains. Mais il ne s'installa vraiment qu'après l'arrivée en Chine du jésuite Matteo Ricci (1552-1610). Les jésuites intéressèrent les empereurs et les lettrés surtout par ce qu'ils apportaient dans les domaines de l'astronomie, de la géographie, de la physique, des arts et des techniques.

Des instruments scientifiques sophistiqués pour l'époque sont réalisés en Chine, au XVIIᵉ siècle, d'après les indications des jésuites.

Table à calcul.

Rapporteur.

Au XVIIᵉ siècle, un Bureau d'astronomie est fondé à la cour par des jésuites, à la demande de l'empereur.

Sextant astronomique.

Massacres

Après les guerres de l'Opium, le catholicisme revint en force, ainsi que le protestantisme. Les nouveaux missionnaires suscitèrent souvent l'hostilité de la population ; en 1900, lors de la révolte des Boxeurs, des milliers de chrétiens furent massacrés. L'évangélisation de la Chine se poursuivra ensuite rapidement jusqu'à la fondation de la république populaire.

OFFICIELLE ET CLANDESTINE

Deux Églises catholiques coexistent en Chine : l'une, officielle, qui a fait allégeance aux autorités chinoises, compte environ 4 millions de fidèles et ne reconnaît pas l'autorité du pape ; l'autre, clandestine, fidèle au Vatican, compterait 10 millions de membres.

MIRACLES

Du christianisme, les Chinois du peuple retinrent surtout certains aspects, comme les miracles et les guérisons par exorcisme.

La cathédrale de Pékin, flanquée de ses deux pavillons chinois.

Les croyances populaires

Divinités protectrices
de la nature.

Toute communauté est placée sous le patronage de divinités que l'on invoque en brûlant de l'encens et de la monnaie de papier. On les consulte par l'intermédiaire de devins, et on leur consacre des fêtes accompagnées de processions, de chants et de danses.

Le culte des ancêtres

Basé sur la nécessaire entraide des morts et des vivants, il occupe une place fondamentale. Si l'on ne s'occupe pas des esprits, ils risquent de se transformer en fantômes qui reviendront hanter les vivants. Sur l'autel des ancêtres, situé à la place d'honneur dans la maison, est placée une tablette censée recueillir le « souffle » des morts.

Divinité protectrice
contre les souffrances
de la guerre.

Mauvais esprits

On se méfie des esprits malfaisants qui sont responsables des maladies et des épidémies ; des animaux qui peuvent prendre un aspect humain : renards, serpents, belettes ; et des fantômes de suicidés, de victimes d'accidents ou de meurtres. Toutes sortes de cérémonies d'exorcisme permettent de s'en protéger.

L'autel domestique est dédié au culte des ancêtres. On y fait des salutations, des prières et des offrandes.

LES FORCES NATURELLES

L'au-delà est peuplé d'une foule d'esprits aux pouvoirs très divers. Ce sont souvent des forces naturelles divinisées : une montagne, une rivière, une source, un vieil arbre, le tonnerre… Chaque village a un dieu du sol, chaque ville un dieu des murailles et des fossés.

Un dieu pour chaque métier…

À la tête de la hiérarchie céleste se trouve l'empereur de Jade, mais on ne s'adresse pas à lui, car il est bien trop distant. Il a une foule de subalternes qui régissent tout ce qui concerne la vie des hommes. Sur les Enfers règne Yama. Toute corporation vénère un saint patron : dieu des bateliers, des comédiens, des cordonniers, mais aussi des éleveurs de pigeons voyageurs, des marchands de pétards, des ivrognes ou des prisonniers…

… et pour chaque chose

Le monde des esprits, très complexe, est calqué sur celui des humains. Il existe une divinité pour chaque événement de la vie : on vénère aussi bien les dieux des portes, du foyer, des latrines, que le dieu des chevaux, des bœufs, ou celui qui protège des sauterelles. Chaque région a ses croyances propres, mais certaines divinités sont honorées dans toute la Chine : Guanyin, déesse de la miséricorde ; Guanyu, dieu de la guerre et des marchands…

Émergeant des nuages, un pic du mont Huashan, l'une des cinq montagnes sacrées.

Pèlerinage aux montagnes sacrées

Au nombre de cinq, elles correspondent aux cinq éléments et aux points cardinaux : Taishan (Shandong) pour l'est, Songshan (Henan) pour le centre, Huashan (Shaanxi) pour l'ouest, Hengshan (Shanxi) pour le nord, Hengshan (Hunan) pour le sud. Elles sont assaillies par des foules de pèlerins et de randonneurs qui gravissent leurs milliers de marches pour contempler le lever ou le coucher du soleil, ou admirer la mer de nuages.

Monnaie destinée à être brûlée en offrande lors des cérémonies.

OFFRANDES ET INVOCATIONS

L'important est de gagner la protection des divinités et de ne pas les froisser. On leur fait des offrandes sous forme d'encens, de nourriture, de monnaie de papier que l'on brûle. Pour entrer en communication avec elles, on fait appel à un prêtre, taoïste de préférence, ou à un chaman.

BOUCHE COLLÉE

Le vingt-troisième jour du douzième mois, le dieu du foyer va faire son rapport annuel à l'empereur céleste. On lui fait alors des offrandes de sucreries pour l'amadouer et lui « coller la bouche » afin qu'il ne dise pas de mal des habitants de la maison.

Temples et pagodes

L'architecture des temples ne se distingue guère de celle des édifices civils : colonnes rouges, toitures de tuiles jaunes ou vertes portées par des consoles peintes en vert, blanc et bleu. Quant à la pagode bouddhique, qui servait à abriter des reliques, elle a connu toutes sortes de formes originales.

Sur le même principe

Qu'ils soient bouddhiques, taoïstes ou confucéens, les temples ont toujours la même architecture : une plate-forme, des colonnes sur une base de pierre, un toit de tuiles reposant sur des consoles. Les bâtiments sont disposés autour d'une cour, et le principe de symétrie de part et d'autre d'un axe médian ne change pas.

À chacun son style

Le temple confucéen est austère. Un tambour et des cloches rappellent l'importance accordée à la musique. Dans le temple taoïste, appelé « palais », figurent d'innombrables représentations de génies ou de démons. Leurs toits sont très ouvragés, avec quantité de figurines.

Ce dragon en céramique orne le toit du temple de Putuo, à Xiamen (Fujian).

LES GARDIENS DES QUATRE ORIENTS

La plupart des temples sont gardés par les quatre « rois célestes » : l'un tient une pagode, le deuxième une épée, le troisième deux épées, et le dernier une canne pointue.

Le temple Yuantong à Kunming, site bouddhique depuis la dynastie des Yuan (1279-1368).

La pagode

Apparue avec le bouddhisme, elle servait à abriter des textes sacrés, les reliques de personnages vénérés, ou encore à commémorer un événement. C'est une tour, divisée en étages soulignés à l'extérieur soit par une corniche, soit par des toits en appentis ou des balcons. En Chine, elle est la fusion de deux éléments : les tours de guet, tours de plaisance ou de chasse de l'époque Han, et le stupa, qui était en Inde un monument funéraire contenant les cendres ou les reliques d'un défunt.

Une, deux !

Les premières pagodes sont placées en position privilégiée sur l'axe médian du temple ; à partir des Sui (589-618) et sous les Tang (618-907), la pagode se dédouble : on en construit deux, de part et d'autre de l'axe central, ce qui correspond mieux au goût chinois pour la symétrie.

La pagode de Yingxian.

SANS UN CLOU !

La pagode de Yingxian (Shanxi) est haute de 67 m. Construite en 1056, sans le moindre clou, elle est la plus ancienne structure de ce genre en Chine et la mieux conservée au monde.

Le dagoba

Il ne reste que peu de vestiges des premières pagodes, construites en bois. Ensuite, on les a bâties en brique et en pierre, sur un plan carré ou octogonal. Elles comportent de un à dix-sept étages. À partir de la dynastie des Yuan apparaît un nouveau type de construction, le dagoba lamaïque (le lamaïsme est une forme de bouddhisme pratiqué au Tibet) : sur un haut soubassement se dresse un dôme ventru dont l'aspect évoque une grosse quille.

Le monastère suspendu

Ce monastère bouddhique vieux de 1 400 ans est littéralement accroché à une falaise face au mont Hengshan (Shanxi), une des montagnes sacrées. Construit entièrement en bois, il compte une quarantaine de salles sur plusieurs niveaux, reliées par des galeries.

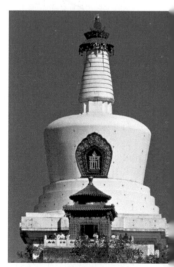

Le Dagoba blanc, à Pékin.

La littérature et les arts

L'écriture chinoise n'est pas qu'un outil de communication :
elle a exercé son influence sur la civilisation, la littérature et
les arts de la Chine. Qu'il s'agisse du jade, du bronze, de la porcelaine
ou de la peinture, artisans et artistes ont su allier la maîtrise technique
et l'inventivité pour créer des chefs-d'œuvre. Les arts plastiques,
mais aussi la musique et la danse,
ont toujours été liés à la vie
sociale et aux rites.

264
Des bronzes
rituels

262
Le jade, une
pierre magique

260
Écrivains
d'aujourd'hui

258
Poètes, romanciers
et conteurs

256
L'écriture
chinoise

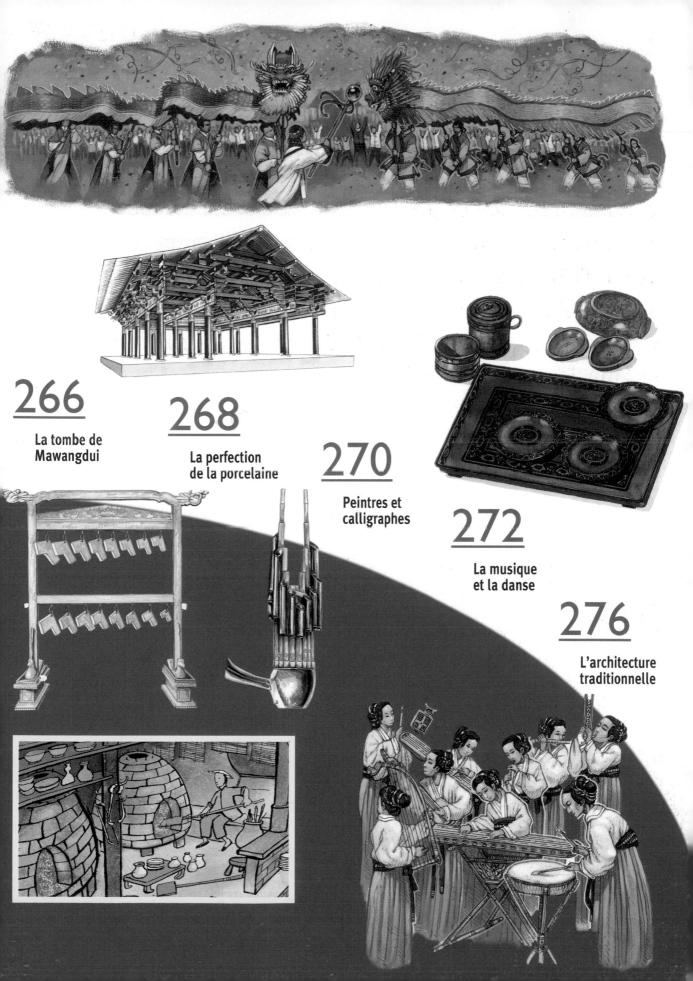

266

La tombe de
Mawangdui

268

La perfection
de la porcelaine

270

Peintres et
calligraphes

272

La musique
et la danse

276

L'architecture
traditionnelle

L'écriture chinoise

L'écriture chinoise, utilisée depuis au moins trois mille ans, est formée d'« idéogrammes », ou « sinogrammes ». On a cru que, pour s'adapter au monde moderne, on devrait abandonner ces caractères au profit d'une écriture alphabétique.
Mais grâce à l'informatique, ils connaissent une nouvelle vie.

Pinceau de calligraphie à manche de porcelaine.

À L'ENCRE ET AU PINCEAU

Traditionnellement, on apprend à écrire au pinceau, un apprentissage de longue haleine que les enfants commencent très tôt. La calligraphie est un art aussi raffiné que la peinture ou la poésie ; elle demande une maîtrise parfaite du souffle et du geste. Les calligraphes pratiquent plusieurs styles d'écriture différents.

Des dessins, des idées

Il existe plusieurs catégories de caractères. Les pictogrammes représentent une image, par exemple la lune, le soleil, l'arbre… Dans les idéogrammes, deux éléments forment un nouveau caractère. Ainsi, « soleil » plus « lune » donne « brillant » ; « arbre » plus « arbre » signifie « forêt ».

PICTOGRAMMES.

Lune   Soleil   Arbre

IDÉOGRAMMES.

Soleil + lune = brillant

Arbre + arbre = forêt

Des sons

La troisième catégorie est celle des idéophonogrammes, où un élément, appelé la clef, donne une idée du sens du mot, tandis que l'autre en suggère la prononciation. Par exemple, la clef de la main se trouve dans les caractères indiquant une action manuelle, comme *ti*, « soulever », *sao*, « balayer », *la*, « tirer ».

IDÉOPHONOGRAMMES.

Clef de   *ti,*   *sao,*   *la,*
la main   « soulever » « balayer » « tirer »

Des formes

Malgré l'évolution subie par les pictogrammes archaïques (ci-dessous, en haut), leur forme générale se devine encore dans le tracé des caractères actuels (en bas).

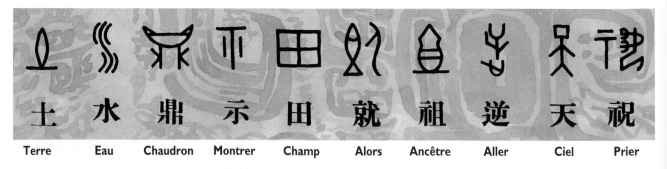

Terre   Eau   Chaudron   Montrer   Champ   Alors   Ancêtre   Aller   Ciel   Prier

Ils ont été simplifiés

Les caractères chinois sont composés d'un certain nombre de traits fondamentaux qui sont toujours tracés dans le même sens et dans un ordre précis. Au cours des années 1950, la Chine a procédé à une simplification de son écriture, en réduisant le nombre de traits de certains caractères. Ces caractères « simplifiés » sont en usage aujourd'hui en république populaire de Chine : ils s'écrivent de gauche à droite, comme dans notre écriture.

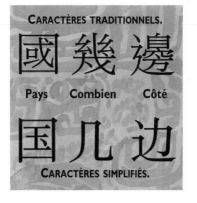

CARACTÈRES TRADITIONNELS.

國 幾 邊

Pays   Combien   Côté

国 几 边

CARACTÈRES SIMPLIFIÉS.

DE 1 À 36 TRAITS

Le caractère le plus simple est *yi*, qui signifie « un », et n'a qu'un trait. Le plus compliqué, *nang*, « avoir le nez bouché », en comporte 36. En moyenne, un caractère comporte une dizaine de traits.

一 鼻囊

yi   *nang*

2 000 caractères au minimum sont appris à l'école.

Dix mille caractères !

Dans les dictionnaires, les caractères sont classés soit par ordre alphabétique selon leur prononciation, soit selon leur clef et leur nombre de traits. Les dictionnaires de base en comptent environ dix mille. Tout Chinois qui sait lire possède un dictionnaire *Xinhua* (*Chine nouvelle*), qui existe depuis cinquante ans et a connu deux cents réimpressions.

Cinq écritures figurent sur les billets de banque en Chine : chinoise, tibétaine, mongole, zhuang et ouïgoure.

Sauvés par l'ordinateur

Le grand nombre des caractères chinois a été un obstacle à l'utilisation des machines à écrire. L'apparition des logiciels de traitement de texte en permet aujourd'hui la saisie grâce à un clavier d'ordinateur. Ainsi, si l'on tape *maobi* (*m + a + o + b + i*) pour le mot « pinceau », les caractères répondant à cette prononciation s'affichent à l'écran.

Poètes, romanciers et conteurs

Dans la Chine classique, la poésie était considérée comme le genre littéraire le plus noble. Le roman, jugé comme simple divertissement, a cependant donné naissance à des chefs-d'œuvre que des générations de Chinois ont lus et relus.

Des « tubes » vieux de trois mille ans

Le plus ancien recueil de poésie connu est le *Shijing*, le *Livre des odes*. Il regroupe des chants religieux, des chansons populaires et des odes chantées lors de cérémonies dans les cours princières. Tous ces textes célèbres datent du XIe au Ve siècle avant notre ère et ont été réunis et réécrits par des lettrés.

Les poèmes étaient souvent calligraphiés sur des rouleaux peints.

LE REFLET DE LA MORT...
Li Bai (701-762) est l'un des plus grands poètes chinois avec Du Fu (712-770) et Wang Wei (701-761). La légende dit qu'il est mort par une nuit de lune, en tentant d'attraper le reflet de l'astre dans l'eau.

Des milliers de poètes

L'âge d'or de la poésie se situe sous la dynastie des Tang (618-907). Le recueil complet de la poésie des Tang comprend 50 000 poèmes écrits par 2 200 auteurs différents ! Certains sont encore connus de tous les Chinois qui les apprennent dès leur plus jeune âge. La beauté de ces poèmes vient de ce qu'ils réussissent à exprimer des sentiments profonds avec un nombre très réduit de mots.

De grands romans populaires

Comme la population de la Chine ancienne était en majorité illettrée, des conteurs déclamaient des histoires sur les foires et les marchés. Les lettrés s'en sont inspirés et, à partir de ces récits, ont composé des romans-fleuves qui ont connu un immense succès. Le nom de leurs auteurs reste parfois incertain.

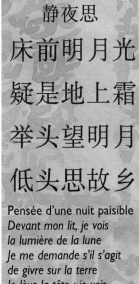

静夜思
床前明月光
疑是地上霜
举头望明月
低头思故乡

Pensée d'une nuit paisible
*Devant mon lit, je vois
la lumière de la lune
Je me demande s'il s'agit
de givre sur la terre
Je lève la tête : je vois
la lune
Je baisse la tête : je pense
à mon pays natal*
Li Bai

Une éducation sentimentale

Un des plus célèbres romans est *Le Rêve dans le pavillon rouge*, de Cao Xueqin (1719-1764). Réputé pour la perfection de son style, il décrit la vie d'un jeune garçon élevé parmi les femmes d'une riche famille du XVIIIe siècle.

Chroniques de l'étrange

Les récits fantastiques, peuplés de renardes
et de fantômes, ont toujours été prisés
des lecteurs chinois. Pu Songling (1640-1715)
a consacré toute sa vie à rédiger de ces
histoires pleines de maléfices
où règnent le mystère et
le merveilleux, et où la renarde,
être surnaturel tantôt bon, tantôt
mauvais, cherche à épouser
un homme.

Un singe malin et plein d'audace

Attribué à Wu Cheng'en (vers 1500-1582), *La Pérégrination vers l'ouest*, conte
l'histoire du singe-pèlerin Sun Wukong parti avec le moine Xuanzang en Inde
chercher les textes sacrés du bouddhisme. Ce personnage du singe, rusé,
courageux et rebelle, a marqué des
générations de Chinois et a plus tard
donné naissance à de nombreuses
autres œuvres : pièces de théâtre,
bandes dessinées, films, etc.

Cette fresque peinte
dans le monastère de
Labrang, au Qinghai,
représente Sun Wukong
en pleine action.

Un acteur de l'opéra de
Pékin s'apprête à entrer
en scène pour incarner
le personnage très
populaire du roi des
singes, Sun Wukong.

Écrivains d'aujourd'hui

À partir du début du XXᵉ siècle, les écrivains ont utilisé la littérature pour dénoncer l'arriération de leur société et réveiller le peuple. Le chinois classique, la langue des lettrés, est alors remplacé par une langue plus proche du chinois parlé, compréhensible par le plus grand nombre.

Le père de la nouvelle littérature

En 1921, pour dénoncer le manque d'énergie de ses compatriotes qui se laissent exploiter sans réagir, le grand écrivain Lu Xun (1881-1936) écrit *La Véridique Histoire d'Ah Q*, dans laquelle il raconte la vie d'un pauvre hère qui est l'incarnation de la stupidité et de la résignation.

Le célèbre écrivain Lao She.

Un grand nom de la littérature chinoise : Ba Jin.

Peintres de la société

Parmi les écrivains de la première moitié du XXᵉ siècle se détachent les figures de Lao She (1899-1966) et Ba Jin (né en 1904). Dans *Le Pousse-pousse*, histoire déchirante d'un homme ruiné, Lao She évoque la vie tragique du petit peuple de Pékin. Ba Jin, dans *Famille*, dénonce l'atmosphère étouffante qui régnait dans les grandes familles chinoises traditionnelles.

La liberté perdue et retrouvée

À partir de la prise du pouvoir par les communistes, en 1949, la littérature devient un outil de propagande au service du parti. Après la mort de Mao Zedong, en 1976, les écrivains recouvrent une plus grande liberté. Des milliers d'œuvres voient le jour, dans lesquelles ils évoquent les malheurs et les souffrances du passé, et s'interrogent sur l'histoire et l'avenir de leur pays.

Un foisonnement littéraire

Libérée du poids de la politique, la littérature chinoise figure aujourd'hui parmi les grandes littératures du monde. Elle compte de multiples tendances et aborde tous les genres avec audace. Traduites dans de nombreuses langues, les œuvres de Han Shaogong, Jia Pingwa, Mo Yan, Su Tong et bien d'autres connaissent un grand succès et obtiennent des récompenses internationales.

Portés à l'écran

Plusieurs romans contemporains ont fait l'objet d'adaptations au cinéma. Certaines ont été remarquées dans les festivals internationaux, notamment les films de Zhang Yimou, *Le Sorgho rouge*, tiré du roman de Mo Yan *Le Clan du sorgho*, Ours d'or au festival de Berlin, et *Épouses et concubines*, d'après le roman de Su Tong.

Livres de Jia Pingwa (en haut), Han Shaogong (à gauche) et Mo Yan (à droite), auteurs de grands succès de librairie, tant en Chine qu'à l'étranger.

UN NOBEL DE LANGUE CHINOISE

En 2000, le prix Nobel de littérature est attribué à Gao Xingjian. C'est la première fois en 100 ans qu'il récompense un écrivain de langue chinoise. À Stockholm, dans son discours de réception du prix, Gao Xingjian, français depuis 1998, adresse de sévères critiques au régime communiste. Pour lui, l'écrivain a besoin d'une liberté totale pour exercer son art.

REBELLES

Dès 1978, de jeunes poètes crient leurs doutes envers la société communiste.
*Il faut que je te dise, monde,
Je n'y crois pas !
Je ne crois pas que le ciel soit bleu,
Je ne crois pas à l'écho du tonnerre,
Je ne crois pas que les rêves soient faux,
Je ne crois pas que la mort ne soit pas récompensée.*
Bei Dao

Le film *Épouses et concubines* est tiré d'un roman de Su Tong.

Le jade, une pierre magique

Pour les anciens Chinois, le jade était la plus noble des pierres. On attribuait à ce symbole de la perfection de multiples vertus, notamment celle de protéger les corps des défunts. Réduit en poudre, il était censé donner l'immortalité.

Les disques *bi*, symboles du Ciel, étaient placés dans la tombe sur la poitrine du défunt.

LES PIERRES DE L'EAU

À l'origine, le jade était récolté, comme les pépites d'or, dans le lit des rivières. Roulés par le courant, les galets de jade étaient plus précieux, pour les artistes chinois, que les pierres que l'on extrairait plus tard de carrières.

Un nom, plusieurs pierres

Sous le terme de « jade », on désigne en fait plusieurs types de minéraux : les néphrites, les serpentines et les jadéites, qui n'existent pas à l'état naturel en Chine. La néphrite était importée du Turkestan par la route de la Soie. La jadéite, provenant du nord de la Birmanie, n'est apparue qu'au XVIIIe siècle en Chine.

De mille couleurs

On a coutume de dire que le jade est vert, mais il a en réalité une multitude de couleurs : bleu, vert, brun, blanc, noir, ocre, rose, bleu, etc. Sa teinte peut aussi changer au fil du temps : elle rougit, noircit ou blanchit. Cette altération est souvent utilisée pour authentifier des jades antiques.

Outils, armes et parures

Dès l'époque néolithique, le jade a servi à fabriquer des outils et des armes. Il a aussi été utilisé pour toutes sortes d'objets rituels en raison des vertus surnaturelles qu'on lui attribuait. Il servait également à orner les vêtements des rois et des princes. Les plaques de ceinture qui tintaient pendant la marche éloignaient les mauvais esprits…

Jeunes femmes récoltant le jade dans une rivière. Leur corps, qui incarne le principe féminin yin, est censé attirer le jade, qui représente le principe masculin yang.

Lors du sciage d'un bloc de jade, la lame est humidifiée avec du sable mêlé d'eau pour éviter qu'elle ne chauffe.

Pour devenir immortel

Censé assurer l'immortalité, le jade était largement utilisé dans les tombes ; de petites amulettes sculptées en forme d'animaux bouchaient les orifices du corps pour le protéger des démons. Sur la langue était parfois déposée une cigale de jade. À partir de la dynastie des Han (IIe siècle av. J.-C.), on fabrique pour les membres de la famille impériale et les nobles des vêtements funéraires à l'aide de petites plaques de jade trouées aux quatre coins et cousues entre elles par des fils d'or.

Linceul de jade cousu d'or, dynastie des Han.

De véritables paysages

Sous la dynastie des Song (960-1279), le jade a une fonction purement décorative ; on sculpte dans cette pierre toutes sortes d'animaux, de fruits et de fleurs. Au XVIIIe siècle, avec la jadéite de Birmanie, les artistes donnent libre cours à leur virtuosité et créent des paysages et des montagnes peuplés de figurines.

2 690 !

C'est le nombre de plaques de jade qui forment cet extraordinaire linceul découvert en 1968 à Mancheng (Hebei). On savait par les textes anciens que ce genre de vêtement funéraire existait, et on en a aujourd'hui découvert une trentaine en Chine.

Des bronzes rituels

L'art du bronze connaît son plein développement à partir du milieu du IIe millénaire avant notre ère. Pendant quinze siècles, l'usage de ce métal noble et coûteux est lié à l'aristocratie. Les vases rituels servent au culte des ancêtres et accompagnent les riches personnages dans leurs tombes.

Vase à vin de la dynastie des Zhou occidentaux.

Objets de culte

Les premiers objets de bronze sont attestés dans la culture de Qijia (Gansu), au début du IIe millénaire avant notre ère. Mais c'est sous les Shang et les Zhou que le bronze connaît son plein épanouissement. Il sert à la fabrication d'outils, d'armes, d'éléments de chars et de pièces de harnachement. Et il est surtout destiné au mobilier funéraire et aux vases rituels utilisés dans les cultes rendus aux esprits des ancêtres.

Vase rituel en forme d'éléphant, dynastie des Shang (XVIIe-XIe siècle av. J.-C.).

INSCRIPTION SUR BRONZE

Les bronzes antiques portent des inscriptions, de quelques mots à plusieurs centaines de caractères, qui donnent de précieuses informations sur la société aristocratique et son fonctionnement, les activités royales, la religion, l'histoire politique et militaire.

Bassin rituel à décor en relief de dragons et d'oiseaux huppés et à anses en forme de dragon, dynastie des Zhou occidentaux (XIe-Xe siècle av. J.-C.).

Vase en bronze incrusté d'or et d'argent, dynastie des Han occidentaux (IIe siècle av. J.-C.).

Une forme pour chaque usage

Plus de cinquante formes de bronzes ont été définies, selon la nature des aliments qu'ils étaient censés contenir (boissons fermentées, céréales, viandes, eau, etc.) et leur usage : conservation, cuisson, service.

La richesse du décor

Sous les Shang, le décor, assez sévère, se limite souvent à une bande horizontale ornée de motifs géométriques ; plus tard, il envahit tout le corps du vase et devient de plus en plus vivant et raffiné. Sous les Royaumes combattants, il s'enrichit parfois d'incrustations de cuivre ou d'or, ou de pierres fines, comme la malachite et la turquoise.

Un bestiaire fantastique

Parmi les motifs les plus courants se trouvent le *taotie*, monstre protecteur, et le dragon *gui*. Les artisans figurent aussi toutes sortes d'animaux, réels ou fabuleux : oiseaux, éléphants, cervidés, tigres, tortues, poissons, et, exceptionnellement, des masques humains. Sur la panse de certains vases se déroulent des scènes rituelles : tir à l'arc, chasse, danse, musique…

Le *taotie* représente le museau d'un monstre grimaçant vu de face, avec de grands yeux.

EN TERRE CUITE

La forme de certains bronzes est dérivée de celle de céramiques d'époques antérieures.

Verseuse tripode en terre cuite blanche, culture néolithique de Dawenkou (4500-2500 av. J.-C.), au Shandong.

Détail d'un vase gravé de figures de musiciens, dynastie des Zhou orientaux (770-221 av. J.-C.).

Les premiers catalogues

Dès le XIe siècle, les bronzes étaient collectionnés par les empereurs et les amateurs d'antiquités. Des savants entreprirent alors de les étudier, analysant leurs formes, leurs décors et leurs inscriptions. Ils publièrent de véritables catalogues, qui marquent les débuts de la recherche archéologique en Chine.

Moules en argile

Mélange de cuivre et d'étain, le bronze fondu était coulé dans des moules en argile composés de plusieurs sections à l'extérieur, et d'un noyau à l'intérieur.

La tombe de Mawangdui

Savamment protégée de l'air comme de l'humidité lors de sa construction, la tombe de Mawangdui (Hunan), datée du IIᵉ siècle av. J.-C., a livré un corps de femme momifié et plus de trois mille objets précieux placés là pour aider l'âme de la défunte lors de son séjour dans l'au-delà.

Panier en bambou tressé contenant des œufs.

La dame de Mawangdui, représentée canne à la main, sur une peinture sur soie.

LE COUVERT EST MIS !

Cinq petits plats remplis de nourriture, une coupe à oreilles, deux gobelets, des brochettes, des baguettes : le repas était servi… pour l'éternité devant la défunte, sur un plateau laqué de rouge. Tout près étaient disposés divers ustensiles en laque et en terre cuite pour contenir, servir et boire le vin. La marquise avait aussi emporté ses remèdes, de nombreuses plantes médicinales, dans des couffins en bambou.

Deux des cinq coffres en bois laqué qui contenaient la momie de la marquise de Dai.

Cinq cercueils emboîtés

Une chambre mortuaire enfouie à plus de vingt mètres sous un tumulus, un cercueil composé de cinq coffres s'emboîtant l'un dans l'autre, le tout recouvert de vingt-six nattes en bambou et d'une épaisse couche de charbon de bois et d'argile blanche : ces dispositions expliquent l'extraordinaire état de conservation de la tombe où avait été enterrée la marquise de Dai, vers 165 av. J.-C.

Vaisselle en bois laqué.

Autopsie d'une momie

Son corps, baignant dans un liquide rougeâtre qui a contribué à sa préservation, était emmailloté dans quantité de linceuls et vêtements de soie. Comme l'a déterminé l'autopsie, elle était morte d'un arrêt cardiaque à l'âge de 50 ans, à la saison des melons, comme en témoignent les cent trente-huit pépins extraits de ses viscères ! On a même pu déterminer qu'elle souffrait d'arthrose et de calculs rénaux…

Un menu vieux de 2 200 ans

L'inventaire du contenu de la tombe était inscrit sur des lamelles de bambou. La plupart des fiches décrivent des aliments conservés dans les objets funéraires.

On apprend ainsi que la viande pouvait être accommodée en ragoût, en brochettes, braisée, sautée, séchée, ou mangée crue à la manière du carpaccio… Les desserts n'étaient pas oubliés : gâteaux de riz gluant au miel, à la pâte de jujube, au millet, et fruits : poires, prunes, melons, arbouses…

Poires fossilisées retrouvées dans la tombe.

La légèreté et la finesse des soieries

Parmi les objets les plus luxueux de la tombe figurent les vêtements et tissus de soie (taffetas, gaze, damas, et autres) remarquables par la qualité de leurs broderies et la finesse de leur tissage : une pièce de soie de cinquante centimètres de côté ne pèse que 2,8 grammes !

Objets de toilette.

Miroir en bronze.

Légers, brillants et solides, les laques résistent à la chaleur et à l'eau, ainsi qu'à l'enfouissement en milieu humide pendant des siècles.

Des animaux protecteurs

Les laques ont conservé tout leur brillant. Le support en bois, nommé « âme », est recouvert de plusieurs couches de laque avant d'être délicatement décoré au pinceau en rouge et brun de motifs géométriques, de volutes, de nuages…, parfois rehaussés de poudre d'or. Sur les parois des cercueils, chacun laqué d'une couleur différente, étaient représentés des animaux censés éloigner les mauvais génies : des dragons, des léopards, des animaux hybrides…

LE MUST DE LA DÉCORATION

La laque (mot féminin) est une gomme-résine extraite d'un arbre que l'on incise en été. Filtrée puis colorée en noir, en brun, en rouge, plus rarement en bleu, en vert ou en jaune, elle sert à revêtir de la vannerie et des objets en métal ou en tissu, mais surtout en bois. Ces objets sont alors appelés laques (au masculin). Plus il y a de couches, plus le laque est précieux. À l'époque des Ming, le nombre de couches atteignait souvent cinquante.

La perfection de la porcelaine

Ce petit oreiller en céramique soutenait la nuque sans défaire la coiffure.

Depuis le VIIᵉ millénaire avant notre ère, les potiers n'ont cessé de tirer parti des argiles très diverses qu'offre le sol chinois. Expérimentant inlassablement, ils ont produit des porcelaines qui ont fait l'admiration de l'Occident jaloux du secret de leur fabrication.

Un son cristallin

Le terme « porcelaine », qui désigne une céramique dure, blanche et translucide, vient du mot italien *porcellana*, qui est le nom d'un coquillage nacré dont elle rappelle la couleur et la brillance. Les Chinois, eux, ne distinguent pas la porcelaine du grès, deux types de céramiques cuites à température élevée (de 1 200 à 1 400° C). Ce qui caractérise surtout les objets en porcelaine, c'est le son cristallin qu'ils rendent lorsque l'on frappe leur paroi, car leur pâte a subi une vitrification lors de la cuisson.

Vase *meiping* en grès, dynastie des Song (960-1279).

La recette de la porcelaine

En Chine du Sud, les potiers avaient la chance d'avoir sous leurs pieds une roche particulière, le *baidunzi*, qui, broyée puis mise à « pourrir » dans l'eau plusieurs années, était utilisée comme pâte à porcelaine. En Chine du Nord, il leur a fallu en « inventer » la recette, à partir d'une argile réfractaire, le kaolin (du nom du lieu où elle était extraite). Ils lui ont ajouté des fondants pour obtenir la vitrification qui donne à l'objet son aspect lisse et brillant.

Des œuvres raffinées

Les formes des céramiques Song sont simples et harmonieuses ; elles ne portent pas de décor, hormis des motifs délicatement incisés ou gravés qui créent des jeux d'ombre et de lumière. Leur beauté tient à la subtilité des teintes de leur couverte : blanc ivoire pour les Ding, blanc bleuté pour les *qingbai*, nuances de vert des céladons, grès bruns ou noirs avec des effets dits fourrure de lièvre ou gouttes d'huile.

Famille verte et famille rose

L'époque des empereurs Ming est surtout célèbre pour ses décors bleu et blanc. Sous les Qing, le décor se complique, esquissant de véritables tableaux, et la couleur prédominante donne son nom à la porcelaine : « famille rose » et « famille verte ».

Vase « mille fleurs » de la famille rose, règne de Qianlong (1736-1795).

Verseuse à couverte céladon, dynastie des Song du Nord (960-1127).

UN SECRET BIEN GARDÉ

Dès le XVe siècle, l'Europe s'est entichée de la porcelaine chinoise qu'elle fait venir par bateaux entiers. Potiers et alchimistes s'activent pour tenter de percer le secret de sa fabrication. C'est en 1709 seulement que Frédéric Böttger découvre la formule et identifie par hasard un gisement de kaolin dans la région de Meissen, en Allemagne. Lui aussi garde bien son secret, et c'est en 1767 que la première porcelaine française sort des fours de Sèvres, après la découverte du gisement de kaolin de Saint-Yriex, près de Limoges.

Les fours-dragons de Chine du Sud, construits à flanc de colline, comportaient plusieurs chambres de cuisson successives et pouvaient mesurer de 60 à 100 m de long.

Peintres et calligraphes

La calligraphie et la peinture sont deux arts étroitement liés : ce sont des activités hautement spirituelles pratiquées par les lettrés, qui cherchent à développer toutes les possibilités offertes par l'encre et le papier. À côté des peintures de personnages, d'animaux ou de plantes, le paysage est le genre noble par excellence.

Portraitistes et peintres animaliers

Les peintres chinois ont abordé presque tous les sujets, profanes ou religieux. Certains se sont spécialisés dans la représentation de la vie de cour ou le portrait de personnages célèbres. D'autres ont excellé dans la figuration de fleurs, de plantes, d'insectes et d'animaux, répétant à l'infini le même motif.

Montagne et eau

Le mot chinois pour désigner le paysage en peinture (*shanshui*) est composé des caractères *shan*, « montagne », et *shui*, « eau ». L'œuvre doit réaliser l'équilibre entre ces deux éléments obligés, correspondant au yang et au yin. Contrairement au peintre occidental qui installe son chevalet en plein air, le peintre chinois crée son œuvre chez lui, après avoir contemplé, au cours de longues promenades méditatives, les paysages qui vont l'inspirer.

Un brin de folie

Souvent, la calligraphie constitue une œuvre d'art en elle-même. Écrits en style cursif, les caractères ne sont lisibles que par les initiés. C'est la liberté de style du calligraphe, et même son excentricité, qui est appréciée par les amateurs. Il existe un style nommé « cursive folle ».

LE LANGAGE DES FLEURS

Bambous, orchidées, lotus, branches de prunier en fleur, pins… Tous ces sujets avaient un sens symbolique. Offertes comme cadeaux, les peintures qui les représentaient portaient donc un message à leur destinataire. Le bambou signifiait la droiture et la simplicité, l'orchidée la modestie, le lotus la pureté…

Paysage peint sur de la soie, XVIᵉ siècle.

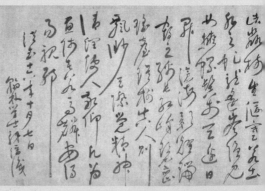

Peinture représentant le poète Li Bai ivre.

Poème calligraphié du XIIIᵉ siècle.

PLUS VIVANTS QUE NATURE

Han Gan (environ 720-780) est le peintre de chevaux le plus célèbre. Plus près de nous, Qi Baishi (1864-1957) eut pour sujets favoris crevettes, crabes, grenouilles et poissons, souvent représentés dans un style très libre. Le talent de ces peintres est tel que l'on a la sensation d'observer ces animaux sans les déranger, comme si on les admirait à l'aide d'une longue-vue.

Une peinture qu'on déroule

Une peinture chinoise ne se présente pas sous la forme d'un tableau encadré accroché au mur. C'est un rouleau que l'on déroule horizontalement ou verticalement, pour en dévoiler progressivement le contenu. Il était courant de noter sur l'œuvre un poème pour mettre en valeur et compléter l'image. Des calligraphies étaient aussi tracées par ses différents acquéreurs au cours des siècles, qui attestaient leur nom grâce à un sceau rouge.

Pinceaux, pierres à encre et sceaux de calligraphe.

Crevettes et crabes peints par Qi Baishi.

Les quatre trésors de la chambre du lettré

Ainsi nomme-t-on les instruments nécessaires à l'art de la calligraphie : le pinceau, en poils d'animal ; l'encre, un mélange de gomme et de suie compressé sous forme de bâtonnet ; le papier, fait à base de fibres ; et la pierre à encre, sur laquelle on frotte le bâtonnet d'encre avec un peu d'eau. Les peintres utilisent aussi la soie comme support.

La musique et la danse

Dès l'Antiquité, la musique et la danse constituaient l'essentiel des rites et des festivités de la cour. Il y a 3 000 ans, une théorie musicale et des instruments sophistiqués existaient déjà. Selon Confucius, la musique constituait un élément fondamental de l'harmonie entre les hommes.

Des instruments peu ordinaires

Très nombreux – plus de deux cents –, les instruments de musique chinois sont généralement classés selon la matière dans laquelle ils sont fabriqués : pierre, métal, soie, bambou, bois, peau, calebasse et terre cuite. Celle-ci leur donne leur sonorité très particulière pour une oreille occidentale. Les orchestres accompagnent le chant, la danse, l'opéra.

Le *sheng*, orgue à bouche, composé de plusieurs tuyaux, permet de jouer différents sons en même temps.

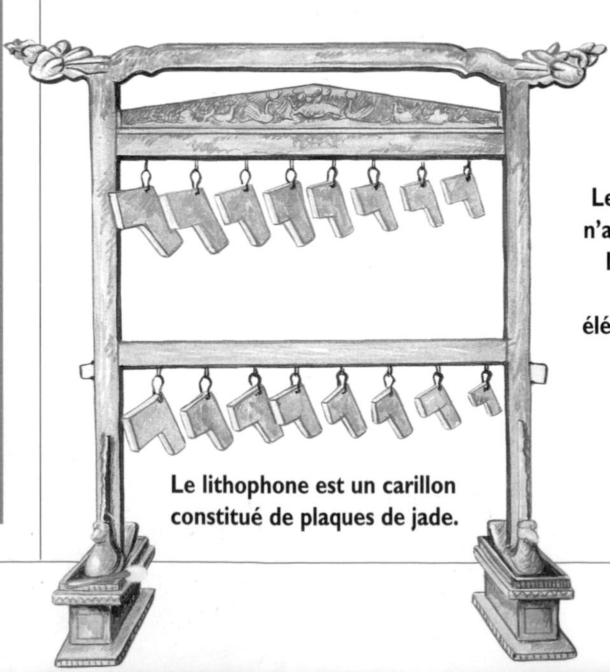

CARILLONS DE BRONZE

Dans l'Antiquité, des carillons de cloches de bronze (ci-dessus) rythmaient les cérémonies. Le carillon découvert dans la tombe du marquis de Zeng (Hebei), mort en 433 av. J.-C., se compose de 65 cloches dont la plus grande mesure 1,50 m de haut et pèse 203 kg.

UN BUREAU DE LA MUSIQUE

Sous la dynastie des Han, l'empereur, qui souhaitait organiser de splendides cérémonies religieuses, rechercha une musique digne d'elles, tranchant avec la musique antique et donnant une place aux airs populaires ou même étrangers. Il créa le Bureau de la musique (Yuefu), véritable conservatoire des musiques de l'époque.

Le violon chinois, ou *erhu*, n'a que deux cordes, entre lesquelles passe l'archet. Sa sonorité douce et élégante peut évoquer une complainte ou des pleurs.

Le lithophone est un carillon constitué de plaques de jade.

Danses rituelles et danses populaires

Au Ier millénaire avant notre ère, on distinguait les danses civiles et les danses militaires. Par la suite, on différencia celles qui étaient réservées au culte des ancêtres et aux cérémonies religieuses, et celles que l'on considérait comme simple distraction pour les banquets. Les mouvements des mains et des pieds des danses cultuelles marquaient la vénération pour les esprits de la Terre et du Ciel. Sous les Han, on les accompagnait de foulards et d'éventails.

La « danse aux dix mouvements », qui se développa sous la dynastie des Tang, mêlait des éléments empruntés aux populations voisines de la Chine.

Cinq notes au lieu de sept

À l'origine, la gamme chinoise reposait sur cinq notes (gamme pentatonique) au lieu des sept notes de la gamme occidentale. La première symbolisait le centre, la terre et l'empereur ; la deuxième, le sud, l'été, le feu et le Premier ministre ; la troisième, l'ouest, l'automne, le métal et le peuple ; la quatrième, le nord, l'hiver, l'eau et les affaires d'État ; la cinquième, l'est, le printemps, le bois et l'univers. On voit à quel point la musique, comme la danse, était intégrée au cycle des saisons, à la nature et à la société. On y ajouta plus tard deux notes supplémentaires.

1. Le *muyu*, « poisson de bois », est frappé avec un petit maillet.
2. Le *pipa* est une sorte de guitare à 4 cordes en forme de poire.
3. Le *guzheng*, sorte de cithare, peut posséder 16 ou 21 cordes.
4. Le *paixiao*, flûte droite en bambou.
5. Le *di*, flûte traversière en bambou, a une sonorité haute et pure.
6. Le *sheng*, orgue à bouche.
7. Le *bangu* est un petit tambour qui donne le tempo à l'ensemble de l'orchestre.
8. Le *zheng* est aussi une cithare, de 12 à 16 cordes, posée sur une table.
9. Le *konghou* est une sorte de harpe.

La célèbre danse du dragon est exécutée par une dizaine de danseurs. Le dragon, fait de perches de bambou et de soie, illuminé de l'intérieur par des bougies, peut mesurer 10 m de long.

Les danses traditionnelles d'aujourd'hui

De très nombreuses danses populaires sont encore pratiquées de nos jours par les Chinois et les minorités ethniques. La danse de repiquage du riz (*yangge*) imite les gestes de travail des paysans. Elle est pratiquée lors du premier mois de l'année lunaire pour célébrer la fête du Printemps.

Chassez les mauvais esprits !

La danse du lion a lieu traditionnellement entre le troisième et le cinquième jour du Nouvel An lunaire, devant les boutiques, pour conjurer les mauvais sorts et apporter la bonne fortune aux commerçants. Le lion est porté par deux danseurs qui animent la tête, la gueule, les yeux et les oreilles de l'animal.

Danse folklorique tibétaine.

Rock, pop et disco

Depuis une vingtaine d'années,
les jeunes Chinois goûtent aux
musiques rock, pop, hip-hop, disco
d'Occident adaptées à leur goût.
Le rockeur Cui Jian attire des
milliers de fans et donne
des concerts dans
le monde entier.

Les concerts de groupes rock tels qu'Overload
(ci-dessus) rassemblent des foules de jeunes gens.

Musique chinoise
et musique occidentale

Aujourd'hui, les Chinois pratiquent aussi
bien leur musique traditionnelle que la
musique occidentale. De nombreux
solistes chinois se sont hissés
au niveau international de
la musique classique.

MUSIQUES DE FILM

Avec la musique des
films *Tigre et dragon*,
de Ang Lee, et *Hero*,
de Zhang Yimou, le
célèbre compositeur
Tan Dun, né en 1957
au Hunan, s'est assuré
une notoriété
mondiale.

**Le jeune pianiste
classique Lang Lang.**

L'architecture traditionnelle

Le matériau de construction ayant été par excellence le bois, il ne reste que très peu de bâtiments anciens. Nous les connaissons surtout par des représentations en bas-relief et des modèles réduits en terre cuite retrouvés dans des tombes. Monuments civils ou religieux, édifices privés ou officiels étaient construits selon les mêmes grands principes.

Choisir le bon endroit

Avant de commencer la construction, un géomancien spécialiste du *fengshui*, la science « du vent et de l'eau », détermine si la nature du terrain, la configuration du sol, la disposition des arbres, des rochers et des eaux sont favorables. Les principes de symétrie, d'harmonie et d'équilibre régissent la construction. On respecte un axe sud-nord. Comme le nord représente le danger, les barbares et les rigueurs de l'hiver, tout bâtiment devrait s'ouvrir au sud. La structure principale est placée au centre, les structures secondaires sont disposées de chaque côté de cet axe central.

Terre cuite funéraire représentant une tour de guet de la dynastie des Han (206 av. J.-C.- 220 apr. J.-C.).

« LES MURS S'ÉCROULENT, LA MAISON RESTE »

Ce dicton résume bien un des principes de l'architecture chinoise : des colonnes, et non des murs, forment l'ossature du bâtiment. Les intervalles sont comblés par des cloisons de brique, de bois ou de terre.

Les constructions s'élèvent sur une terrasse revêtue de brique, de pierre ou de marbre qui les protège de l'humidité.

Des toits magnifiques

La charpente est faite d'un assemblage complexe de poutres maintenues par tenons et mortaises, à l'exclusion de clous. Le toit est un élément majeur de la construction. Ses bords sont généralement incurvés : ils se redressent vers le ciel. Ils sont couverts de tuiles rondes, grises pour les bâtiments ordinaires et vernissées (bleues, jaunes ou vertes) pour les édifices importants. Les extrémités des arêtes ou le faîte sont parfois décorés de figures humaines ou animales en céramique. Des consoles ouvragées soutiennent les avancées des toits, peintes de motifs colorés.

La forme incurvée des toits offre un bon écoulement des eaux, une protection contre la chaleur et un meilleur éclairage de l'intérieur du bâtiment. Dans cette lamaserie du Sichuan, ils sont recouverts d'or et rutilent au soleil.

Reconstitution de la structure de bois du temple bouddhique du Foguansi, au Shanxi, construit au IXe siècle.

UN PONT EN AVANCE SUR SON ÉPOQUE

En 610, un ingénieur de génie eut l'idée de remplacer l'arche en demi-cercle des ponts par une arche surbaissée. Celle du Grand Pont de Pierre, qu'il construisit, a une portée de 40 m et ne s'élève qu'à 7 m. Cette prouesse technique ne sera reproduite en Occident que 500 ans plus tard.

Le Grand Pont de Pierre de Zhaoxian, au Hebei.

Quelques dates

Liste des dynasties

Xia (XXIe-XVIIIe s.)
Shang (XVIIe-XIe s.)
Zhou occidentaux (1025-771)
Zhou orientaux (770-221) :
– Printemps et Automnes (722-481)
– Royaumes combattants (481-221)
Qin (221-206 av. J.-C.)
Han :
– Han occidentaux
(206 av. J.-C.-9 apr. J.-C.)
– Han orientaux (24-220)
Trois Royaumes (220-280)
Jin occidentaux (265-316)
Dynasties du Nord et du Sud (316-580)
Sui (581-618)
Tang (618-907)
Cinq Dynasties et Dix Royaumes (907-960)
Song :
– Song du Nord (960-1127)
– Song du Sud (1127-1279)
Yuan (1279-1368)
Ming (1368-1644)
Qing (1644-1911)

Le prince du royaume de Qin fonde l'Empire chinois en 221 av. J.-C. Il prend alors le titre de Qin Shihuangdi : Premier Empereur souverain de Qin.

Territoire des Han
(206 av. J.-C.-220 apr. J.-C.)

La Chine depuis 1911

République de Chine (1911-1949)
République populaire de Chine (depuis 1949, capitale Pékin)
République de Chine à Taiwan (depuis 1949, capitale Taipei)

Cart

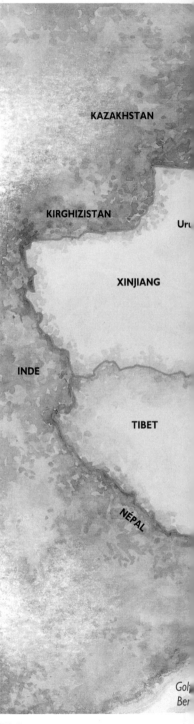

Régions autonomes
MONGOLIE-INTÉRIEURE, capitale Hohhot
NINGXIA, capitale Yinchuan
XINJIANG, capitale Urumqi
TIBET, capitale Lhassa
GUANGXI, capitale Nanning

es provinces et des régions

FÉDÉRATION DE RUSSIE

HEILONGJIANG

• Harbin

Changchun •

JILIN

MONGOLIE

MONGOLIE-INTÉRIEURE

• Shenyang

LIAONING

CORÉE
DU NORD

Mer
du Japon

• Hohhot

HEBEI

BEIJING •
(PÉKIN)

CORÉE
DU SUD

Détroit de Corée

Shijiazhuang • TIANJIN

Yinchuan •

Taiyuan •

• Jinan

Mer Jaune

NINGXIA

SHANXI

SHANDONG

QINGHAI

Xining •

• Lanzhou

Zhengzhou •

JIANGSU

GANSU

Xi'an •

HENAN

ANHUI

Nanjing
(Nankin)

lsa

SICHUAN

Hefei •

SHANGHAI

SHAANXI

HUBEI

• Hangzhou

INDE

• Chengdu

Wuhan •

Mer de Chine
orientale

CHONGQING

ZHEJIANG

• Nanchang

Changsha •

GUIZHOU

HUNAN

JIANGXI

FUJIAN

• Guiyang

Fuzhou •

Détroit de Taiwan

• TAIPEI

YUNNAN

• Kunming

GUANGXI

GUANGDONG

TAIWAN

BIRMANIE

Guanzhou
(Canton) •

• Nanning

HONG KONG

MACAO

Mer de Chine
méridionale

LAOS

VIETNAM

• HAIKOU

HAINAN

**Municipalités
autonomes**
CHONGQING
BEIJING OU PÉKIN
TIANJIN
SHANGHAI

**Régions
autonomes
spéciales**
HONG KONG
MACAO

Régions autonomes

Provinces

Autres pays

Prononciation du chinois

Les caractères chinois s'écrivent en lettres latines selon les règles de la transcription pinyin. Celle-ci est souvent assez éloignée de la prononciation du français. Voici quelques indications pour lire les mots transcrits du chinois :

• **a, e, i, o** se prononcent comme en français ; lorsque le i se trouve après les consonnes zh, ch, sh, z, c, s, r, il ne se prononce pas.

• **u** se prononce comme ou en français, sauf après j, q, x et y, où il se prononce comme le u français.
• **ü** se prononce comme le u français.
• **ai** se prononce comme le mot français « aïe ».
• **ei** se prononce comme dans le mot français « veille ».
• **ou** se prononce comme les sons o + ou.
• **iu** se prononce comme l'anglais « *you* ».

• **f, l, m, n, s** se prononcent comme en français.
• **b** se prononce comme le p français.
• **p** est aspiré comme dans le mot anglais « *paper* ».
• **d** se prononce comme le t français.
• **t** est aspiré comme dans le mot anglais « *table* ».
• **g** se prononce comme le k français.
• **k** est aspiré comme le k anglais.
• **h** se prononce comme le j espagnol.

• **zh** se prononce dj.
• **ch** se prononce tch.

• **sh** se prononce ch.
• **z** se prononce tz.
• **c** se prononce ts.
• **r** se prononce j. À la fin de la syllabe, il se prononce un peu comme le er du mot anglais « *sister* ».

• **j** se prononce dj.
• **q** se prononce tch.
• **x** se prononce s.
(Ces trois consonnes ne peuvent être suivies que d'un i ou d'un u.)

• **w** se prononce comme en anglais.
• **y** se prononce comme dans le mot français « yeti ».

• **n et ng**
À la fin d'une syllabe, on prononce le n. Par exemple, *an*, qui signifie en chinois la « paix », se prononce comme le prénom « Anne ». S'il est précédé de i ou y, *an* se prononce comme le mot « hyène ».
À la fin d'une syllabe, ng ne se prononce pas, mais marque une nasale. Par exemple, *shang*, qui signifie « monter », se prononcera (presque) comme le mot « chant ».

Quelques adresses

• Musée des Arts asiatiques-Guimet
6, place d'Iéna
75116 Paris
Tél. 01 56 52 53 00

• Musée Cernuschi
7, avenue Vélasquez
75008 Paris
Tél. 01 45 63 50 75

• Musée des Arts asiatiques
405, promenade des Anglais
06200 Nice
Tél. 04 92 29 37 00

• Musée de la Compagnie des Indes
La Citadelle
56290 Port-Louis
Tél. 02 97 82 19 13

• Musée national de la Marine
La Citadelle
56290 Port-Louis
Tél. 02 97 82 56 72
(notamment pour les trésors d'archéologie sous-marine sur les routes maritimes d'Extrême-Orient)

Index

A

Acrobates 176, 177
Activités physiques 144, 184, 185, 188, 189
Acupuncture 212, 213
Agriculture 14, 17, 19, 21, 22, 27, 30, 44, 76, 79, 80, 94, 95, 96, 97, 98, 99, 102, 113, 152, 194, 214
Architecture 17, 104, 105, 106, 107, 235, 252, 276, 277
Armée 18, 20, 21, 24, 26, 28, 33, 34, 40, 43, 48
Armes 18, 19, 191, 194, 262, 264
Artisanat 19, 29, 33
Arts martiaux 183, 190, 191
Astronomie 17, 21, 36, 200, 201, 249

B

Baguettes 154, 168
Bambou 85, 86, 87, 129, 187, 195, 206, 266, 270, 272, 274
Barrages 51, 72, 74, 75, 83
Bateaux 100, 127
Blé 15, 94, 210
Bouddha 244, 245, 246, 247
Bouddhisme 27, 28, 124, 151, 190, 221, 224, 227, 235, 244, 245, 246, 248, 252, 253
Boulier 202, 203
Boussole 198
Bronze 15, 18, 19, 27, 118, 264, 265, 272
Brouette 196
Buffle 96, 97, 98, 135, 195, 243

C

Calendrier 17, 30, 90, 152, 153, 168, 231
Calligraphie 29, 124, 128, 172, 256, 258, 270, 271
Canaux 17, 28, 44, 74, 127
Canton (Guangzhou) 36, 55, 57, 60, 73, 100, 102, 130, 131, 157, 158, 248, 260, 279
Cartes 36, 124, 198, 201
Cartes à jouer 173, 197
Céramique 14, 15, 18, 27, 29, 160, 220, 222, 223, 233, 265, 268, 269, 277
Cerf-volant 186, 187
Chameau 29, 221
Chang'an (Xi'an) 27, 28, 124, 218, 235, 244

Chars 19, 21, 24, 242, 264
Chevaux 18, 24, 29, 34, 81, 195, 220, 271
Christianisme 28, 248, 249
Cinéma 182, 183, 185, 190, 227, 233, 259, 261, 275
Cinq éléments 240, 273
Cirque 177
Cité interdite 31, 116, 117, 118, 119
Cixi (impératrice) 37, 61
Cloches 113, 272
Commerce 19, 24, 26, 27, 28, 35, 36, 123, 162, 163
Concubines 31, 136
Confucianisme 28, 32, 235, 252
Confucius 26, 41, 124, 175, 242, 243, 244, 272
Corée 26, 35, 48, 55, 91, 191, 234, 235
Croisière jaune 225
Cuisine et alimentation 79, 81, 87, 89, 99, 154, 155, 156, 157, 162, 163, 210, 227, 266, 267
Culte des ancêtres 18, 250, 264, 273

D

Deng Xiaoping 47, 50, 66, 122, 134, 236
Déserts 24, 58, 69, 73, 78, 80, 218, 219, 221, 225
Dieux 101, 250, 251
Divination 18, 240, 241
Dragon 30, 118, 158, 169, 187, 200, 235, 252, 264, 265, 267, 274

E

Économie 26, 29, 35, 43, 44, 45, 50, 51, 64, 66, 75, 130, 131
Écriture 18, 21, 55, 57, 61, 234, 242, 256, 257
Éducation 60, 61, 68, 69, 103, 134, 137, 140, 142, 143
Élevage 14, 15, 17, 22, 79, 81, 95, 100, 101
Encre 207, 271
Environnement et protection de la nature 83, 84, 87, 88, 89, 90, 91, 211
Eunuques 31
Éventail 164, 273
Examens 26, 32, 117, 142

F

Famille 63, 94, 104, 144, 145, 150, 151, 168, 170
Femmes 57, 63, 81, 97, 102, 130, 136, 137, 164, 165, 171, 230

Fêtes 81, 152, 168, 169, 184, 186, 225, 237, 272, 274
Feux d'artifice 171, 194

G

Gaozong (empereur) 28, 125
Gengis Khan 22, 34, 57
Grande Muraille 21, 22, 23, 24, 25, 28, 29, 35
Guangzhou, voir Canton

H

Habitations 14, 15, 69, 77, 79, 86, 87, 100, 101, 103, 104,
    105, 106, 107, 112, 120, 121, 233, 276
Hangzhou 28, 29, 126, 127, 161
Hong Kong 36, 37, 41, 59, 60, 101, 122, 130, 131, 135, 183,
    232, 233
Horloges 196, 197
Huanghe, voir Jaune (fleuve)

I

Imprimerie 206, 207
Inondations 17, 30, 64, 74, 75
Irrigation 19, 69, 74, 75, 76, 96
Islam (musulmans) 57, 69, 124, 158, 221, 248, 249

J

Jade 14, 15, 18, 19, 27, 220, 262, 263
Japon 41, 43, 48, 55, 91, 191, 234, 235
Jardins 114, 117, 127, 128, 129, 184, 226
Jaune, fleuve (Huanghe) 14, 15, 28, 58, 72, 73, 75, 79, 100
Jésuites 36, 201, 225, 249
Jeux 140, 141, 172, 173, 174, 184, 233
Jonques 199, 222, 223

K

Kangxi (empereur) 31

L

Langue et dialectes 55, 56, 57, 60, 61, 130, 174, 175,
    226, 234
Lanternes 138, 169
Laozi 243
Laque 27, 35, 207, 220, 266, 267
Li Bai 29, 258, 270

Littérature 235, 258, 259, 260, 261
Livres 35, 46, 206, 207
Lœss 14, 73, 76, 77
Luoyang 27, 245

M

Macao 36, 59, 233
Mandarins (fonctionnaires, lettrés) 17, 18, 26, 32, 205,
    258, 259, 260, 261
Mandchourie 21, 29, 58, 80, 81, 82
Mandchous 34, 35
Mao Zedong 42, 43, 44, 45, 46, 47, 48, 49, 61, 164, 183, 261
Marchands 33, 160, 162, 163
Mariage 45, 136, 138, 139, 154, 158
Marionnettes 176, 177
Mathématiques 17, 36, 202, 203, 242
Mawangdui 26, 266, 267
Médecine 17, 21, 83, 87, 89, 155, 160, 208, 209, 210, 211,
    212, 213, 266
Médias 49, 146, 147
Minorités ethniques 56, 57, 67, 165, 171, 274
Mobilier 88, 105, 106, 121, 141, 268
Mongolie 22, 59, 66, 68, 69, 80, 81, 146, 157, 161, 245, 279
Mongols 24, 34, 35, 57, 112, 219, 248, 249
Monnaie 21, 257
Montagnes 22, 57, 58, 78, 79, 251
Musique et danse 17, 128, 169, 172, 180, 184, 187, 242,
    252, 265, 272, 273, 274, 275
Mythologie 16, 17

N

Nankin (Nanjing) 34, 40, 42, 72, 279
Nattes 40
Navigation 35, 198, 199, 219, 222, 223
Nouvelles technologies 94, 214, 215

O

Opéra 178, 179, 180, 181, 259, 272
Opium 36, 41

P

Pagode 124, 245, 252, 253
Palais 18, 21, 28, 31, 37, 114, 116, 117, 118, 119

Panda 84, 85

Papier 206, 271

Papier-monnaie 169, 196, 250, 251

Parti communiste 42, 43, 44, 46, 48, 49, 55, 134, 135, 230

Parti nationaliste (Guomindang) 42, 43, 230

Patrimoine 25, 50, 184, 247

Paysans 27, 32, 33, 34, 44, 46, 50, 55, 64, 65, 74, 97, 100, 101, 102, 103, 109, 137, 140, 165, 205

Pêche 100, 101

Peinture 26, 29, 128, 172, 226, 235, 270, 271

Pékin (Beijing) 29, 31, 34, 35, 36, 37, 41, 43, 44, 45, 46, 48, 49, 57, 59, 60, 112, 113, 114, 115, 116, 117, 118, 119, 120, 121, 124, 146, 147, 157, 158, 164, 171, 179, 185, 187, 189, 190, 200, 201, 214, 225, 227, 230, 231, 232, 233, 248, 249, 260, 279

Pékin (homme de) 14, 225

Pharmacopée 21, 210, 211, 213

Pieds bandés 136

Pierre (statues en) 18, 27, 125, 246, 247

Poésie 29, 124, 128, 258, 261, 271

Polo (Marco) 34, 126, 127, 219

Ponts 42, 43, 117, 195, 277

Porcelaine 222, 226, 268, 269

Poudre 194

Q

Qianlong (empereur) 31, 35, 179

Qin Shihuangdi (Premier Empereur) 20, 21, 125

R

Riz 14, 29, 51, 94, 97, 98, 99, 155, 210, 274

Route de la Soie 24, 27, 124, 125, 218, 219, 220, 221, 224, 248, 262

S

Shanghai 43, 45, 48, 55, 59, 62, 66, 72, 80, 94, 122, 123, 134, 139, 140, 147, 158, 164, 165, 178, 183, 188, 190, 225, 227, 232

Sismographe 197

Soie 14, 17, 26, 31, 35, 126, 164, 204, 205, 206, 219, 266, 267, 271, 272, 274

Sun Yat-sen 40, 55, 164

Suzhou 126, 127, 128, 179

T

Taiwan 49, 55, 59, 61, 147, 161, 171, 230, 231

Taizong (empereur) 28

Tambour 113

Taoïsme 28, 189, 194, 252

Tchang Kaï-chek 42

Temples et monastères 112, 113, 190, 221, 224, 225, 242, 243, 244, 245, 246, 252, 253, 259, 277

Thé 35, 36, 64, 126, 128, 157, 160, 161, 184

Théâtre 178, 179, 259

Tian'anmen 44, 46, 48, 49, 113, 115, 171, 187, 237

Tibet 49, 56, 57, 58, 59, 62, 67, 68, 72, 78, 79, 80, 82, 147, 161, 165, 214, 245, 274, 278

Tombes 15, 18, 19, 20, 21, 26, 27, 29, 114, 125, 169, 263, 264, 266, 267

Tortue 16, 100, 118, 157, 159, 265

Tourisme 25, 50, 126, 131, 135, 184, 185

V

Vêtements 31, 32, 47, 79, 89, 141, 164, 165, 181, 205, 207, 220, 227, 262, 263, 266, 267

Vietnam 26, 35, 48, 57, 234, 235, 236, 237

Voies de communication 21, 24, 28, 51, 67, 79, 80, 97, 108, 115

W

Wudi (empereur) 26, 219

X

Xi'an 57, 124, 125

Xuanzong (empereur) 178

Y

Yangzi 14, 28, 29, 47, 51, 58, 72, 75, 78, 79, 83, 89, 100

Yin et yang 189, 208, 212, 240, 262

Yongle (empereur) 112, 116, 222

Yongzheng (empereur) 30

Z

Zhang Qian 27, 219

Zheng He 35, 222

Zones économiques spéciales 50, 66, 130, 131

Illustrateurs

Claude Cachin
P. 82-83 (fond), 96-97, 99, 100, 101, 103, 105, 109 (m), 138 (md, mg, b), 142, 146, 151, 154, 156 (hg, b), 157 (h, md), 162-163 (b), 180, 181, 184, 185, 188, 190, 191, 194 (h, bd), 195, 196, 202 (bg), 207, 211.

Henri Choimet
P. 220 (bg, md, bd), 222-223, 232, 233, 242 (hg), 252, 265, 276-277.

Vincent Dutrait
P. 14, 18, 19, 20 (m), 33 (h, md, bg), 34-35, 40, 41, 42-43, 46 (hg, m), 47, 258 (bg), 259 (hg), 273, 274-275.

Anne Eydoux
82, 84-85, 86, 88, 89, 95, 98, 109 (hd), 118, 126, 128-129, 136, 140, 141, 145, 160, 161, 165, 172, 176-177, 186 (hm), 186-187 (h, m), 197 (bd), 202 (hg), 203 (bg), 206 (md), 207 (b), 209 (mg, b), 210, 213, 230 (b), 262, 263, 272.

Régis Mac
P. 10-11, 20 (hg), 22 (hg), 26-27 (h), 28-29 (h), 44-45, 54, 56, 58-59, 60, 62, 72, 80, 218, 230 (hg), 278-279.

Grégoire Vallancien
P. 15, 22-23, 36-37, 50-51, 64, 65, 150, 158-159, 162 (hg), 224-225, 231, 236-237, 250 (b), 268, 269.

Christian Verdun
P. 10-11 (fond), 21, 24, 25, 28 (bg), 49, 69, 77 (md, b), 79, 106-107, 117, 120, 152-153 (fond), 153, 172-173 (fond), 174-175, 234-235, 240-241, 247, 249 (mg), 256 (hg), 264-265 (fond), 266, 267.

Wang Zhiping
P. 16 (hg, bg), 17 (hd, bd), 26-27 (m).

Crédit photographique

161 (hd) : Turnley ; 164 (md) : W. McNamee ; 169 (md) : M. S. Yamashita ;
169 (b) : S. Hing-Keung ; 170 (h) : E. & N. Kowall ; 170 (bg) : E. Macduff ;
171 (b) : D. Butow/Saba ; 172 (b) : M. S. Yamashita ; 173 (hd) : J. Sohm;
ChromoSohm Inc. ; 173 (b) : K. Su ; 177 (h) : Sygma ; 178 (h) : K. J. Black ;
178-179 : L. Hebberd ; 179 (md) : D. Conger ; 180 (mg) : L. Hebberd ;
181 (hd) : D. Conger ; 181 (b) : C. Karnow ; 182 (b) : © Underwood &
Underwood ; 184 (h) : T. A. Gipstein ; 191 (hd) : E. & N. Kowall ; 197 (md) :
H.-D. Collection ; 198 (mg) : L. Liqun ; 198 (bd) : K. Su ; 199 (b) : N. Wheeler ;
201 (hd) : Sygma ; 202 (b) : J. Marshall ; 203 (hd), 205 (hd) : K. Su ; 205 (b) :
© Burstein Collection ; 208 (h) : L. Liqun ; 210 (b) : K.-M. Photography ;
211 (bd) : J. Marshall ; 212 (hg) : T. Lang ; 212 (bd) : Turnley ; 213 (mg) :
T. Nebbia ; 213 (bd) : W. Whitehurst ; 215 (fond) : L. Gang/Xinhua Photo ;
215 (hg) : W. Jianmin/Xinhua Photos ; 220 (h) : Christie's Images ; 227 (mg) :
Baril/Roncen/Kipa ; 227 (bd) : N. Guerin/Azimuts ; 233 (h) : E. Macduff ;
233 (md) : Setboun ; 244 (bg) : K. Fleming ; 245 (md) : C. Lovell ; 246 (h, mg) :
Colombel ; 248 (mg) : D. Conger ; 249 (b) : M. Garanger ; 251 (hd) : K. Su ;
252 (md) : W. Kaehler ; 252 (b) : B. A. Vikander ; 253 (bd) : K. Su ; 257 (m) :
C. & J. Lenars ; 258 (hg) : Asian Art & Archaeology, Inc. ; 259 (md) : C. & J.
Lenars ; 259 (b) : T. and G. Baldizzone ; 262 (hg) : Asian Art & Archaeology,
Inc. ; 263 (bg) : © Karen/Sygma ; 265 (m) : Royal Ontario Museum ; 266 (b) :
Asian Art & Archaeology, Inc. ; 267 (hd) : Bettmann ; 267 (b) : Asian Art &
Archaeology, Inc. ; 270 : J. Waterlow; Eye Ubiquitous ; 271 (bd) : M. Freeman ;
272 : Asian Art & Archaeology, Inc. ; 273 : J. Langevin/Sygma ; 275 (m) :
D. Giry/Sygma ; 276 : Royal Ontario Museum

© **Fotoe :**
P. 19 (mg) : N. Ming ; 26 (hg) ; 30 (mg) ; 45 (hd) : Z. Zeming ; 45 (bm) : D. Li ;
p 66-67 (h) : W. Hongxing ; 67 (bd) : L. Quanjun ; 75 (hd) : H. Zhengping ;
130 (b) : W. Hongxing ; 134 (b) : L. Xiaoyun ; 135 (b) : Q. Fei ; 168 (bd) :
F. Jiqshan ; 219 (hd) : L. Quanjun ; 232 (hd) : Z. Fuyuan ; 242 (hd) : W. Yuan ;
253 (bg) : Z. Jianzhong ; 260 (h) : L. Lei ; 261 (m) : X. Xumang ; 266 (hg) ;
277 (b) : L. Jiangshu

© **Gamma :**
P. 51 (hd), 105 (md) : Xinhua/Chine Nouvelle ; 161 (b) : Wallet

© **Hoa-Qui :**
P. 108 (hg) : D. Scott/A. Fotostock ; 108 (b) : V. Durruty ; 131 (hd), 190 (bd) :
C. Henriette; 157 (bg) : © M. Troncy ; 158 (mg) : L.Castañeda/A. Fotostock ;
164 (bg) : B. Perousse ; 184 (bg) : J. Greenberg/A. Fotostock

© **Keystone France :** p. 47 (bd)

© **Leemage :** p. 199 (h) : Renaud

© **Photos12.com :**
P. 37 (hg) : Ann Ronan Picture Library ; 37 (md) : Bertelsmann Lexikon Verlag ;
40 : (hg, md) : Keystone Pressedienst ; 234 (hg)
© Photos12.com/ARJ : p. 21 (md) ; 34 (hg) ; 34 (md) ; 41 (bm) ; 206 (b) ;
219 (b) ; 221 (mg) ; 263 (md)
© Photos12.com / Collection Cinéma : p. 182 (mg) ; p 182-183 (hm) ; 261 (b)
© Photos12.com / Oasis : p. 44 (mg) ; 48 (hg) ; 129 (hd) ; 208 (b)
© Photos12.com/ OIPS : p. 55 (bd) ; 57 (bd) ; 57 (mg) ; 58 (b) ; 113 (bg) ;
127 (hd) ; 128 (hg) ; 137 (hd) ; 200 (bg) ; 206 (hg)
© Photos12.com/ Panorama Stock : p . 24-25 ; 25 (md) ; 27 (bd) ; 48 (bd) ;
68 (md) ; 72 (mg) ; 73 (bg) ; 78 (bd) ; 80 (b) ; 81 (hm) ; 83 (bg) ; 96 (h) ;

104 (bd) ; 105 (bd) ; 113 (md) ; 114 (hd) ; 115 (hg) ; 115 (b) ; 120 (bd) ;
121 (hg) ; 126 (h) ; 147 (hd) ; p 158-159 (hm) ; 160 (b) ; 165 (bd) ; 169 (h) ;
171 (hm) ; 189 (h) ; 189 (b) ; 219 (mg) ; 224 (md) ; 243 (hd) ; p 244-245 ;
246 (bd) ; 247 ; 248 (h, bd) ; 251 (bm) ; 260 (mg, bg) ; 264 (hg) ; 274 ; 277 (h)

© **Rapho :**
P. 55 (hg), 183 (md) : C. Henriette ; 56 (bd), 253 (hd) : R. et S. Michaud ;
185 (h) : F. Hoffman / Network ; 186 (bg), 187 (bd) : H. Bruhat ; 245 (h) :
M. Yamashita

© **REA :**
P. 63 (mg) : Bessard ; 63 (bd), 66 (bg), 134 (hg), 135 (hd), 144 (b) : R.
Jones/Sinopix ; 140 (hg), 141 (b) : L. Linwei/Sinopix ; 140 (b) : S. Zuder/Laif ;
142 (hg) : J. Hurd/Report Digital ; 237 (hd) : C. Delettre

© **Photo RMN :**
P. 14 (m), 16, 207 (hd), 265 (bd), 269 (hd) : T. Ollivier ; p. 18 (bg), 31 (hg, hm,
hd), 195 (hg), 268 (bd) : R. Lambert ; p. 30 (b), 270 : M. Urtado ; p. 200 (hd) :
Arnaudet ; p. 224 (hg) : M. El Garby ; p. 250 (hg) : Guimet / Dist RMN /
Ravaux ; p. 264 (mg), 268 (bg) : Ravau ; p. 269 (mg) : DR

© **Roger Viollet :** p. 236 (hg) : © Collection Roger-Viollet

© **Rue des Archives, Paris France :**
P. 112 (bd) ; p 152-153 ; 183 (bd) ; 242 (b)
© Rue des Archives/PVDE : 226 (bd)
© Rue des Archives/The Granger Collection NYC : 43 (hd) ; 197 (mg) ;
198 (hg) ; p 200-201 (b) ; 204 (bd) ; 213 (hg) ; 221 (h)

© **SIPA :**
P. 44 (b) : Retr/Sipahioglu/Cauquelin/Boccon ; 50 (hg) : Morris Oliver ;
51 (mg) : Chine Nouvelle ; 130 (hg) : AP ; 176 (h) : Vencent/Epa ; 188 (h) :
Millereau/Dppi ; p 188-189 (m) : Catuffe ; 191 (bg) : Weda/Epa ; 214 (hd) :
NG Han Guan/Ap ; 214 (bg) : Eugene Hoshiko/AP ; 227 (h) : Boutin ; 231 (bd) :
Zengxiang/Chine Nouvelle ; 261 (hd) : Earthy/Scanpix Norvege ; 275 (h) :
C. Lee/AP

© **TOP :** p. 154 (hg) : Adam Christian ; 154 (bg) : Sudres Jean-Daniel

© **Crenner Hervé :** p. 125 (md)

© **Dutrait Liliane :** p. 104 (hg) ; 109 (b) ; 136 (hd)

© **Éditions 10/18 :** p. 32 (b) : Éditions 10/18, département d'Univers Poche,
1983/ © Meurtre à Canton, Robert Van Gulik

© **Fondation Total Fina Elf :** p. 222 (hg)

© **Musée d'Auxerre :** p. 249 (hd) : M. Hervé

© **Musée des Tissus de Lyon :** p. 204 (hg, mg) ; 204-205 (fond) ; 205 (md)

© **Rouillon Yves :** p. 66-67 ; 102 (bd) ; 103 (md) ; 106 (bg) ; 143 (m) ;

© **DR : 15 :** People's Republic of China / Musée de Sanxingdui ; p. 32 (hg)
(Portrait du vénérable Qi jiguang, Jinan, musée provincial du Shandong)

Couverture
Illustrations : dessins des moines, de Quin Shihuangdi et du
double bonheur : Claude Cachin; panda : Anne Eydoux.
Photographies : Corbis : Julia Waterlow (bd); RMN : Martine
Beck -Coppola (bg); Photo 12 : (hd+ hg).

4ᵉ de couverture
Illustrations : Claude Cachin (hg); Vincent Dutrait (m+hg);
Anne Eydoux (md).